年度主题　**读时代新篇　创文明典范**

2022 年度深圳市宣传文化事业发展
专项基金资助项目

★ ★ ★

主　编：唐汉隆

副主编：丘　干

统　筹：许全军　关　婷　吴易懋

编　辑：严诗喆　余晓霓　韩诗雅

唐汉隆　　主编

深圳全民阅读
发展报告 2023

SHENZHEN QUANMIN YUEDU
FAZHAN BAOGAO 2023

深圳市全民阅读研究与推广中心

深圳出版社

图书在版编目（CIP）数据

深圳全民阅读发展报告 . 2023 / 唐汉隆主编 . -- 深
圳：深圳出版社，2023.4
ISBN 978-7-5507-3780-8

Ⅰ. ①深… Ⅱ. ①唐… Ⅲ. ①读书活动－研究报告－
深圳－2023 Ⅳ. ① G252.17

中国国家版本馆 CIP 数据核字（2023）第 041611 号

深圳全民阅读发展报告 2023

SHENZHEN QUANMIN YUEDU FAZHAN BAOGAO 2023

出 品 人　聂雄前
特约策划　深圳市全民阅读研究与推广中心
责任编辑　朱丽伟　毛小清
责任校对　万妮霞　张丽珠
责任技编　郑　欢
装帧设计　知行格致

出版发行　深圳出版社
地　　址　深圳市彩田南路海天综合大厦 （518033）
网　　址　www.htph.com.cn
订购电话　0755-83460239（邮购、团购）
设计制作　深圳市知行格致文化传播有限公司
印　　刷　深圳市华信图文印务有限公司
开　　本　787mm×1092mm　1/16
印　　张　25.5
字　　数　315 千字
版　　次　2023 年 4 月第 1 版
印　　次　2023 年 4 月第 1 次
定　　价　86.00 元

序言

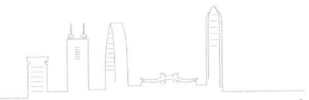

以先行示范担当作为推动全民阅读高质量发展

　　2023 年是全面贯彻落实党的二十大精神的开局之年。党的二十大报告指出，"中国式现代化是物质文明和精神文明相协调的现代化"，将"深化全民阅读活动"明确为"提高全社会文明程度"的具体举措之一。习近平总书记在致首届全民阅读大会的贺信中指出，"希望全社会都参与到阅读中来，形成爱读书、读好书、善读书的浓厚氛围""传承中华民族生生不息的精神，塑造中国人民自信自强的品格"。2023 年政府工作报告指出："丰富人民群众精神文化生活，深化群众性精神文明创建，实施文化惠民工程，深入推进全民阅读，支持文化产业发展。"这是自 2014 年开始，"全民阅读"连续 10 次被写入政府工作报告。"高质量发展"是中国式现代化的本质要求之一，全民阅读步入高质量发展阶段，是以中国式现代化全面推进中华民族伟大复兴的重要举措。

　　深圳高度重视文化建设，在全国率先将全民阅读提升至市委、市政府决策规划范畴和城市战略选择高度，是国内第一个出台阅读相关条例的城市，是迄今唯一的"全球全民阅读典范城市"。新时代新征程新伟业，深圳以习近平新时代中国特色社会主义思想为指导，全面系统深入学习宣传贯彻党的二十大精神，锚定"五个典范"战略目标久久为功，以切实举措不断涵养城市的科学精神、人文精神、艺术精神。为加快推动全民阅读高质量发展实现新跨越，深圳致力在"全球视野、国家战略、广东大局、深圳担当"四维空间下提升国际传播效力效能、繁荣国家文化事业产业、共建粤港澳人文湾区、打造城市文明典范，以全民阅读的奋斗实践、先行示范的担当作为，全力推动全民阅读高质量发展。

一、全球视野：提升国际传播效力效能

党的二十大报告提出关于发展社会主义文化的工作部署，要求"加快构建中国话语和中国叙事体系，讲好中国故事、传播好中国声音""加强国际传播能力建设，全面提升国际传播效能"。在国际传播的大格局下，深挖城市经验富矿，擦亮城市亮丽名片，创新讲述城市故事，打造新时代国际传播典范，是深圳应有的历史自觉和时代担当。

2023 年 2 月，《中国城市海外影响力分析报告（2022）》在第二届中国城市国际传播论坛上发布，深圳获"中国国际传播综合影响力先锋城市"称号，前海国际传播案例获评"中国城市（区）国际传播示范案例"。中国城市规划设计研究院连续四年发布《"一带一路"倡议下的全球城市报告》，深圳跻身"全球活力城市"前十位。讲好中国式现代化的深圳故事，让世界通过深圳读懂中国，读懂中国式现代化，是深圳作为"中国国际传播综合影响力先锋城市"的内在驱动和应有之义。

深圳持续擦亮"设计之都""全球全民阅读典范城市""国际会展之都""国际演艺之都""图书馆之城"等城市品牌，依托全球招商大会、文

博会、高交会等重大展会平台，不断刷新国际传播内容、载体、渠道和形式，为世界读懂中国式现代化提供先行示范的城市样本。2022 年 12 月，第十八届中国（深圳）国际文化产业博览交易会共展出文化产品超 10 万件，参与人次超 200 万。

"全球全民阅读典范城市"是深圳亮丽的城市名片之一。在数字化时代的全球传播新语境下，深圳跳出阅读看阅读，跳出城市看世界，持续探索城市阅读文化品牌的媒体融合、国际传播创新路径，不断擦亮以深圳读书月、深圳书展为代表的全民阅读金字招牌，不断丰富、深化与提升全民阅读的内涵、认知、实效与格局。以城市形象推广为导向，致力在大格局大视野下推动全民阅读；以媒体融合创新为方法，构建全媒全网全景的国际传播体系；以外事资源为抓手，以人文湾区为路径，依托阅读阵地与品牌活动平台，推动开展境内外人文交流活动。深圳持续发挥"全球全民阅读典范城市"标杆作用，时刻铭记"创建社会主义文化强国的城市范例"这一使命任务，通过全民阅读赋能城市表达与国际传播，增强全体市民的精神力量，推动社会主义先进文化更好走向世界。

二、国家战略：繁荣文化事业产业

文化是高质量发展的重要支点。党的二十大报告提出"繁荣发展文化事业和文化产业"，要求"健全现代公共文化服务体系""实施重大文化产业项目带动战略"。"全民阅读"作为国家战略，政府工作报告从"倡导全民阅读"到"深入推进全民阅读"提法的转变，充分彰显党和国家的战略部署与实践决心。深圳致力建设国际创新创意先锋城市、打造新时代文化高质量发展典范，全民阅读发挥着不可低估的作用。

全民阅读助推文化事业繁荣兴盛。发展文化事业是满足人民精神文化需求、保障人民文化权益的基本途径。深圳市委、市政府把全民阅读作为实现市民文化权利的城市战略。2022 年，深圳共推出 7 万场文体赛事活动，全省公共文化服务评价排名第一。"新时代十大文化设施"累计开工项目 7 个，第二批 11 个特色文化街区创建项目正式启动。深圳坚决围绕党和国家工作大局，满足人民群众精神文化生活新期待。主题出版物多次荣获国家级奖项，《为什么是深圳》入选第八届中华优秀出版物（图书）奖；《中国汉字美学史》等图书斩获首届广东出版政府奖五大奖项；电子出版物《中华民间艺术非遗大赏》入选"十四五"时期国家重点出版物出版专项规划，为广东省唯一入选的电子出版物。《遇见深圳》《这里是深圳》《书都·走读深圳》等城市主题出版物忠实记录深圳的发展足迹，时代精品不断渗入城市的精神血脉，凝聚市民的精神家园。党的二十大之后，深圳依托"深圳读书月"等城市阅读品牌，通过倡导阅读第一时间在全社会掀起学习宣传贯彻党的二十大精神的热潮，第二十三届深圳读书月以"读时代新篇 创文明典范"为年度主题组织开展 2300 余场阅读活动，营造书香城市氛围，提升社会文明程度，通过全民阅读不断增强市民精神力量。《人民日报》报道称"深圳读书月的开展，不仅推动全民阅读走深走实，也将阅读的种子撒向城市的每一个角落"。深圳全民阅读事业以社会主义核心价值观为引领，以发展社会主义先进文化为使命，致力于厚植城市文明沃土，打造一片充满创新创造活力的文化绿洲。

全民阅读赋能文化产业高质量发展。目前，深圳文化产业增加值已突破 2500 亿元，法人单位超 10 万家，从业人员超 100 万，拥有文交所、对外文化贸易基地等多个国家级产业平台，文博会被称为"中国文化产业第一展"，设计周被称为深圳设计产业力量的"前沿展场"。全民阅读激发全民族文化创新创造活力，为高质量发展文化产业、加速推进文化强市建设注入不竭动力，为提升国家文化软实力提供智力支撑。第四届深圳书展邀请约 600 家国内优质出版机构参展，展销精品图书 22 万种，吸引超 110 万人次参与，共计实现销售码洋 3434 万元，同比增长 24%。首次与簕杜鹃花展深度联动，勾勒出人文与自然交织、书香与花香交融的独有景致，被媒体誉为颜值"有高度"、品位"有深度"、人气"有热度"、体验"有温度"、规划"有广度"、惠民"有力度"的"六度书展"。阅读产业新形态是文化产业的重要组成部分，对于赋能城市文化产业的高质量发展发挥着不容小觑的作用。

三、广东大局：共建粤港澳人文湾区

党的十八大以来，习近平总书记对深圳工作发表 7 次重要讲话和重要指示，亲自谋划推动建设粤港澳大湾区、深圳先行示范区，全面深化前海合作区改革开放、建设粤港澳大湾区高水平人才高地等国家重大战略，粤港澳大湾区建设已经连续七年写入政府工作报告，深圳正处于"双区"驱动，"双区"叠加的黄金发展期。2022 年深圳市政府工作报告指出，深圳要积极作为、深入推进粤港澳大湾区建设，深化深港澳更紧密合作，强化基础设施"硬联通"，加快规则机制"软联通"，促进湾区群众"心联通"。作为粤港澳大湾区建设的重要引擎，深圳开展宣传文化工作，要在全球视野和国家战略的大格局下，把握湾区建设重大机遇，以高质量发展为抓手，不断推动人文湾区共建，引领构筑文化自信自强高地。

　　融入发展大局，合写中国故事。为协助港澳更好地融入国家发展大局，深圳多领域多维度发力，为合力讲好大湾区故事、中国故事持续赋能。在文化建设方面，深圳实施重大文化产业项目带动战略，为粤港澳大湾区打造全国文化科技和创意产业高地，深挖城市资源，贡献深圳力量。2022 年"双创周"深圳分会场，首次组织全市 13 个港澳双创基地和香港深圳青年总会、香港互联网协会，集中展示港澳双创成果。第九届深港城市 / 建筑双城双年展（深圳）在罗湖区粤海城·金啤坊设立主展场，依托充满深圳城市记忆的金威啤酒老厂房改造而成的文化创意产业园，重新打造深圳、湾区文化地标，共同构建深港双城集体记忆。"2022 港澳视觉艺术双年展"首次落地深圳，与文博会不期而遇，为深圳及大湾区打造"永不落幕"的文化盛会。2023 年年初，首届深港澳青少年创意设计大赛正式启动，这是深圳笃实践行《粤港澳大湾区发展规划纲要》要求的又一重要举措，为鼓励三地青少年积极融入国家发展建设大局、共同塑造湾区人文精神内涵、增强大湾区文化软实力贡献力量。

　　阅读融通城市，共建人文湾区。深圳以全民阅读为重要抓手，致力以阅读联动深港、融通湾区，为打造区域文化中心城市，建设高质量发展人文湾区，持续贡献智慧和力量。在庆祝香港回归祖国 25 周年之际，深圳读书月、深圳书展等城市阅读品牌表现亮眼。第二十三届深圳读书月推出"当奇迹之城遇上东方之珠：深圳·香港的文化对视"系列活动，包括 5 场对谈和 2 个展览，突出两城文脉相通、同根同源、互鉴互补的精神内核，推进人文湾区共建。依托深圳图书馆举办"从文献看香港——庆祝香港回归祖国 25 周年深圳图书馆馆藏香港文献展"，追溯深港同宗同源的历史沿革，增进文化认同感与凝聚力量。深港联合设立"庆祝香港回归25 周年主题书展"，集中展出香港文化相关题材的精品出版物，增进深圳市民对香港文化的了解。此外，设立国际精品图书展，打造高质量、"国际范儿"图书文化展会。深圳全民阅读工作持续发挥城际联动、区域融通的功能作用，汇聚创新创意要素，联通交融文心民心，为粤港澳大湾区开展更多层次的合作提供智力支撑，为讲好中国故事、传播好中国声音、提升国家文化软实力贡献湾区力量。

四、深圳担当：打造城市文明典范

开局之年当有开局之势，广东省和深圳市在新春开年相继召开高质量发展大会，奏响了广东、深圳奋进新征程走在前列当好示范的强音，向全社会释放了快马加鞭推动高质量发展的鲜明信号。深圳加快建设区域文化中心城市和彰显国家文化软实力的现代文明之城，"城市文明典范"是党中央赋予的五大战略定位之一。深圳全民阅读肩负建设城市文明典范的使命责任，对标国际一流，争创全国第一，以先行示范的担当作为，努力在推进高质量发展中跑出"深圳速度"，为全国探索经验。

树立行业标杆。2013年，联合国教科文组织授予深圳"全球全民阅读典范城市"称号，表彰深圳坚持不懈推动国际化建设、推动全球文化交流合作，尤其在推广书籍和阅读方面为全球树立了典范。2009年、2019年，两次由中宣部牵头举办的全国全民阅读经验交流会在深圳召开，高度肯定了深圳全民阅读在全国所产生的品牌效应和起到的示范作用。深圳2015年成立国内第一个专事全民阅读理论研究及成果推广的事业单位——深圳市全民阅读研究与推广中心，组建全民阅读专家智库，承担组织全民阅读课题研究、开展阅读研究学术交流等工作，致力为讲好城市阅读故事、讲好中国式现代化故事提供智力支撑。深圳 2015 年出台国内阅读推广领域第一部条例形式的城市法规，实施《深圳经济特区全民阅读促进条例》，成为首个为阅读立法的城市，从战略高度明确了全民阅读对城市未来发展的意义。

夯实阵地建设。深圳将满足市民的精神需求、实现市民文化权利视为城市顶层设计的战略考虑，关注不同受众群体，鼓励开发多样化阅读产品，不断完善城市公共文化服务基础建设与系统化运作，调动全社会力量推动全民阅读，从供给侧满足人民群众美好生活的文化需求。深圳为市民精心打造"十分钟阅读生活圈"，建成图书馆"千馆之城"，被誉为"书店之都"，现有各类公共图书馆（室）、自助图书馆 1086 个，拥有面积超 3 万平方米的超大型书城 6 座、实体书店 700 多家、特色书吧近 50 家，在城市 1997.4 平方公里的土地上，每 1.1 平方公里就有一盏灯为阅读亮起，每年开展公益阅读活动逾 2 万场，每半小时就有一场阅读活动开启。2025 年，位于前海的湾区级公共文化设施——深圳书城湾区城即将落成，构筑全国乃至全世界最大书城文化综合体，以知识服务为核心打造复合式多元文化服务平台，助力大湾区宜居宜业宜游优质生活圈建设，为凝聚湾区文化认同、建设湾区文化新地标贡献力量。

擦亮城市品牌。深圳以国际一流城市为标杆打造城市文化品牌体系，形成了贯穿全年、遍布全市的"阅读文化菜单"，丰富多彩的读书品牌营造了芬芳浓郁的书香氛围。深圳率先在全国连续开展大型群众读书文化活动，"深圳读书月"成功举办 23 届，累计开展活动超 1 万项，由市民投票高票入选"深圳十大文化名片"，被中宣部授予"全民阅读活动先进单位""全国全民阅读优秀项目"。深圳读书月立足"文明的阶梯""文化的闹钟""城市的雅集""阅读的节日"功能定位，完善市区联动、条块结合的公共阅读文化服务网络，巩固"一区一品牌"活动品牌矩阵，在发展过程中不断回应并笃实践行国家全民阅读战略的指示要求，不断"深化全民阅读活动"，致力营造城市书香氛围，提升市民阅读素养与城市文明程度。深圳 2021 年创新成立"全国新书首发中心"，是全国首个官方打造的系统性的新书遴选发布平台，由陈子善、周立民、绿茶等全国业界专家担任智库成员，与人民文学社等全国 35 家头部出版机构建立战略合作，王蒙、刘慈欣、周国平等 20 多位名家新书落户深圳首发，开创了"全国新书，首看深圳"的新局面，构建全国一流的阅读文化资源高地和出版发行高质量发展高地。深圳 2014 年在全国率先发布城市阅读指数，全面考察城市全民阅读基本建设和市民阅读行为，连续 9 年编制"书香深圳"测评报告；自 2016 年编辑出版全国首部城市阅读年度报告，《深圳全民阅读发展报告》连续 8 年在"4·23"世界读书日定期发布，通过阅读融通城市内外，形成立足深圳、放眼全国、展望世界的阅读文化交流圈，致力打造全民阅读行业对话交流平台，为全国乃至全球阅读推广工作贡献可供借鉴的经验范式。

五、结语

全民阅读高质量发展是"两个文明"相协调的中国式现代化的生动体现，为社会主义现代化建设的全面展开提供文化方案和智力支撑。在全面贯彻落实党的二十大精神的开局之年，深圳更加紧密地团结在以习近平同志为核心的党中央周围，在市委的坚强领导下，围绕中心、服务大局，举旗帜、聚民心、育新人、兴文化、展形象，讲述"中国式现代化"语境下的全民阅读故事，为提升社会主义先进文化的国际传播效能贡献阅读力量，助力开拓社会主义现代文化强国的高质量发展新局面，加快建设与深圳地位相匹配的城市文化软实力，为铸就社会主义文化新辉煌作出先行示范区的积极贡献。

编者

目　录

总报告

"高质量发展"专题

年度观察：阅读融通与湾区共建

数字阅读

未成年人阅读

阅读建言

阅见世界

附录

SHENZHEN
QUANMINYUEDU FAZHANBAOGAO 2023

总报告

2022 年深圳全民阅读发展总报告

杨立青　熊德昌

一、2022 年深圳全民阅读工作回顾

2022 年，深圳以学习贯彻党的二十大精神为主题，围绕建设现代城市文明典范的总体目标，进一步加强阅读引领，涵育阅读风尚，完善阅读推广服务体系，推动全民阅读扩大覆盖、提升品质、增强实效，以书香深圳建设促进文化强市建设，为深圳建设中国特色社会主义先行示范区、创建社会主义现代化强国的城市范例注入强大精神力量。

（一）精心策划深圳读书月活动，彰显先行示范区的文化魅力与活力

作为全国创办最早、规模最大、影响最广的全民阅读活动，深圳读书月不仅是深圳亮丽的文化名片，也是全国全民阅读活动的成功范例。第二十三届读书月紧密围绕"读时代新篇　创文明典范"年度主题，坚持"品质、品位、品格"原则，立足"文明的阶梯、文化的闹钟、城市的雅集、阅读的节日"定位，突出"全域、全景、全民、全媒"的办节特色，组织开展 16 项主推活动、34 项延伸活动、260 项主题活动，共计2300 余场活动吸引上千万人次参与。《人民日报》报道称"深圳读书月

的开展，不仅推动全民阅读走深走实，也将阅读的种子撒向城市的每一个角落"。

第二十三届深圳读书月系列主题活动集中推出。紧扣党的二十大主题主线，策划实施年度巨献"学习宣传贯彻党的二十大精神"系列活动。"奋进新征程 建功新时代"党的二十大主题书展在深圳各大书城、书吧全年亮相，在书香中凝聚民心、汇聚民力。"发展大局观"名家领读活动邀请各领域专家学者从世界局势、全球经济、大湾区等话题阐释党的二十大精神。"大家的声音"2022 深圳读书论坛设置科学、人文、艺术三大系列讲座，邀请李凤亮、吴国盛、梁永安、耿华军等知名专家学者，围绕"数字时代的精神建构""什么是科学精神""自然、生态与城市"等话题，探讨在推进中国式现代化与建设城市文明典范过程中如何科学求真、人文求善、艺术求美。"文明阅读少年行"着眼未成年人思想道德建设，以寓教于乐的形式推动社会主义核心价值观入脑入心，见行见效，汇聚起创建城市文明典范的行动力量。第十七届"年度十大好书"、第九届"年度十大童书"评选重磅推出，为广大读者诚意奉上"图书风向标"。策划举办"深圳本土作家创作沙龙"，集中展现深圳本土文学创作新力量和新收获。温馨阅读不眠夜、湾区家庭亲子共读、与周国平共读一本书等活动，市民读者参与热情高涨，增强了市民的幸福感、获得感。

本届读书月进一步丰富阅读体验，呈现"视觉美""听觉新""互动强""沉浸式"的策划巧思，让现场读者充分体验阅读之乐，让因疫情无法到场的"云端"读者身临其境。如"年度十大好书"揭晓礼在白鹭坡书吧户外草地举行，面朝大海，琅琅书声，通过场景化直播让更多人体验到人文与自然交织的城市风景，被现场嘉宾和线上观众誉为"年度最佳会场"与"最美的图书颁奖礼"。数字阅读艺术展让读者体验了一场耳目一新的"听读"盛宴，体验了"线上服务不打烊，数字阅读成常态"的妙趣。

本届读书月突出系统性策划，健全市区联动机制，在全市"10+1"区设立分会场，围绕统一年度主题，发挥各区各自文化资源优势，策划举办各具特色的区域读书活动。福田区举办"倡阅、领阅、共阅、享阅、阅读+"五大板块活动，通过"云端雅集""广场换书大会"、特色阅读空间启用等活动，为读者送上新鲜愉悦的读书体验；南山区结合科技强区、创新高地的特点，重点举办"科幻文学周""国学小讲堂"等活动，传递真、善、美；宝安区弘扬优秀传统文化，精心打造"宝安诗词文化"系列活动，举办"阳光少年"诗文朗诵大赛；龙岗分会场将区域资源与读书月巧妙链接，举办了"低碳星球朗诵会""鹤湖讲坛·对话文学之光""二十四史文化大讲堂"等活动；盐田、坪山、大鹏分会场以自然生态为特色，举办"2022深圳海洋诗歌季""带一本书到坪山城市书房"、评选"大鹏自然童书奖"等活动，带动读者在山海间用心走读；龙华区创新举办"诗意四季"音诗画文化展演，将古诗词与音乐、舞蹈、武术融合，赋予传统文化时代美感；光明区聚焦书香光明建设，组织开展书香企业、书香校园、书香家庭评选表彰活动。

广泛调动各界参与。读书月组委会组织发动全市工青妇、大中小学校、公共图书馆、书城书店、民间阅读机构等积极举办主题活动近200场，建立起了点线面结合、特色鲜明、广泛参与的全民阅读推广新格局。市总工会举办"深圳十大读书成才职工"评选，让励志向上的阅读事迹鼓舞更多的深圳人；共青团深圳市委举办"青年好读书"学习二十大主题阅读沙龙，引导青年一代品读经典、不懈奋斗；此外，女性阅读沙龙、家庭文明创建亲子阅读活动、"我最喜爱的课外书"演讲比赛、深圳书展的文化惠民福利等琳琅满目的活动，都从不同角度出发，让生活在城市中的各个群体能得到人文的滋养、阅读的享受，让阅读的美好无处不在。

（二）第四届深圳书展成功举办，深圳人阅读热情得到充分展示

作为继"深圳读书月"之后的又一城市阅读文化品牌，深圳书展是城市"兴文化、展形象"的重要平台，是推进文化惠民、助力全民阅读纵深发展的重要举措。第四届深圳书展以"阅读新时代　奋进新征程"为年度主题，于 2022 年 11 月 11 日—20 日在深圳书城中心城成功举办，为市民奉上一场"精品荟萃、名家云集、福利丰厚、新意十足"的阅读狂欢节。

本届书展采用"1+8"模式实现主分会场全域联动，海量图书、主题精选、名家领读、让利惠民，为市民读者提供丰富多元的文化福利。深圳书展更是首次与簕杜鹃花展深度联动，在城市中心、莲花山下，勾勒出一道人文与自然交织、书香与花香氤氲的亮丽阅读风景线，充分体现了"在蓝天下、草地上办书展"的深圳特色，被媒体誉为颜值"有高度"、品位"有深度"、人气"有热度"、体验"有温度"、规划"有广度"、惠民"有力度"的"六度书展"。

本届书展进一步扩大办展规模，组织邀请约 600 家国内知名出版机构参展，通过室内与户外联动，集中展销精品图书 22 万种，数量达 159 万册。在主会场外广场设立八大主题展区。其中，出版社展区组织邀请 119 家出版机构设摊联展，精选 3 万余种、33 万余册好书以飨读者，并特别邀请中国出版集团担任主宾展团，中南博集天卷担任主宾机构，携 6000 余种热销好书精彩亮相，与市民读者共赴一场好书的盛宴。童书展区邀请 47 家知名童书品牌参展，集中展销童书 1.1 万种、数量 14 万册，为儿童

读者提供丰富的精神食粮。国际展区组织紫荆文化集团旗下的香港联合出版集团、企鹅兰登出版、阿歇特出版、学乐出版等境外出版机构的优秀精品图书参展，让深圳书展更显"国际范儿"。其间，邀请20余位知名作家开展了130余场文化活动，并推出"全场图书低至5折起"福利机制，叠加"汇文化惠深活"文化惠民活动消费红包，吸引超110万人次参与，销售码洋3434万元，同比增长24%。

本届书展进一步加强全域联动，依托深圳书城罗湖城、南山城、宝安城、龙岗城、龙华城以及光明区大仟里购物中心外广场、简阅书吧·桃源之光书馆、简阅书吧·中山公园店设立8个分会场，打造市民"家门口的图书盛会"，让书香飘进城市的每个角落。8个分会场活动各具特色。罗湖分会场以"亲子阅读"为主打，开展"小桔灯童书会""换书会"等经典品牌活动；南山分会场以"绘本阅读"为亮点，打造深圳绘本节（第五届）系列活动，包括绘本分享、亲子绘画、互动荐书等活动；宝安分会场以"青少年阅读推广"为目的，开展少年军事文学书展、经典名著讲座活动等；龙岗分会场以"诗意阅读"为特色，推出"诗词之美与现代文明"诗画作品展、"阅会星期六"读书月音乐会演等；龙华分会场以"名家对话"为特色，邀请文化学者参与"国学双语大讲堂""对话大家"等品牌活动；光明分会场以"绿色阅读"为主题，打造"绿书签作品展""走读光明""亲子帐篷阅读区"等倡导绿色的阅读活动；简阅书吧·中山公园店和简阅书吧·桃源之光书馆作为新分会场，结合区域特色，推出"美丽中国说"图书展、"西丽湖大讲堂"讲座、非遗之美讲座等活动，展现历史之美、文化之美。

（三）"图书馆之城"建设亮点突出，市民身边的阅读服务更加便利

作为深圳推进图书馆事业发展的重要目标和载体，"图书馆之城"建设近年来取得了显著的成绩，成为全民阅读推广的主要阵地。2022 年，深圳进一步加强"图书馆之城"建设的顶层设计，发布《深圳市"图书馆之城"建设规划（2021—2025）》，并稳步推进《深圳经济特区公共图书馆条例》修订工作。加快推进市、区公共图书馆"一键预约"，将"图书馆之城"统一技术平台与"i 深圳""一键预约"平台进行部分功能对接，实现统一服务成员馆到馆信息实时发布、读者活动信息统一发布和读者活动一键预约，深圳图书馆及部分区馆已实现一键预约。首次发布深圳"图书馆之城"主题歌《万卷芳华》，彰显"图书馆之城"的社会价值与精神内涵，同步制作的 MV 于"4·23"世界读书日正式发布。

图书馆阵地建设不断拓展。深圳图书馆北馆项目内部装修全面启动，开馆前期准备工作稳步推进。深圳少儿图书馆启动整体维修改造，加入全市统一服务等前期工作加快推进，"宝安 1990（含区文化馆、区少儿图书馆）"、龙岗区少儿图书馆、坪山区少儿图书馆建成开放，少年儿童阅读空间日益丰富。深圳图书馆联合关山月美术馆建设美术主题图书馆，支援深汕特别合作区小漠镇建成海洋特色主题分馆，联合前海管理局共建国际贸易主题前海湾分馆；深圳少儿图书馆与大鹏新区共建"大鹏自然童书馆"；罗湖区在水贝社区、金岭社区、大望社区、IBC Mall 新建 4 家"悠·图书馆"（累计建成 34 家）；福田区新建海滨体育图书馆（运动主题）、南园街道图书馆（非遗主题）、益田社区 24 小时图书馆；盐田区新建栖息书房、春天海 2 家"智慧书房"（累计建成 10 家）；南山区新建 1 家"南山书房·听云轩"（累计建成 2 家）；坪山区在坪山区儿童公园、坪

山区中心公园分别建成"青青草儿童书房""大草坪城市书房"2家公园里的图书馆；大鹏新区新建人才海岸书房；龙华区联合社会力量新建敬信书院、齐凤阁版画史学馆图书室等50家"城市书房"（累计建成100家）。发布自助图书馆预备点征集令，不断优化自助图书馆布局，优化调整自助服务点的各学科图书架位，建立自助图书馆"基础书目"，首次推出绘本借阅服务。自助图书馆全年借还书76.3万人次、258.1万册次，办理读者证1.1万张，受理预借请求26.31万个。

图书馆服务不断优化。深圳图书馆鹏城励读证可借阅文献权限在10册中文文献的基础上增加1册原版外文图书，满足读者多元借阅需求。少儿服务区延长开放时间，自5月28日起，少儿区逢周末、法定节假日及暑假，服务时间延长2小时，满足少儿读者在"双减"背景下的课外阅读需求。深圳图书馆"爱来吧"完成空间微升级，新增数字资源立方体造型展示和二维码书墙，配置喜马拉雅听书机等全新智能阅读设备。创新推出"青年发展型城市支持计划"，开展寻找青年领读者、青年数字素养提升行动、"青年领读者"文化沙龙、青年"创客说"交流会等活动，促进青年与城市共成长。深圳捐赠换书中心影响力持续扩大，新增光明分中心和龙华分中心，与翠园实验学校共建"青少年阅读基地"种子书屋与换书驿站，形成1个中心、6个分中心、10个服务站、3个换书驿站四级服务架构。深圳捐赠换书中心十周年系列活动圆满举办，"落果"直播间全新推出，打造线上换书新模式。全年参与交换的读者0.8万人次，换入换出图书6.1万册。自成立以来，累计参与交换的读者8.68万人次，换入换出图书47.4万册，捐入捐出图书34万册。

（四）深圳书城建设取得新进展，全民阅读服务进一步完善

深圳书城全力服务全民阅读事业，逐步构建起大书城、小书吧相呼应的公共文化服务设施体系，已建成 6 座面积超 3.3 万平方米的大型书城，在建 1 座面积为 13.1 万平方米的全国最大书城，以及近 50 家简阅书吧，形成了书香满城的文化新景象。

书城品牌影响力不断提升。面对疫情反复的不利影响，深圳书城建设稳步推进，并积极推出系列全民阅读服务，给市民带来更多心灵抚慰。深圳出版集团统筹各大书城策划推出"深读有我　圳能抗疫"主题活动，汇聚 13 万＋电子书等线上免费阅读资源，平台点击量近 200 万次，并高效完成市疫情防控培训教材编印任务。创新策划读书月走进广东河源、广西那坡、广西靖西系列活动，以文化助力乡村振兴。策划开展"全民惠读季""夏日乐读季"等大型营销活动，通过数字人民币红包、图书展陈等手段带动图书消费，促进深圳出版集团各经营场所焕发活力。在全国大书城零售排名中，深圳书城中心城、南山城、罗湖城排位全面提升，分别位列第一、第三和第八。推进"深圳书城"品牌标准化建设，提升品牌呈现和受众体验；提高卖场空间品质，积极打造古籍文化、汉服传统文化等特色场景空间；提升选品和阅读服务指引能力，汇集专家学者荐书师，引进博士选品师，培养金牌导购师，推出读者喜爱的书单。

创新全民阅读服务模式。与深圳地铁集团、深圳巴士集团合作打造的地铁书吧、"爱阅号"移动书巴成功亮相，开创"全民阅读＋绿色出行"新模式。联合市妇联、深业置地探索构建全国首个儿童图画书博物馆，建设儿童阅读推广示范空间。策划打造互联网行业书香支部、公园商场夏日阅读市集、书展进学校等创新项目。不断推进"图书＋"模式建立，大力探索图书＋水吧＋文创＋活动等文化形式。创新夏令营、研学等项目，精

耕书吧、水吧业务，打造"图书＋餐饮"新型综合文化消费模式；差异化经营卖场文创品牌，重点为签购客户提供"书＋文创新品"组合等服务。

加强阅读品牌建设。持续扩大"全国新书首发中心"影响力，组建以陈子善等 14 位大咖为班底的首发智库，优化新书选品与阅读推荐机制。全年举办葛剑雄《葛剑雄说城》等 12 场全国新书首发活动，开展阎真、陈年喜等 20 位名家的新书分享活动。打造视频号、抖音等自媒体平台，策划推出《首发 TALK》等视频栏目，受到人民网、新华社等关注报道，吸引 50 余家全国出版机构洽谈新书首发合作，在全国书业的品牌影响力逐步形成。强化阅读文化活动向"线上化"转型，"深圳晚八点"等品牌文化活动全面线上化，为今后线上线下结合奠定良好基础。

（五）全民阅读活动精彩纷呈，书香城市氛围更加浓郁

全民阅读活动是全民阅读推广的重要载体，举办系列全民阅读活动是激发市民阅读热情的重要举措。2022 年，深圳面对疫情不利影响，通过线上线下相结合的方式举办系列全民阅读活动，努力为市民提供全民阅读服务。

深圳图书馆策划举办"读吧！深圳——影响我最深的书"短视频征集分享活动，邀请市民读者拿起镜头，分享那些带给自己深深感悟和独特体验的好书。活动呈现"深阅读＋新阅读""大咖＋大众""线上＋线下"三大特色亮点，贯穿全年、全域、全网、全民，视频总浏览量超过 320 万次、话题阅读量高达 185 万次，引领线上阅读新热潮。实施"阅亮世界"提升计划，策划组织深圳市第十二届盲人诗歌散文朗诵会暨第八届盲人散文创作大赛、视障人士走进鹤湖新居活动、"声游天下——我把世界讲给你听"线上活动、阳光影院等，举办线下盲人电脑培训 28 场。图书

馆阅读推广活动线上线下联合发力。深圳图书馆全年举办 1602 场阅读活动，参与读者 1341.55 万人次。各级图书馆推出"科创阅读计划""名家私人书单""南图沙龙""盐田海洋图书奖""龙图书院""大家书房""星阅光明""越山海阅大鹏"等阅读推广品牌。其中，深圳少儿图书馆推出的"科创阅读计划"，入选深圳市文明办评选的"2022 年关爱未成年人十大实事"。

重要节点活动精彩纷呈，阅读嘉年华贯穿全年全域。第七届中国传统文化年系列活动以"品中国传统文化，迎壬寅虎年新春"为总主题，举办线上线下活动 85 场。第 27 个世界读书日（第 7 个深圳"未成年人读书日"）期间，围绕"芳华万卷，阅见春天"主题，聚焦"党的二十大""湾区共读""经典阅读""阅读大数据""未成年人阅读"等关键词，创意推出 35 场线上线下文化活动。第三十四届"图书馆服务宣传周"以"读吧！深圳——约会图书馆"为主题，围绕"'图书馆之城'事业发展""创意阅读与新书分享"等关键词策划推出 50 余项服务及活动。

经典阅读持续发力。书目推荐、讲座沙龙、课程制研习等多样形式引领读者回归阅读。"4·23"世界读书日期间，发布 2022"南书房家庭经典阅读书目"，继续为读者推荐适合当今中国家庭阅读与收藏的经典著作，至今已累计发布 9 期、270 种书目。"深圳学人·南书房夜话"第十季以"泥与火的文明——中国古陶瓷文化艺术精品课"为主题，带领读者品析中国陶瓷之美，全年举办 18 期，参与线上直播读者 35 万人次。市民文化大讲堂继续秉承"鉴赏·品位"的理念，推出"经济·科技""卫生·健康""社会·法治""教育·历史""文化·艺术""喜迎二十大召开""生态·文明"7 个系列主题讲座。

（六）坚持聚焦未成年人阅读服务，推动未成年人养成良好阅读习惯

未成年人阅读能力提升事关国家与民族的未来，未成年人是全民阅读服务的重中之重。2022年，在疫情反复、中小学生居家开展网课的情况下，创新未成年人阅读服务的方式方法，进一步加强未成年人阅读服务，助力中小学生健康成长。

深圳少儿图书馆持续推进"常青藤"计划，积极实施"共享图书"项目，进一步推动与中小学图书资源共享，着力提升儿童阅读服务质量。截至2022年底，共有152所学校加盟"常青藤"计划，新增1.6万册图书投入深圳各中小学流通。在疫情防控常态化的大环境下，为减少读者线下聚集，深圳少儿图书馆通过微信公众号推出"通识教育""每日乐科普""睡前故事""指尖艺术周""美刊美文"等系列专题阅读服务，全年推文300多篇。将线下活动拓展至线上，开展"乐嗨春节七天乐·成语挑战向前冲""科普知识大挑战""探寻古丝路""悦读拾光记"等线上活动24场，参与读者近3000人次。策划举办"扣好人生第一粒扣子"家庭教育线上讲座48场，共计21.56万人参与。举办"喜阅365"线上读书会23场次，参与读者2300人次。开展"亲蓓蕾"早期阅读培养计划系列活动24场次，参与读者2892人次。开展阅读推广线上培训工作共计30场次。龙华流动图书馆及宝安区阅读指导活动组织线上线下活动50场，参与读者约3000人次。为普及学生科学知识，深圳少儿图书馆为弘扬中国传统文化，收集整理中医药、古建筑、天文历法、地学、古代工艺、设计思想、古代数学、经典名著8个主题的古代技术创新主题文献共1500多册供学生阅读，并发动学校组织开展科创阅读，助力"双减"，丰富青少年阅读生活。组织策划"作家进校园"线上读书会活动，为在校中小学生提供线下集体阅

读、线上作家交流的学习盛宴。

第九届"我最喜爱的童书"阅读推广活动成功举办，共收到来自 115 家机构（其中包括 63 家出版社）、62 位个人的推荐，共计推荐童书 3886 种。提名童书公布后，各地图书馆采购推荐书目送进校园，开展线上线下阅读推广活动。全国共计 159 所学校、约 15 万学生参与。其间，主办方联合出版机构推出系列线上读书会"我爱·云共读"活动，打造涵盖科学启蒙、文学修养、成长教育、阅读进阶等方面的 11 期课程，邀请 30 强提名书作者、译者、编辑、阅读推广人等为孩子们献上阅读盛宴。开办第五届广东省少儿阅读推广人培训班，收到来自全省各级公共图书馆（含少儿图书馆）、中小学、民间阅读团体等单位约 600 人的报名申请，共录取学员 232 人。培训内容涵盖儿童阅读推广人的观念与素养、儿童心理与图画书阅读、儿童文学原理和阅读推广、儿童文学赏析、如何策划图书馆儿童读书活动等方面。

实施"悦读童年"——2022 年深圳市未成年人阅读推广计划，组织 38 名公益阅读推广人深入全市各区街道图书馆、社区党群服务中心、社区书吧、来深建设者子女聚集学校等 45 个基层推广点，开展经典阅读、英文绘本阅读，以及弘扬中华传统文化、文明素养提升、生命健康教育等主题读书会共 200 余场，吸引约 9000 人次参与，社会反响良好。

（七）深化数字阅读研究，满足市民数字化时代阅读新需求

数字阅读以其资源丰富、阅读方式多元、随时随地可及等优点，深受读者特别是年轻读者的欢迎。深圳始终关注阅读载体创新，努力提供数字阅读服务，连续多年荣获"全国十佳数字阅读城市"。

加强数字阅读调查研究。发布《2022 年深圳图书馆数字阅读报告》，

通过对图书馆数字资源统计系统进行数据挖掘分析，并面向读者展开首次数字阅读问卷调查，全面揭示深圳图书馆数字资源建设状况和数字阅读服务开展情况，分析市民读者数字阅读行为，展示数字阅读现状，进一步了解市民阅读需求，提升数字阅读服务水平。

丰富数字阅读资源。深圳图书馆数字资源库达 93 个，本地电子文献 600 余万册（件）。读者可通过电脑端登录深圳图书馆网站，或通过移动端关注深圳图书馆微信订阅号、"深圳图书馆 | 图书馆之城"微信服务号，点击"资源"菜单中的"手机阅读""数字图书馆""喜马拉雅·VIP 畅听"栏目，轻松便捷获取深圳图书馆的免费数字资源。深圳图书馆数字资源联合建设成员馆拓展到粤港澳大湾区，首次吸纳深圳地区外的 4 家图书馆加入合作。启动数字资源推荐官招募活动，围绕数据库使用体验、个人成长故事等角度，以图文、音视频形式宣传数据库以及相关特色资源。深圳少儿图书馆继续加强"读联体"数字阅读平台建设，面向青少年儿童群体，提供有声绘本、国学经典、益智启蒙、历史名著等方面的视频、音频资源近百万册（集），满足青少年儿童的阅读学习需求。

策划举办系列数字阅读推广活动。成功举办全民数字素养与技能提升活动月暨青少年网络安全素养教育活动，并在深圳书城中心城设立数字阅读和数字产品快闪体验馆，集中展示数字阅读内容的衍生图书以及相关数字产品。设置电子阅读器、智能听书机、AR 地球仪、智能台灯、护眼仪等与阅读生活息息相关的数字产品，为市民提供多元化的数字阅读体验。发放"全民数字素养与技能提升活动月福利包"，打造 1 元购书福利。市民读者可在体验馆扫码领取"满 51 元立减 50 元"购书优惠券，更可叠加深圳文惠卡补贴、银行优惠同享超值福利，让数字阅读与纸质阅读共同赋能书香社会。举办首届"数字阅读推广季"活动，依托"数字阅读馆"小程序，推出"60s！拍拍我的阅读时光"作品征集活动和"春风十里，风景'读'好"阅读拼团活动。

数字阅读服务日益完善。深圳图书馆积极融入全媒体服务大潮，借助新技术的发展和新媒体的优势，打造横纵并举的全媒体服务矩阵。深圳图书馆微信、微博、抖音、B站平台通过推流码实现同步直播。新媒体 IP 形象进一步深化，全场景应用"布克家族"表情包，主题涵盖日常表达、阅读生活等，读者黏性增强；在元旦、除夕、"4·23"世界读书日、儿童节、暑期、国庆节、深圳读书月等重要节点举办"布克家族阅读夜"活动，通过阅读故事征集、荐书抽奖、转发微博赢赠书等多样互动方式，打造线上阅读嘉年华。短视频内容推陈出新，深图故事汇真人秀、叨叨图书馆等趣味短视频吸引眼球，引导读者关注图书馆服务和活动。市妇联持续实施"阅芽计划"，推动建立儿童早期阅读推广发布服务信息平台，完善儿童早期阅读志愿服务体系，全程进行科学研究和评估。累计发放"阅芽包"超 20 万个，"阅芽计划"APP 和公众号用户超 66 万人。培养早期阅读推广人近 300 人，项目获深圳市"终身学习品牌项目"和深圳市"全民阅读示范项目"。

（八）加强粤港澳大湾区全民阅读交流合作，助力打造人文湾区

作为粤港澳大湾区核心引擎城市，深圳一直与港澳及其他大湾区城市保持密切的交流，不断深化全民阅读合作，共同打造大湾区全民阅读品牌，彰显全球全民阅读典范城市的风采。

深化深港全民阅读合作。策划举办"从文献看香港——庆祝香港回归祖国二十五周年深圳图书馆馆藏香港文献展"，通过图文展览＋实体文

献展示＋多媒体播放＋空间打卡等多元载体，追溯深港同宗同源的历史脉络。深圳书展与香港联合出版集团深度联动，共同策划打造"庆祝香港回归祖国 25 周年主题书展"，集中展出香港文化相关题材的精品出版物，增进深圳市民对香港文化的了解，以阅读融通两地，共建人文湾区。成功举办"合颜悦设——联合装帧设计分享展"，精选香港三联书店、香港中华书局、香港商务印书馆等出版机构书籍装帧设计代表作品，让读者了解香港书籍设计的风采和图书装帧的魅力，从不一样的角度关注阅读、关注深港互动。实施"童阅未来"第四届亲子共读计划，通过深港家庭阅读交流和对话环节，呈现深港两地儿童早期阅读推广的探索实践和精神风貌，为深港两地架起融合桥梁，促进双城交流，涵养同宗同源的家国情怀。

加强大湾区城市交流合作。"4·23"世界读书日期间，联动粤港澳大湾区 207 家公共图书馆、1053 个共读点，隆重举办"共读半小时"线上线下阅读活动，参与读者达 400 万人次。联合香港、澳门、广州的文化及教育部门共同举办 2022 年度"4·23"世界读书日创作比赛及获奖作品联展活动，采取线上收稿、线上评审的形式，最终收到 4768 件参赛作品。"从文献看湾区"系列展览走进香港、岭南，揭开特色文化面纱。联合广东省立中山图书馆推出"清末民初画报里的岭南风俗展"，遴选有关岭南风俗的时令、饮食、娱乐、婚嫁等图画，为人们认知一百多年前岭南人民的生活提供一扇视觉窗口。

（九）积极推进出版社转型升级，着力补齐全民阅读内容出版短板

出版社是全民阅读内容重要的供给方，位列全民阅读链条上游，也是推动全民阅读的重要主力军。因历史原因，深圳出版事业发展相对滞后，

是推进全民阅读须重点补齐的短板。

2022 年，深圳加快推进出版社转型升级，大力实施精品出版工程，着力打造重点出版产品品牌，推出了一批有较大影响力的精品力作。

海天出版社以成功更名为深圳出版社为契机，加快打造出版精品，出版《春天的前海》《深圳自然博物百科》等主题类图书 20 余种（套）。《论语之道》销售达 2 万册，《陈诗哥诗意童年读本注音版》等系列图书入选浙江书香工程项目，《讲给孩子的百年梦想》及《特别的暑假》入选新疆东风工程项目，《少年"城"长记》累计发行 12976 册。目录内教辅实现营收 8492 万元，同比增长 2.5%。建立"中考高考教辅系列""深思教育书系""大语文系列图书"等产品线，在深圳占有相当的市场份额，成为新的利润增长点。拓展与王芳、金龟子、俞敏洪等抖音大 V 的合作，吸引近 1000 万读者在线观看直播。积极参与"大湾区合作出版计划"，完成与香港 10 家出版社 30 余种图书的对接洽谈，已出版《第 9 号当铺》《我的儿子马友友》《寻觅张爱玲》。深圳出版社斩获首届广东出版政府奖 5 个奖项，获奖数量并列全省第二；出版的《深圳自然博物百科》《金星度假》分别获第二十三届深圳读书月"年度十大好书""年度十大童书"。深圳出版社荣登中国图书海外馆藏影响力 100 强，位列第 58 名。积极推进数字出版，华文国际与喜马拉雅、中文在线等近 20 家公司达成合作，累计制作 63 种有声书和 295 种电子书。与中国图书进出口有限公司达成 188 个品种电子书的战略合作，电子书入选美国、日本、新加坡等国家的图书馆，数字出版海外馆藏数量在全国出版社中排第 31 名。推进"深圳百科数据库"项目，"深圳百科"网站及"深圳 i 百科"微信公众号成功上线。与锋哥（深圳）文化传播产业咨询顾问中心合作，创新出刊模式，出版的《书都·走读深圳》受到各界肯定。成立融合出版编辑部，打造融合出版精品读物，首个项目《中国传统村落文化抢救与研究·非物质文化系列（融合出版含视频）》获得 2022 年度国家出版基金资助。

深圳报业集团出版社聚焦教育出版及文艺出版，做实做细"我们深圳""深圳文典""共同体文库""自然生态""史志年鉴""教育教辅"六条产品线，出版《蛇口漫步：深圳社区记忆》《拳承：古村秘事》《我城我说》《草木人心》《珍稀之物》《江山犹是》等特色品牌图书。通俗科普读本《深圳自然笔记》荣获首届广东出版政府奖；推出鲁迅文学奖得主蔡东新作《普通生活》、冰心散文奖获得者王国华散文集《街巷志：一朵云来》；出版《新时代强音》《社会主义核心价值观系列绘本》，唱响最强音，讴歌新时代。出版社微信公众号继续结合图书主业，孵化原创栏目，聚焦深圳本土，挖掘有价值的素材以及结合热点资讯等形成多样化选题，持续推出不同品类内容，发布原创推文 300 余篇。创设自有视频号，发布"我们深圳""深圳文典"、自然生态、对联海报等系列城市影像短视频 60 余个，平均阅读量超 2 万，获得较高关注度。有声书《东纵英雄列传》共录制 50 期音频节目。

2022 年，深圳全民阅读工作取得了较为显著的工作成绩，为涵养城市书香氛围发挥了积极作用。但我们也应清醒地看到，受疫情反复的影响，图书馆开放和书城经营多次暂停，全民阅读线下活动和服务的开展受到严重影响，阅读交流活动数量大幅下降，书店经营普遍面临较大困难，优质全民阅读服务的供给存在较大缺口，市民全民阅读服务需求尚未得到有效满足，须在今后的工作中切实予以解决。

二、2023 年深圳全民阅读展望与建议

2023 年是全面深入贯彻落实党的二十大精神的开局之年，是实施"十四五"规划承前启后、推动中国式现代化的关键一年，也是三年疫情之后防控进入新阶段，我国经济社会和文化发展迎来全面蓄力、发力的关键一年。作为城市文化的重要组成部分，全民阅读工作对于营造良好的文化氛围、打造学习型社会、提升市民的文化素养和城市的文化形象、扩展城市的文化影响力等诸多方面，都有着潜移默化的深远影响和积极作用。深圳建市不过 40 多年，但创造了举世瞩目的经济奇迹，且在经济之外还实现了文化的崛起，取得了目前在城市文化领域的较高地位，可以说与深圳多年来所推动的以"深圳读书月"为代表性符号的全民阅读息息相关：2008 年被联合国教科文组织授予"设计之都"，2009 年被世界知识城市峰会授予"杰出的发展中的知识城市"，特别是 2013 年被联合国教科文组织授予"全球全民阅读典范城市"，以表彰深圳坚持不懈推动国际化建设和全球文化交流合作，在推广书籍和阅读方面为全球所树立的典范效应；此外深圳连续四次获评"全国文化体制改革先进地区"，连续六次荣获"全国文明城市"称号……而 2009 年、2019 年两次由中宣部牵头在深圳召开的全国全民阅读经验交流会，均高度肯定了深圳全民阅读在全国所产生的品牌效应和示范作用，无不显现、见证了深圳作为新兴城市的文化发展，尤其是全民阅读的勃勃生机和青春活力。进入"后疫情时代"，在党的二十大精神指引下对 2023 年深圳的全民阅读进行新的展望，并提出相应的建议，可谓正当其时。

（一）全面部署，勇当"深化全民阅读"排头兵

2022年10月25日，新华社发布了党的二十大报告全文。报告在论述"推进文化自信自强，铸就社会主义文化新辉煌"时，明确提出要"深化全民阅读活动"。这是继2012年党的十八大报告历史性地提出"开展全民阅读活动"以来，"全民阅读"第二次被写入党的全国代表大会报告，可见党和国家对"全民阅读"的重视程度。重视是基于认识。正如2022年4月，习近平总书记在致首届全民阅读大会的贺信中指出："阅读是人类获取知识、启智增慧、培养道德的重要途径，可以让人得到思想启发，树立崇高理想，涵养浩然之气。中华民族自古提倡阅读，讲究格物致知、诚意正心，传承中华民族生生不息的精神，塑造中国人民自信自强的品格。希望广大党员、干部带头读书学习，修身养志，增长才干；希望孩子们养成阅读习惯，快乐阅读，健康成长；希望全社会都参与到阅读中来，形成爱读书、读好书、善读书的浓厚氛围。"深圳作者李跃对此做出如下解读："全民阅读为什么如此重要？这是因为，一个民族的复兴需要强大的物质力量，也需要强大的精神力量。文化自信是凝聚和引领一个国家、一个民族胜利前行的强大精神力量，而这样一种力量的获得，离不开全民阅读。可以说，全民阅读是实现民族复兴的一项基础工程。"

全民阅读是实现民族复兴的一项基础工程，也是实现一座城市走向持续兴旺繁荣的一项基础工程。在这方面，最好的例子莫过于深圳。作为新兴移民城市，深圳的年轻人多，求知欲强，加上市场竞争激烈，通过阅读增长见识成为普遍的取向，很早就形成了学习型社会。这也就很好地解释了作为最早的八大文化设施之一的深圳图书馆自落成开放后，读者排着长队领借书证的阅读盛况，这一阅读盛况所显示的，正是深圳这座城市蓬勃的文化热力和知识需求：从1989年起，深圳人均购书量就连续多年居全

国第一，国内众多文化名人因深圳人的爱买书、爱读书而对这个城市刮目相看。1996 年深圳书城开业暨第七届全国书市开幕当天，前来参观购书的市民多达 10 万人，为期 10 天的书市，销售额高达 2177 万元，一举创造了购书量最多、订数最大等 7 项全国纪录，成为历届书市之最，这更是让人倍感振奋和记忆犹新。2000 年，在深圳市政府和社会各界的共同努力下，"深圳读书月"横空出世，此后成为深圳全民阅读发展的一个里程碑。举办读书月，是世纪之交的深圳在成功完成从经济特区到现代都市的华丽转身之后，积极拓展城市文化发展空间的最新尝试，也是深圳的一个创举，成为改变城市的价值取向与文化性格、立意极为高远的文化实践："以读书为乐"日渐成为市民共同认受的生活方式，"以读书为荣"成为这座城市普遍认同的价值观念，读书开始成为市民自觉自愿的文化行为。

这些年来，深圳在持续推进全民阅读方面开创了一系列"中国第一"：深圳是国内第一个建造多座大面积书城的城市、第一个提出"文化立市"和建设"图书馆之城"的城市、第一个成立阅读联合组织的城市、第一个发布"城市阅读指数"的城市、第一个提出建设"一区一书城、一街道一书吧"的城市、第一个为阅读立法的城市……阅读贯穿了深圳文化建设的起点和发展的始终，阅读熔铸了深圳强大的文化基因。更有意味的是，著名的"深圳十大观念"中，有两条与全民阅读直接相关，那就是"让城市因为热爱读书而受人尊重"，以及"实现市民文化权利"。

作为一项基础工程，全民阅读的广泛蓬勃发展，不仅夯实了深圳的城市文化根基，也为深圳的经济社会发展提供了源源不断的精神动力和智力支持，并在国内外有效地确立了"热爱阅读"的城市形象，甚至成为开展全民阅读的城市标杆。

既往一切，皆为序章。假如说深圳在"开展全民阅读活动"方面一度站在了全国大中城市的前列，那么在党的二十大报告明确提出要"深化全民阅读活动"的未来进程中，如何在以往奠定的良好基础之上"深化"全民阅读并争当其中的排头兵，则是摆在深圳市政府和社会各界面前的一道考题。目前，全民阅读在全国已广泛开展，在实践上各地创新举措不断并取得良好的社会效果。在百舸争流、勇当先锋的全民阅读中，深圳要保持自身的领先优势，必须在新的时代要求下，以落实党的二十大精神为契机，以 2023 年为新起点，深化全民阅读活动，应全面、创新谋划和部署如下几个重要方面的工作：（1）检视和评估以往相关法律、政策、措施的落实、执行情况，特别是《深圳经济特区全民阅读促进条例》（以下简称《促进条例》），以进一步推动制度层面的调整完善；推动《深圳市"图书馆之城"建设规划（2021—2025）》落地见效，为深圳未来深化全民阅读工作提供更好的制度环境；（2）加大政府和社会资源的投入，一方面是增加公共财政对全民阅读的支持力度，包括推动《促进条例》第二十一条"成立公益性全民阅读基金"落地实施，另一方面是通过鼓励捐赠、资助等方式争取更多的社会资源，加大对"图书馆之城"和实体书城、书店（书吧）的支持力度，打造更多更好的公共阅读空间；（3）深化全民阅读举办体制机制的改革创新，激发社会力量广泛介入和共同参与全民阅读的积极性，尤其是社会阅读组织、学校、企业组织的积极性；（4）强化对新技术、新媒体条件下阅读媒介、阅读习惯、阅读方向深刻变化的理论研究，在加强价值引导的同时，以社会需求为导向提高全民阅读活动开展的多样性、针对性和有效性，增进全民阅读的"全民性"；（5）以品牌文化活动为抓手，通过举办方式的不断推陈出新，为品牌活动注入新鲜活力，进一步增强其行业权威性和社会认可度，扩展深圳全民阅读在国内外的影响力。

（二）以深圳图书馆北馆建成开放为标志，"图书馆之城"二十年建设迎来新局面

2003 年，作为"文化立市"战略的一个重要组成部分和一大创举，深圳市文化局首次在全国提出建设"图书馆之城"的新思路和新目标。"图书馆之城"是一个形象的概念，即把深圳建设成为一个没有边界的大图书馆网，以全市已有、在建和将建的图书馆网点和数字网络为基础，联合各图书情报系统，建立覆盖全城、服务全民的文献信息资源共享网络，实现图书馆网点星罗棋布、互通互联、资源共享，为市民提供功能完善、方便快捷的图书馆服务，达到提供丰富资讯、支持终身学习、丰富文化生活的目的。对于建市仅 23 年的新城市、文化积累相当薄弱（较大型的公共图书馆只有几个）的深圳，一方面要以"文化"立市，另一方面要成为国内第一个"图书馆之城"并将之作为"文化立市"的一个有力支撑，的确是件让人吃惊的新闻事件。然而，经过 20 年来的建设，深圳的"图书馆之城"建设取得了显著的成就：截至 2022 年底，全市共有 779 家公共图书馆、235 家城市街区 24 小时自助图书馆和 71 个书香亭实现"图书馆之城"统一服务。作为其中的枢纽型主体，深圳图书馆的文献累计藏量达到 1277.04 万册（件），其中纸质文献 633.8 万册，电子文献（含音像资料）643.25 万册（件）。

2020 年 1 月，作为深圳市新一批重大文体设施项目的深圳美术馆新馆、深圳第二图书馆（现更名为深圳图书馆北馆）正式破土动工。按照计划，项目将于 2023 年建成开放，其中的深圳图书馆北馆建筑面积达 71951 平方米（远大于深圳图书馆近 5 万平方米的建筑面积），整个建筑地上 6 层，地下 3 层，设书库中转区、各类综合阅览区、展馆、报告厅及内部配套功能区，设计藏书量 800 万册，提供阅览座位 2000 多个。作为

与深圳建设"全球区域文化中心城市""全球全民阅读典范城市"相匹配的重要文化地标,该馆是集文献收藏、全民阅读、社会教育、思想交流、文化传承与创意创造于一体的大型综合性智慧型图书馆,承担着"一馆一库三中心"功能,既是城市公共图书馆,也是全市文献调剂书库,还是深圳"图书馆之城"的采编中心、网络数据中心和物流中心,是展现深圳市文化发展历程与未来建设的窗口,是深圳文化、学术交流的平台,将为深圳深化全民阅读活动提供更广阔的空间。由德国 KSP 尤根·恩格尔建筑师国际有限公司设计的该馆极具国际范儿,开阔通透的中庭设计配合大厅通高书墙,让人仿佛置身于"书海",扶梯两侧书墙,寓意不断攀高的"书山",让市民在浓郁的阅读氛围里攀登书山、畅游书海,尽享文化盛宴。该馆将于 2023 年年内建成开放,不仅极大弥补了深圳图书馆目前存在的不足,而且为深圳打造更高品位的公共阅读空间提供了新的可能。

2022 年 6 月,由深圳市委宣传部、市文化广电旅游体育局联合制定的《深圳市"图书馆之城"建设规划(2021—2025)》正式印发,该规划包含发展基础、总体要求、主要任务、保障措施四个部分内容。2023 年恰逢"图书馆之城"建设二十周年,也将是实施上述五年规划的关键一年:一是争取将《促进条例》纳入市人大 2023 年立法计划审议项目,协助制定《促进条例》配套相关细则;二是大力推进各区垂直总分馆制建设,全面深化"图书馆之城"一体化建设,提升统一服务覆盖率,加强与发改、财政部门沟通,抓紧推进深圳少儿图书馆加入全市统一服务项目、城市街区 24 小时自助图书馆优化更新项目的进程;三是依托北馆信息化基础设施全面部署第五代"图书馆之城"中心管理系统 ULAS,保障"图书馆之城"统一技术平台可持续发展,引领科技应用与创新;四是推动实现全市公共图书馆场馆一键预约以及阅读推广活动集中管理、统一发布和读者活动一键预约；五是推进实施文化数字化战略，包括围绕馆藏古籍、报纸、地方文献等多种类型文献资源开展知识资源精细化标引、知识组织与新型数字资源建设工作，通过多维的知识关联和深度的信息挖掘，推进古籍资源的可视化展示。同时加强数字资源建设，提升"云上深图"影响力，推进数字资源管理系统平台一体化建设，完成采购数据导入，并尝试搭建本馆数据库评价体系。

在"图书馆之城"建设二十周年到来之际，作为中心馆的深圳图书馆，将借北馆落成开馆之机，精心策划、组织推出"一个仪式、一场会议、一部宣传片、两场活动、两本图书、五个展览"，不断提升"图书馆之城"社会影响力，包括积极申请承办国际图联（IFLA）世界图书馆和信息大会，争取承办第十八届全国省、自治区、直辖市、较大城市图书馆馆长联席会议，"图书馆之城"二十周年学术论坛，出版深圳"图书馆之城"二十周年纪念文集（2003—2023），深圳"图书馆之城"二十周年专题展等，这些无不预示着深圳的"图书馆之城"建设将迎来一个全新的发展局面。

在 2023 年，还将推动大鹏新区加快区级文化馆、图书馆开办准备工作，推进光明区中国少年儿童文学馆建设，支持深汕合作区推进辖区四镇文化设施提升改造，促使基层进一步补齐公共文化设施短板。加快推进深圳少儿图书馆改建项目，深圳第二少儿图书馆建设有望取得新进展。深圳是个年轻人占主导的城市，适婚适育人口众多，在国内一线超大型城市中，深圳常住人口中的"新生儿"数量近年来一直高居第一，因此需要建设足够多的儿童公共阅读设施才能满足少儿的阅读需求。目前深圳仅有一座市级少儿图书馆，建筑面积仅有 1.56 万平方米，其他各区的少儿图书馆（室）几乎都是作为区图书馆的一个空间有限的部分，难以满足规模庞大的少儿阅读需求。因此，一方面有必要加快将深圳少儿图书馆进行升级改造，目前该馆维修改造工程虽已纳入市级大型文体设施提升改造项目，但后续进展较为缓慢，2023 年应有更大的推进；另一方面，有必要加快建设更多的市、区少儿图书馆，目前"宝安 1990（含区文化馆、区少儿图书馆）"、龙岗区少儿图书馆、坪山区少儿图书馆完成升级改造正式开放，南山区在 2020 年将规划建设区少儿图书馆项目作为年度重点工作之一，并于该年年底成立区少儿图书馆的建设项目组。同时，深圳少儿图书馆已聘请第三方专业咨询公司编制了《深圳第二少儿图书馆项目建议书》报市文体旅游局重大办，也在积极推动"二馆"项目，希望项目工作在 2023 年能取得更大进展。

在特色专题（主题）图书馆建设方面，2023 年将制定分馆建设标准和五年发展规划，开展分馆业务年度培训；推动基层文化设施特色化、精品化发展，鼓励和支持各区挖掘自身资源潜力，新建 10 家以上新型高品质文化空间（含 5 家以上特色主题图书馆），持续扩大"悠·图书馆""南山书房""城市书房"等品牌影响力，支持各区积极申报广东省"粤书吧""粤文坊""两中心融合"试点建设。市、区图书馆可与政府机关、企事业单位等合作，打造馆藏资源独特、阅读活动丰富、服务人群精准的特色主题图书馆（如 2022 年深圳图书馆联合关山月美术馆建设了一家美术主题图书馆），不断丰富"图书馆之城"服务体系，为产业发展及周边居民提供智力支撑。同时进一步深化馆校合作机制，优化提升"青少年阅读基地"项目，扩大覆盖范围，继续与市内中小学合作建设基地，可尝试将"青少年阅读基地"拓展到幼儿园。

（三）以湾区书城建设为契机，有效推进实体书城、书店转型发展

作为全民阅读的核心阵地，深圳出版集团旗下的书城是享誉国内外的现代化大型综合购书中心和知名文化品牌，"一区一书城"及其运营模式也是深圳文化发展的一大亮点。而在最新的全国大书城零售排名中，深圳书城中心城、南山城、罗湖城排位全面提升，分别位列第一、第三和第八，此外宝安城、龙岗城和龙华城三大书城也努力克服疫情的不利影响，维持日常运营，在图书销售之外开展了丰富的全民阅读活动，使各大书城成为所在地及周边地区的文化生活中心。然而，也必须清醒地看到，深圳的实体书城、书店、书吧近年来所面临的巨大挑战甚至危机：从外部市场环境看，2022 年中国图书零售市场码洋规模同比下降 11.77%，其中实体店销售规模和渠道份额与 2019 年相比，均出现腰斩，且首次出现网店、实体店渠道销售额双双下降的情况，出版发行市场整体增长或陷入长期停滞。加上文化央企加速在深圳布局，深圳出版集团在本土图书市场的优势面临冲击，遭遇前有堵截、后有追兵的艰难处境。而从内部看，受三年疫情冲击、文化消费转型等因素影响，书城模式积累的问题也开始充分暴露，如已建书城的固定资产折旧摊销费用高，初代书城业态设施老旧，业态创新不足，尚未培育出适应新兴文化消费需求的新兴文化业态，书城数字化、网络化、智能化发展滞后，书城文化综合体商业模式亟待优化，这些都制约了管理效能和文化空间消费体验的提升。在书城之外，深圳的实体书店包括一些相当有特色的书店、书吧也普遍陷入运营的困境：一方面，随着互联网、视频、游戏等娱乐产业的发展，人们的休闲娱乐方式从之前较为单一的阅读变得更多样化，人们的阅读习惯逐渐从读纸质书转变成读电子书，纸质书的市场不断被电子读物挤压，加上线下实体书店经营

成本高昂，便捷的网上购物流程与廉价的运输成本极大地提高了人们在网上书店购书的效率，更是挤占了实体书店的市场空间，实体书店的痛点越来越凸显，成为亟待解决的问题。

在这一背景下，正在高标准推进建设和运营筹备的深圳书城湾区城，就显得格外引人注目。一方面，作为新时代深圳十大文化设施之一，2021 年 12 月 18 日开工建设的建筑面积达 13 万平方米的深圳书城湾区城，2025 年建成投入使用后将成为全国领先、面积最大的书城文化综合体，其文化空间包括主题书店、湾区民俗馆、策展空间、文化交流平台、公共阅读、亲子活动体验、剧场等；另一方面，如何在上述业态背景下，致力于打造集知识成长、文化发布、艺文展演、科创展示为一体的复合式多元文化服务平台，有效构建具有全国影响力和示范效应的新一代书城，使这一"湾区之眼"真正成为辐射大湾区的城市阅读生活新空间，既是深圳书城模式实现成功转型的一个契机，无疑也是一个巨大的挑战。因此，引入专家决策咨询机制，创新谋划湾区书城经营业态和数字化服务模式，以知识服务为核心，以推广全民阅读、凝聚大湾区文化认同为主旨，以品质文化生活引领为方向，实施数字化智慧运营、群落式书店排布、标签式社群搭建等业态创新，促进深圳书城模式的创新转型和可持续发展，更好满足市民读者多层次、多样化的精神文化需求，将是深圳未来深化全民阅读工作的一个重心所在。

而实体书店、书吧的发展，要走出上面所说的困境，需要转换思路。与电商相比，能与读者直接交流的实体书店的优势在于能给读者带来更多更好的阅读体验。书店有其商业属性，但更有文化属性和社会公共价值，因此实体书店的经营困境，核心不在图书本身，而是经营思维方式。一方面，针对实体书店较高的运营成本，政府应从城市文化发展的高度，做好公共阅读服务的兜底工作，在工作协调机制与激励实体书店的制度上发力，根据不同情况加大对它们的扶持、资助力度，为其纾困解难，比如深圳市公布了 2022—2023 年度第二批文化产业发展专项资金项目申报评审结果，对全市 100 家实体书店进行资助（49 家优秀奖励型书店、51 家纾困型书店），资助总额为 3035.54 万元，扶持的重点是向民营企业和中小型书店、连锁书店倾斜，其中资助民营企业 80 家，占到全部扶持单位的 80%，资助金额超过 1600 万元，占资助总额的一半以上，此举不但为深圳实体书店下了一场"及时雨"，更是促进实体书店实现高质量、多元化发展的实践探索；另一方面，实体书店要走出困境，关键是转变经营模式，必须转向多体经营转型创新，吸引更多的人尤其是年轻人走进书店，提高实体书店的市场竞争力，推动书店焕发新活力。未来书店的形态将会发生一些变化，专业卖书的书店将会大幅减少，而复合型书店会不断增多。具体来讲，实体书店应探索出一种以"学术、文化沙龙、电影、音乐、创意、生活"等为主题的文化创意品牌经营模式，为读者搭建一座可供开放、探讨、分享的公共性平台。

（四）提升深圳读书月、深圳书展等活动品牌效应，将"全球全民阅读典范城市"的文化名片擦得更亮

2023 年，随着我国新型冠状病毒感染疫情防控进入新阶段，生产经营、社会生活将逐渐回归正常化，被压抑的消费动能将聚集释放，特别是受疫情冲击较大的文化旅游、餐饮服务等消费领域，大概率将出现补偿性反弹。这将有利于深圳全民阅读活动的全面恢复和新局面的开创。

自 2000 年以来，深圳读书月已连续成功举办了 23 届，成为深圳深入人心的年度文化活动品牌，更是以"实现市民文化权利"的先进崭新理念

和"政府倡导、企业运作、专家指导、社会参与、媒体支持"的独特运作模式，引领了国内举办读书节庆的潮流。目前，国内城市的读书节庆如雨后春笋，初算下来有几十个，那么，如何在众多的读书节庆中继续办出特色，实现创新发展，使得举办承办各方不疲倦、不懈怠，以持续的创新、创意、创造吸引更多的市民在每年十一月响起的"文化闹钟"中参与到这场文化的盛宴里来，达至营造更浓书香氛围、建设学习型知识社会的目标？这是我们在 2023 年即将迎来第二十四届深圳读书月前需要细细思量的问题。

在这方面，从国内外的读书节庆的相关举措中获得灵感并进行创造性运用，是其中的一种新思路。比如在欧美，英国读书节在每年 3 月 6 日举行，秉承的是"打造读书人的国度"的理想，其中的一项活动是让全国儿童写短篇小说，内容不限，然后由作家评出优秀作品，汇集成书。有趣的是，凡作品入选文集的作者，将被邀请到出版社，亲眼见证他们的小说变成书。另外一项鼓励成年人读书的活动是，你只要在购买推荐书目中的一本时留下姓名地址，就有可能在全国抽奖中获得 100 到 500 英镑的奖券，从而可以买更多的书。这种真切的参与无疑是极具趣味性和吸引力的。在著名的爱丁堡艺术节中，图书节是重头戏之一，通过邀请世界名流朗读自己的作品，能掀起阅读浪潮，比如美国前总统克林顿、诺贝尔文学奖获得者多丽丝·莱辛，全球畅销书《哈利·波特》的作者 J. K. 罗琳等，都曾在这里朗读过作品和进行过讲座，非常吸引人。在法国，举办读书节的宗旨是"阅读并不仅仅是一种私隐性的行为，而是要和别人的思想相遇，把自己向世界开展"，为此倾国家之力去推动，每年 10 月 14 日至 16 日，法国的"欢乐中的阅读"（即读书节）把作者、译者、出版社、书店、图书馆和各种读书协会、广大读者联合起来，在国内和全球 100 多个国家组织 4000 多项规模不一、形式多样的公众阅读活动，以便人们共同分享书籍、阅读、书写与文学创作的快乐，尤其是吸引平时因各种原因而疏远书籍的人们，培养他们对书和阅读的兴趣。其中最有意思的内容之一，是在巴黎和外省大城市举行的以文学与美食为主题的"书宴"，即在各地的室内菜场或露天集市上，安排职业演员吟诵阿皮修斯、拉伯雷、柯莱特或卡恩·布列欣等著名作家作品中颂扬美食佳肴的片段。

再来看看"世界读书日"这一全球最大的读书节。1995 年 11 月，联合国教科文组织作出决议，将每年的 4 月 23 日定为"世界读书日"，力争"让每一个地方每一个人都获得图书"，鼓励人们尤其是年轻人发现读书的乐趣，并以此对那些推动人类社会和文化进步的人们所做出的伟大贡献表示感谢和尊重。而巧合的是，4 月 23 日这天是塞万提斯、莎士比亚、维加这三位著名文学大师的辞世纪念日，也是美国作家纳博科夫、法国作家莫里斯·德鲁昂、冰岛诺贝尔文学奖得主拉克斯内斯等多位文学家的生日。受此启示，从 2023 年的读书月开始，我们不妨举办"深圳读书月年度致敬作家（学者）"的大型综合性主题活动，每届都确定一位在国内外有很大影响的去世或在世作家（学者）作为缅怀或致敬对象，通过集中展示其作品和历史图片，召开专题研讨会，放映关于其事迹的电影、纪录片等方式，开展全方位的宣传，使广大市民每年都能较为全面地了解其人，较为深刻地理解其作品、思想的魅力及其对人类历史的贡献，在实现"要和别人的思想相遇"的同时，也"把自己向世界开展"，这无疑比泛泛开展一般的读书活动有更深的文化价值和更大的社会意义，是党的二十大提出要"深化"全民阅读活动的题中应有之义。

相应地，2023 年将迎来第五届深圳书展。由于深圳书展也在每年举办读书月的 11 月份举行，如今几乎可看成是镶嵌在读书月之中的一项重要活动了。如同读书节庆一样，国内的城市书展也是纷纷涌现，但真正具有很大影响力的并不多，目前最具知名度和吸引力的有香港书展、台北国际书展、上海书展、北京国际图书博览会等。深圳书展举办的时间并不长，目前仅举办了四届，因此要后来居上，办出特色，形成品牌，产生更大的业界影响和社会效应，还需继续努力。2022 年举办的第四届深圳书展刷新了全国时间最长、销量最高的城市书展纪录，这是个很大的成绩，也说明深圳书展举办的社会基础相当牢固，有着很大的发展和提升空间。不过相比于上海书展等，过往几届的深圳书展更侧重于图书、音像电子产品、报刊的集中展示和销售，相关的如热门作家、著名学者和文化名人的签售、演讲等文化"雅集"还不够多，与知名出版机构、出版人的联动还不够紧密，书展期间吸引更多人热情参与的"爆款"专题活动（如充满国际色彩的"上海国际文学周"）相对较少，在图书订货团购、版权交易、出版产业信息发布、出版高峰论坛、作品研讨等方面还存在欠缺，在"国际化"特色营造上也需要进一步加强。总之，立足于已有的坚实基础和社会效应，通过不断地推陈出新，2023 年的深圳书展和读书月活动将办得更加新意迭出，更为多姿多彩，使之成为与"全球全民阅读典范城市"相匹配的深圳文化名片。

（五）以特定群体为主要对象，建立健全"分众阅读"服务体系

阅读本是私人行为，是与心灵的对话活动，是思想的碰撞和升华，是心灵的旅程，需要读者的主动参与。但由于种种原因，某些社会群体并无更好的条件去接近阅读，接受阅读带来的种种好处。而众所周知的是，阅读权是人的文化权利之一，是政府和社会应投入足够资源去满足的基本人

权。因此，在开展和深化全民阅读活动的过程中，有必要分别以特定群体为主要对象，建立健全"分众阅读"服务体系，将阅读行为、阅读服务扩展到全社会的各个角落。

在这方面，深圳图书馆可以说做得较为突出。近年来，深圳图书馆以"分众阅读"服务体系为基础，致力于建设全年龄段、全身份友好型图书馆，持续开展精细化"分众阅读"服务。一方面，该馆利用自身的资源优势，创新推荐优质图书，打造"新书发布"项目；围绕新书开展作家及学人讲座、新书专架（区）展借、新书直通车、馆员品读等多种形式的新书推介服务；策划组织"书海拾珍"系列文献推荐活动，开展不同主题与形式的文献推荐与阅读指导。另一方面，加大未成年人服务力度，如持续开展"少儿智慧银行"项目、深圳"图书馆之城"少儿科普月活动、少儿"阅经典"系列活动；推进"青年发展型城市支持计划"，开展"寻找青年领读者""青年领读者"系列活动、青年数字素养提升行动、举办"青春充电站"系列讲座、青年"创客说"交流会等；升级"青少年创客成长培养计划"，优化创客品牌，策划创意展览，通过创客积分、年度读者评选等方式增强创客空间的读者黏性，发布"创客体验官"创客预约宣传系列短视频。为老年人、视障人士等特殊群体定制资源与服务，实施"银发阅读"拓展计划，开展老年人"乐学""乐读""乐享""乐春"系列服务。为视障人士举办线下电脑培训课程，开展"阅亮世界"阅读提升计划、盲人诗歌朗诵会、盲人散文创作大赛等公共阅读活动；组织策划"星星亲子读书会"等公益读书活动，让特殊少儿群体无差别享受公共阅读服务。关注"智慧女性"品牌阅读，大力促进阅读服务向知识化、精细化发展。

而深圳少儿图书馆作为专门服务于少儿阅读的公共文化服务机构，在"分众阅读"的少儿服务领域，2022年通过推进"常青藤"计划及"共享图书"项目实施，继续加强与中小学的合作交流，推动资源共享，提升儿童阅读服务质量，全年共有 152 所学校加盟"常青藤"计划，新增 1.6 万册图书投入深圳各中小学流通。在 2023 年该馆将继续推进馆校合作，加强与学校沟通交流，推进"常青藤"计划及"共享图书"项目实施，进一步推动馆校合作体系建设。该馆通过走访学校、调研的方式，了解掌握学校师生阅读需求，研讨目前存在的问题，并提出解决方案；特别针对"双减"以及"课后延时服务"需求，设计活动方案，有针对性地开展线上线下阅读活动；积极开展"我最喜爱的童书"阅读推广活动、喜阅 365 亲子共读计划、名著新编短剧大赛等品牌阅读活动，满足读者不同的阅读需求；建设"自闭症儿童家庭友好图书馆"，组织策划"星星亲子读书会"，为自闭症儿童及其家庭服务；联合深圳市福田区童伴时光特殊儿童康复中心，开展粤港澳"共读半小时"活动，通过共享特殊儿童教育类图书以及开展读书会，让孩子们领略书中的趣味。相应地，市妇联将继续实施"阳光童年——知识关爱留守流动儿童"项目，针对对口帮扶地区，开展形式多样的读书活动，营造良好的阅读氛围，助力儿童健康成长；持续实施"阅芽计划"，推动建立儿童早期阅读推广发布服务信息平台，建立儿童早期阅读志愿服务体系。

此外，针对劳务工子女，深圳相关机构实施"蒲公英"劳务工子女图书馆计划，建立劳务工子女图书馆服务模式；实施"康乃馨"无差别阅读计划，为弱势群体，尤其是弱势的少年儿童提供文献信息服务；面向流动青年、贫困青年和残疾青年等群体，开展形式多样的职场指导、职业规划、心理健康主题讲座等活动。总之，将全民阅读工作与实现全社会的阅读权利公平紧密结合，建立健全"分众阅读"服务体系，尤其是关注未成年人和社会弱势群体的阅读需求，通过全民阅读传递温暖与关爱，始终是深圳未来进一步深化全民阅读工作的重要内容。

（六）加强与香港等大湾区城市的互动，促进阅读文化的深度交流

阅读文化的对外交流对深化全民阅读工作具有重大意义。放眼未来，深圳可运用在全民阅读方面的影响力，积极开展以"城际阅读"为纽带的全民阅读对外交流与合作。加强深圳与其他城市、国际友好城市、世界著名阅读城市、全球创意城市、"一带一路"国家和国际华文地区的城市阅读的交流与合作，在积极学习借鉴先进城市全民阅读成功经验的同时，积极推动深圳阅读文化走出去；拓展深圳与爱丁堡"阅读双城记"等城际阅读交流活动的深度和广度，继续开展深港澳之间的阅读交流合作项目，加强与法兰克福国际书展以及联合国教科文组织等国际机构的联系，探索建立全民阅读的国际通道与平台，扩展深圳全民阅读在国内外的影响力。

就近期而言，时隔三年之后，2023 年 2 月 6 日，深港两地全面恢复通关，这为包括港澳在内的大湾区城市文化交流与合作的全面开展创造了条件。如在粤港澳图书馆际的合作交流方面，深圳图书馆作为粤港澳大湾区公共图书馆联盟轮值主持单位，为助力人文湾区建设，2023 年将继续创新开展粤港澳"共读半小时"活动，持续推进"从文献看湾区"系列展览，联合举办"4·23"世界读书日创作比赛、"品读湾区"9+2 城市悦读之旅、广东省英语电影配音大赛、"图书馆杯"主题图像创意设计征集、广东全民英语口语大赛等联动项目，启动"特区文献联合目录"编制调研工作。继续推动"童阅未来"亲子共读计划，通过深港家庭阅读交流和对话环节，呈现深港两地儿童早期阅读推广的探索实践和精神风貌，为深港两地架起融合桥梁，促进双城交流。而在读书月期间，可邀请香港等大湾

区城市的作家、学者和文化人到深圳通过对谈、研讨会等方式进行交流，邀请紫荆文化集团及香港三联书店、香港中华书局、香港商务印书馆等知名文化出版机构，精选设计精美、内容上乘的精品书籍参加深圳书展。同样地，在香港书展、广州书展期间，也积极鼓励深圳的出版机构和文化企业、文化人参展并进行深入的人文交流，共同推进"人文湾区"的建设。

杨立青，深圳市社科院文化所研究员

熊德昌，深圳市文化广电旅游体育局文化产业发展处处长

SHENZHEN
QUANMINYUEDU FAZHANBAOGAO 2023

"高质量发展"专题

2022 年"书香深圳"测评结果报告

深圳大学课题组

为推进"书香深圳"营建，持续性观测深圳城市阅读建设与推进工作，洞察读者阅读习惯和需求的变化，深圳第九次发布年度城市阅读指数，即 2022 年"书香深圳"测评结果报告，研究结果如下：

2022 年深圳阅读指数为 87.79 分。其中，全民阅读基本建设统计数据得分为 60.51 分，居民阅读行为调查数据得分为 27.28 分。

一、深圳阅读指数的指标体系

（一）阅读指数模型

2022 年本课题沿用 2021 年的指标模型，并按照"同口径、可比性"的原则进行历时性数据对比分析以反映变化。

深圳阅读指数由 3 个一级指标、22 个二级指标和 51 项具体测评内容组成。基于对阅读概念的界定并充分参照国家和其他省市相关研究和测评指标的成果，本课题将第一项和第二项一级指标界定为阅读条件，将第三项一级指标界定为阅读行为。整套指标体系如表 2-1 所示：

表 2-1 深圳阅读指数指标体系及权重

一级指标	一级指标权重值	二级指标代码	二级指标权重值	测评内容	测评内容权重值
Ⅰ-1 阅读设施与资源	24%	A1	12.0%	公共图书馆数量	2.0%
				千人阅览座位数	1.0%
				有效读者证数量	3.0%
				人均拥有公共图书馆藏书册数	3.0%
				馆藏电子图书（含有声图书）种类	3.0%
		A2	6.0%	全市实体书店、书吧数量	3.0%
				实体书店年购书人次	2.0%
				实体书店年进出人数	1.0%
		A3	1.0%	深圳地区报纸销售量	1.0%
		A4	1.0%	深圳地区期刊销售量	1.0%
		A5	4.0%	深圳图书销售量	4.0%
Ⅰ-2 阅读支持与保障	19%	A6	2.0%	阅读机构组织数量	2.0%
		A7	3.0%	阅读活动的形态种数	3.0%
		A8	5.0%	阅读活动的场次数量	5.0%
		A9	5.0%	财政性资金投入金额	2.0%
				社会资金投入金额	2.0%
				投入社会资金的机构数量	1.0%
		A10	2.0%	阅读推广人数量	2.0%
		A11	2.0%	报业集团阅读类宣传报道所占百分比	1.0%
				广播电视媒体年阅读报道时长	1.0%
Ⅰ-3 阅读行为与活动	57%	A12	8.0%	公共图书馆进馆人次	3.0%
				公共图书馆外借册次	3.0%
				公共图书馆网站点击数	2.0%
		A13	9.0%	每天手机阅读时长	3.0%
				每天平板阅读时长	3.0%

续表

一级指标	一级指标权重值	二级指标代码	二级指标权重值	测评内容	测评内容权重值
Ⅰ-3 阅读行为与活动	57%	A13	9.0%	数字阅读器日阅读时长	3.0%
		A14	6.5%	平均每天阅读各类信息时长	1.5%
				平均每天图书阅读时长	2.0%
				平均每天报纸阅读时长	0.5%
				平均每天期刊阅读时长	0.5%
				平均每天数字化阅读时长	2.0%
		A15	4.5%	每周图书阅读率	1.5%
				每周报纸阅读率	1.0%
				每周期刊阅读率	1.0%
				每周数字化阅读率	1.0%
		A16	7.0%	每年阅读报刊数	1.0%
				人均每年在读数字阅读图书本数（本）	2.0%
				每年阅读纸质图书数量	2.0%
				每年电子图书阅读量	2.0%
		A17	2.0%	阅读内容广度：人文、科技、技能、教育等	2.0%
		A18	2.0%	阅读活动参与类别	1.0%
				阅读活动参与率	1.0%
		A19	5.0%	有藏书家庭百分比	2.0%
				家庭平均纸质书藏书量	2.0%
				家庭平均电子书藏书量	1.0%
		A20	5.0%	平均每月的阅读消费	2.0%
				年度图书购买量	2.0%
				数字阅读人均月消费额	1.0%

续表

一级指标	一级指标权重值	二级指标代码	二级指标权重值	测评内容	测评内容权重值
I -3 阅读行为与活动	57%	A21	4.0%	阅读资源满意度	2.0%
				阅读设施与环境满意度	2.0%
		A22	4.0%	阅读重要性认知	4.0%

（二）阅读指数计算方法

深圳阅读指数（A）＝全民阅读基本建设统计数据（B）＋居民阅读行为调查数据（C）

1. 全民阅读基本建设统计数据

全民阅读基本建设统计数据（B）是由一组反映推动全民阅读发展的基本建设方面的指标构成，具体指本指标体系中的 A1—A12。此部分资料来源于政府权威部门连续五年的统计结果，占全部阅读指数的 51% 权重。

B = 年度统计值 / 参照基准 ×100，年度统计值 $= \sum_{i=1}^{13} A_i \times F$，其中 A1—A13 为各指标代码对应的统计值，F 为指标权重。

参照基准：以过去四年的统计值为参照基准，历年的权重以 4：3：2：1 的方式设计，即越近的年份，在指数中影响越大。权重设计比例主要体现发展的现实性和历史性的统一，相对侧重于动态的现实性。具体计算方法是：前一年统计值 ×40%＋前两年统计值 ×30%＋前三年统计值 ×20%＋前四年统计值 ×10%。

由于统计数据的滞后性，纳入当年计算模型中的统计数据为前一年的统计值，即 2022 年全民阅读基本建设统计数据 =2021 年统计值 / 参照基准 ×100。

参照基准 =2020 年统计值 ×0.4+2019 年统计值 ×0.3+2018 年统计

值 ×0.2+2017 年统计值 ×0.1。

2. 居民阅读行为调查数据

居民阅读行为调查数据（C）是由一组通过抽样调查收集的、反映居民阅读状况的指标构成，通过问卷调查获得的当年常住人口各指标的统计结果，在指标体系中包括 A13—A22。此部分资料来源于同等规模、相同抽样方案和实施方案获得的抽样调查的结果，每年 9 月份实施调查。

二、深圳阅读指数调查结果

2022 年深圳阅读指数为 87.79。

全民阅读基本建设统计数据得分：60.51，↑ 12.09
居民阅读行为调查数据得分：27.28，↑ 1.18

根据数据来源的不同，深圳阅读指数包括两部分：

一是全民阅读基本建设统计数据（B），它是由一组反映推动全民阅读发展的基本建设方面的指标构成，与之对应的是指标体系中的 A1—A12 项。数据来源于政府权威部门的统计结果。2022 年全民阅读基本建设统计数据得分为 60.51 分，比 2021 年提高 12.09 分。

二是居民阅读行为调查数据（C），它是由一组通过抽样调查收集的、反映居民阅读状况的指标构成，与之对应的是指体系中的 A13—A22 项。此数据来源于问卷调查。2022 年居民阅读行为调查数据得分为 27.28 分，比 2021 年提高了 1.18 分。

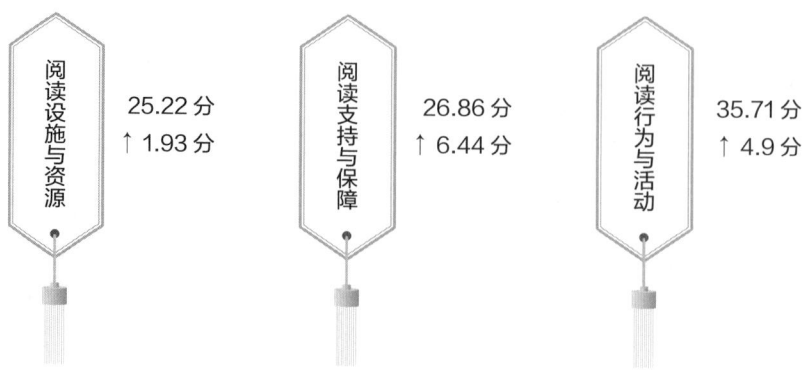

从 3 个一级指标来看：

Ⅰ-1 阅读设施与资源：反映了本市居民阅读活动得以进行所依托的基本条件状况，包括城市为市民提供便于阅读的公共设施、可阅读的内容资源等。它对应指标体系中的 A1—A5 项，数据均来源于政府权威部门的统计数据。2022 年"阅读设施与资源"得分为 25.22 分，比 2021 年高出 1.93 分。

Ⅰ-2 阅读支持与保障：反映了政府及相关机构为推动全面阅读开展的各种活动与支持，包括政府为推动全民阅读所提供的经费、组织保障以及开展的各种阅读活动等。它对应于指标体系中的 A6—A11 项，数据均来源于政府权威部门的统计数据。2022 年"阅读支持与保障"得分为 26.86 分，比 2021 年提高 6.44 分。

Ⅰ-3 阅读行为与活动：反映了深圳市民的阅读习惯、阅读兴趣与阅读投入，内容涵盖阅读的时间和空间、内容的广度和深度、认知态度和实际消费等。它对应于指标体系中的 A12—A22。其中 A12 的数据来源于政府权威部门的统计数据，A13—A22 来源于问卷调查的数据。2022 年"阅读行为与活动"得分为 35.71 分，比 2021 年提高 4.9 分。

（一）Ⅰ-1阅读设施与资源

该指标包括 5 项二级指标，并对 11 项内容进行测评。2022 年"阅读设施与资源"得分为 25.22 分，其各项内容测评结果如表 2-2 所示：

表 2-2 2022 年"阅读设施与资源"测评得分

二级指标代码	二级指标权重值	测评内容	测评内容权重值	2021 年测评得分	2022 年测评得分
A1	12.0%	公共图书馆数量	2.0%	2.17	2.17
		千人阅览座位数	1.0%	0.85	1.01
		有效读者证数量	3.0%	3.77	4.09
		人均拥有公共图书馆藏书册数	3.0%	2.67	2.90
		馆藏电子图书（含有声图书）种类	3.0%	3.63	3.68
A2	6.0%	全市实体书店、书吧数量	3.0%	3.47	3.06
		实体书店年购书人次	2.0%	1.17	1.48
		实体书店年进出人数	1.0%	0.53	1.05
A3	1.0%	深圳地区报纸销售量	1.0%	0.75	0.87
A4	1.0%	深圳地区期刊销售量	1.0%	0.98	1.05
A5	4.0%	深圳图书销售量	4.0%	3.30	3.86

"阅读设施与资源"的 11 项测评内容中，只有"全市实体书店、书吧数量"下降了，其他 10 项测评内容均有不同程度的上升，增幅最大的三个指标分别是：实体书店年进出人数、有效读者证数量和馆藏电子图书（含有声图书）种类。

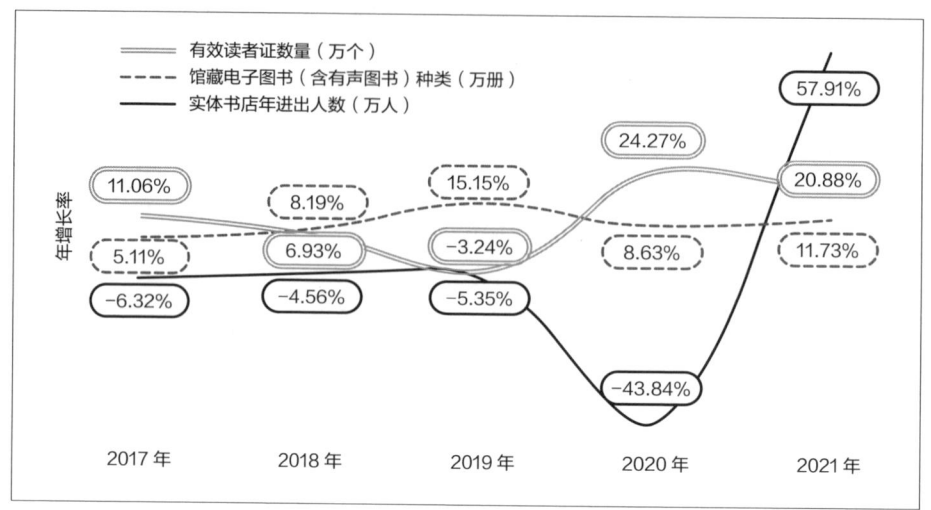

图 2-1 2022 年"阅读设施与资源"增幅最大的三项测评内容

由于每个测评项的权重不同，反映到测评得分上我们发现深圳图书销售量、实体书店年进出人数和有效读者证数量是"阅读设施与资源"分值增加最大的三个指标。

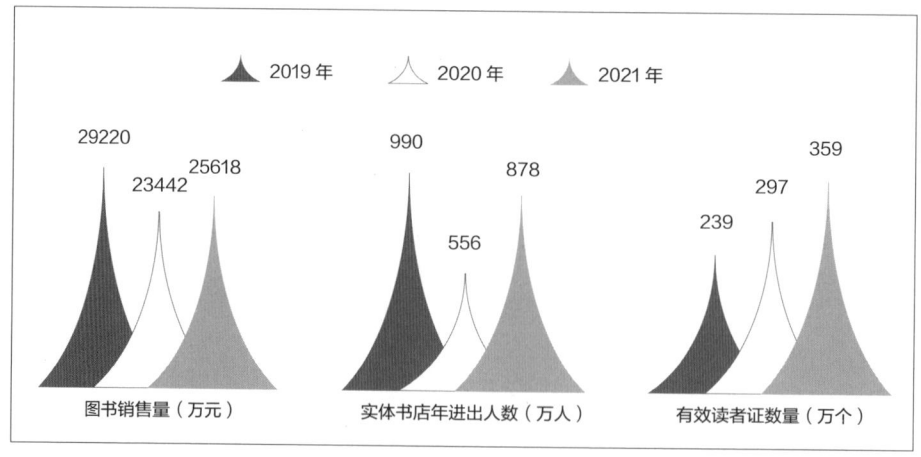

图 2-2 2019—2021 年深圳图书销售量、实体书店年进出人数、有效读者证量

（1）深圳图书销售量：测评得分为3.86分，比2021年提高了0.56分。受疫情影响，2020年图书销售量大幅下滑后，2021年触底回升，未来几年有望恢复甚至超过疫情之前的销售量。

（2）实体书店年进出人数：测评得分为1.05分，比2021年提高了0.52分，增幅高达98.11%。2020年是疫情席卷全球的第一年，实体书店进出人数相比2019年接近腰斩，2021年该数据已接近2019年的水平。

（3）有效读者证数量，测评得分为4.09分，比2021年提高了0.32分。

"阅读设施与资源"的11项测评内容中，只有一个指标下降了：全市实体书店、书吧数量。它的测评得分为3.06分，比2021年下降了0.41分。受疫情影响，2021年实体书店、书吧因经营不佳关停了一些，从整体来看数量略有下降。

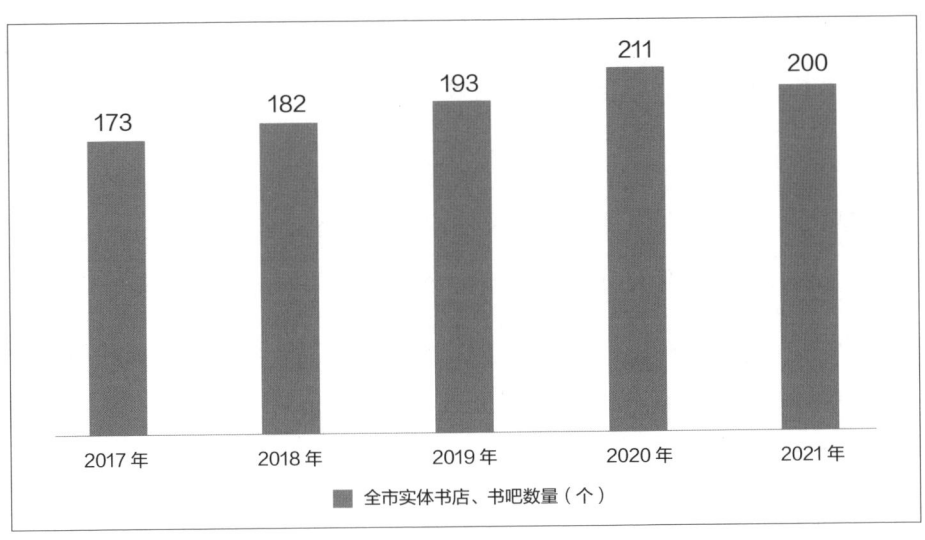

图 2-3 2017—2021 年深圳市实体书店、书吧数量

（二）Ｉ－2 阅读支持与保障

该指标包括 6 项二级指标、9 项测评内容。2022 年"阅读支持与保障"得分为 26.86 分。该指标的各项测评内容结果如表 2-3 所示：

表 2-3 2022 年"阅读支持与保障"测评得分

二级指标代码	二级指标权重值	测评内容	测评内容权重值	2021 年测评得分	2022 年测评得分
A6	2.0%	阅读机构组织数量	2.0%	2.00	3.55
A7	3.0%	阅读活动的形态种数	3.0%	3.00	3.00
A8	5.0%	阅读活动的场次数量	5.0%	4.17	5.99
A9	5.0%	财政性资金投入金额	2.0%	2.57	2.18
		社会资金投入金额	2.0%	2.68	2.69
A9	5.0%	投入社会资金的机构数量	1.0%	0.85	0.93
A10	2.0%	阅读推广人数量	2.0%	3.05	2.47
A11	2.0%	报业集团阅读类宣传报道所占百分比	1.0%	1.04	1.02
		广播电视媒体年阅读报道时长	1.0%	1.06	5.03

"阅读支持与保障"的 9 项测评内容中，测评得分下降的 3 个指标中，只有"财政性资金投入金额"的实际统计值略有下降，"阅读推广人数量"和"报业集团阅读类宣传报道所占百分比"由于增速放缓，导致计算出来的测评得分有所下降。增幅最大的 3 项测评内容分别是：广播电视媒体年阅读报道时长、阅读机构组织数量、阅读活动的场次数量。

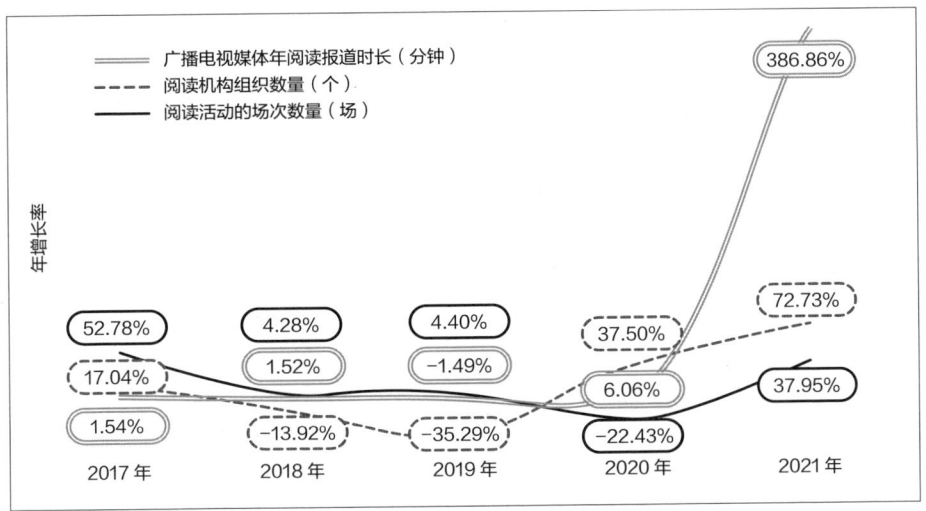

图 2-4 "阅读支持与保障"增幅最大的 3 项测评内容

（1）阅读机构组织数量：测评得分为 3.55 分，比 2021 年提高了 1.55 分。2012 年，深圳成立了国内首家阅读联合组织——深圳市阅读联合会，培育了众多国内高水平民间阅读组织，会员单位涵盖学校、公共图书馆、民间读书组织、宣传媒体、出版、印刷、发行、网络阅读等行业以及从事阅读研究与实践的专家学者、阅读推广人。2022 年阅读机构组织数量超过 200 个，几乎是 2020 年的 2 倍，增幅高达 70% 左右。

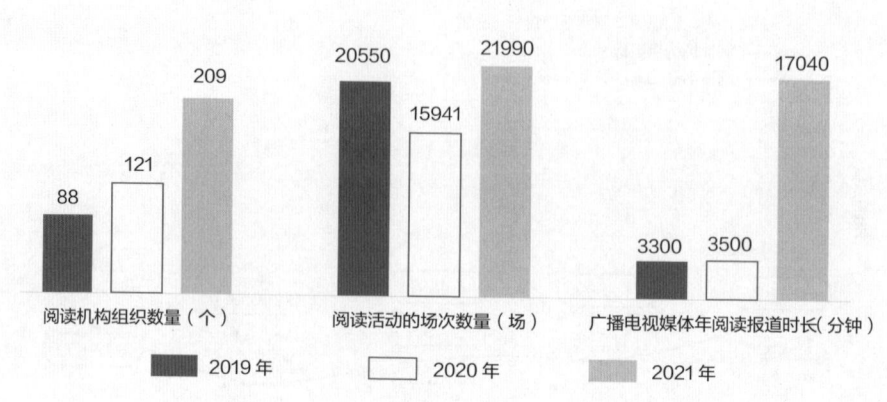

图 2-5 2019—2021 年阅读机构组织数量、阅读活动场次数量、

广播电视媒体年阅读报道时长

（2）阅读活动的场次数量：测评得分为 5.99 分，比 2021 年提高了 1.82 分，增幅为 43.65%。2020 年受疫情影响，阅读活动的场次数量大幅缩减，2021 年该数据已超过疫情之前的水平。其中第二十二届深圳读书月按照 1+3（N）的模式，策划了 1 个年度巨献，3 大主题板块，共推出 16 项主推活动与 40 余项延伸活动，24 家成员单位组织策划 260 余项、1400 余场主题活动。深圳彩虹花公益小书房在读书月期间推出儿童友好绘本嘉年华活动，助力儿童阅读推广，共建儿童友好城市。各区街道图书馆、社区图书馆也纷纷开展亲子阅读、线上共读、送书进校园等形式多样的阅读活动，让书香飘满鹏城。

（3）广播电视媒体年阅读报道时长：测评得分为 5.03 分，比 2021 年提高了 3.97 分。2021 年广播电视媒体对阅读活动进行了广泛的报道，全年累计 17040 分钟，是 2020 年的将近 5 倍，增幅高达 386.86%。

财政性资金投入额度略有下滑，测评得分比 2021 年下降了 0.39 分。

2021 年财政资金共计投入 2581 万元，相比 2020 年减少了 39 万元，比 2019 年高出 23 万元。

（三）Ⅰ-3 阅读行为与活动

该指标包括 11 个二级指标，共计 31 项测评内容。其中 A12 "图书馆阅读"的数据来自公共图书馆的统计数据。A13—A22 中的数据来自问卷调查结果。

表 2-4　2022 年"阅读行为与活动"测评得分

二级指标代码	二级指标权重值	测评内容	测评内容权重值	2021 年测评得分	2022 年测评得分
A12	8.0%	公共图书馆进馆人次	3.0%	1.19	2.57
		公共图书馆外借册次	3.0%	2.05	4.05
		公共图书馆网站点击数	2.0%	1.47	1.81
A13	9.0%	每天手机阅读时长	3.0%	2.04	2.30
		每天平板阅读时长	3.0%	1.50	0.69
		每天电子阅读器阅读时长	3.0%	0.87	0.80
A14	6.5%	平均每天阅读各类信息时长	1.5%	1.39	1.75
		平均每天图书阅读时长	2.0%	0.89	1.38
		平均每天报纸阅读时长	0.5%	0.13	0.16
		平均每天期刊阅读时长	0.5%	0.12	0.15
		平均每天数字化阅读时长	2.0%	1.33	1.54
A15	4.5%	每周图书阅读率	1.5%	1.12	1.26
		每周报纸阅读率	1.0%	0.45	0.50
		每周期刊阅读率	1.0%	0.43	0.51
		每周数字化阅读率	1.0%	1.00	0.84

续表

二级指标代码	二级指标权重值	测评内容	测评内容权重值	2021年测评得分	2022年测评得分
A16	7.0%	每年阅读报刊数	1.0%	0.05	0.04
		人均每年在读数字阅读图书本数（本）	2.0%	0.05	0.07
		每年阅读纸质图书数量	2.0%	0.18	0.13
		每年电子图书阅读量	2.0%	0.23	0.23
A17	2.0%	阅读内容广度：人文、科技、技能、教育等	2.0%	0.07	0.07
A18	2.0%	阅读活动参与类别	1.0%	0.03	0.02
		阅读活动参与率	1.0%	0.69	0.71
A19	5.0%	有藏书家庭百分比	2.0%	1.62	1.64
		家庭平均纸质书藏书量	2.0%	0.66	0.51
		家庭平均电子书藏书量	1.0%	0.25	0.23
A20	5.0%	平均每月的阅读消费	2.0%	2.99	3.81
		年度图书购买量	2.0%	0.21	0.21
A20	5.0%	数字阅读人均月消费额	1.0%	0.08	0.10
A21	4.0%	阅读资源满意度	2.0%	1.93	1.88
		阅读设施与环境满意度	2.0%	1.94	1.91
A22	4.0%	阅读重要性认知	4.0%	3.85	3.84

"阅读行为与活动"的 31 项测评内容中，增长幅度最大的 3 个指标分别是公共图书馆进馆人次、公共图书馆外借册次和平均每天图书阅读时长。

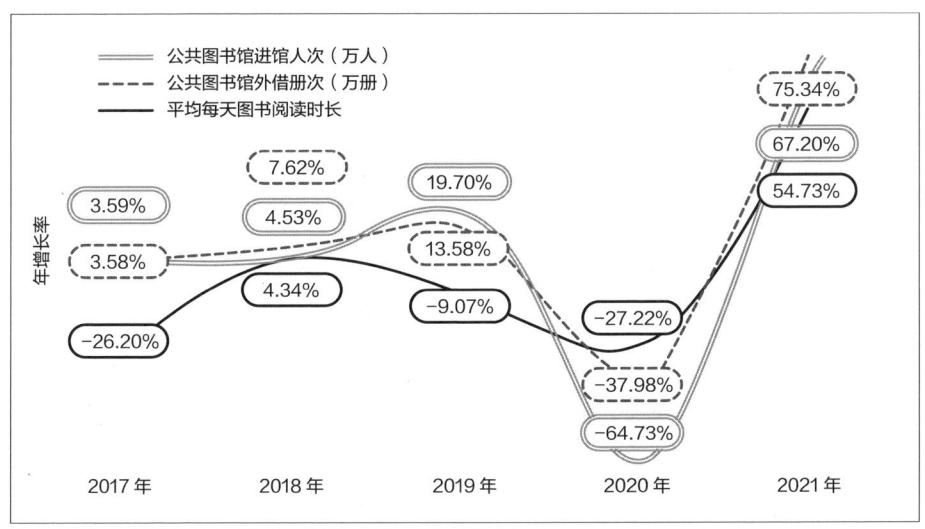

图 2-6 2022 年"阅读行为与活动"增幅最大的三项测评内容

由于每个测评项的权重不同，反映到测评得分上我们发现公共图书馆外借册次、公共图书馆进馆人次和平均每月的阅读消费是"阅读行为与活动"分值增加最大的 3 个指标。

（1）公共图书馆外借册次：测评得分为 4.05 分，比 2021 年提高了 2 分。2020 年的疫情打了大家一个措手不及，图书外借册次较 2019 年下滑近 30%。2021 年各个图书馆均不同程度地采取了灵活便利的手段提供借阅服务，包括快递送书、预约取书等服务。2021 年的借阅册次比疫情之前的 2019 年还高出 10% 左右。

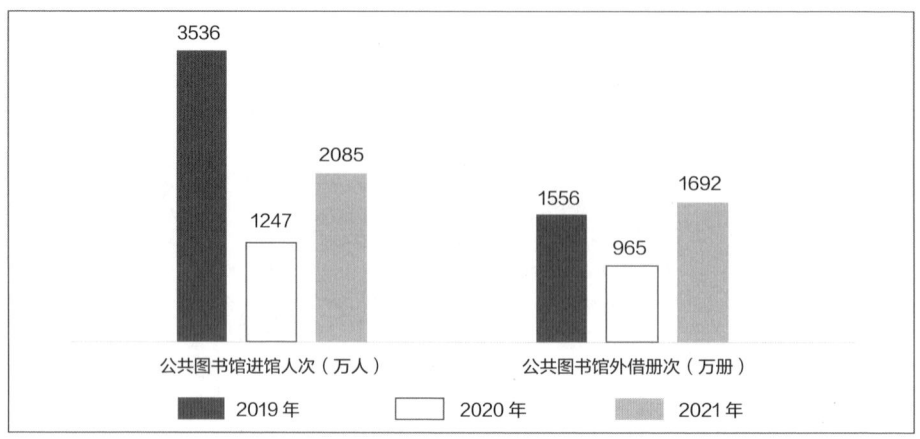

图 2-7 2019—2021 年公共图书馆进馆人次、外借册次

（2）公共图书馆进馆人次：测评得分为 2.57 分，比 2021 年提高了 1.38 分。2020 年公共图书馆进馆人次只有 2019 年的 1/3 左右，2021 年该数据恢复至 2085 万人次。

（3）平均每月的阅读消费：测评得分为 3.81 分，比 2021 年提高了 0.82 分。2017 年深圳市民每月花在阅读上面的金额是 252 元，之后几年开始逐渐下滑，2020 年降至谷底，2021 年有较大的回升。

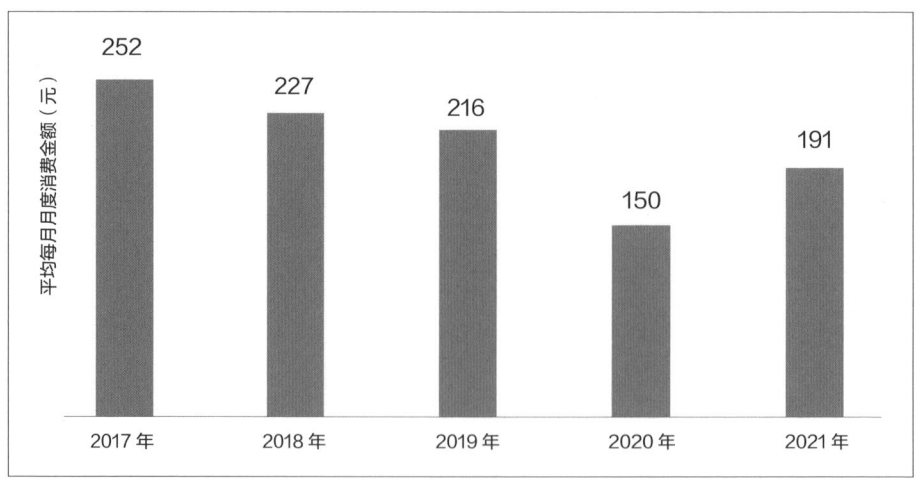

图 2-8 2017—2021 年深圳市民平均每月阅读消费金额

（四）增速放缓的指标

2022 年增速放缓的两个测评内容为阅读推广人数量和报业集团阅读类宣传报道所占百分比。

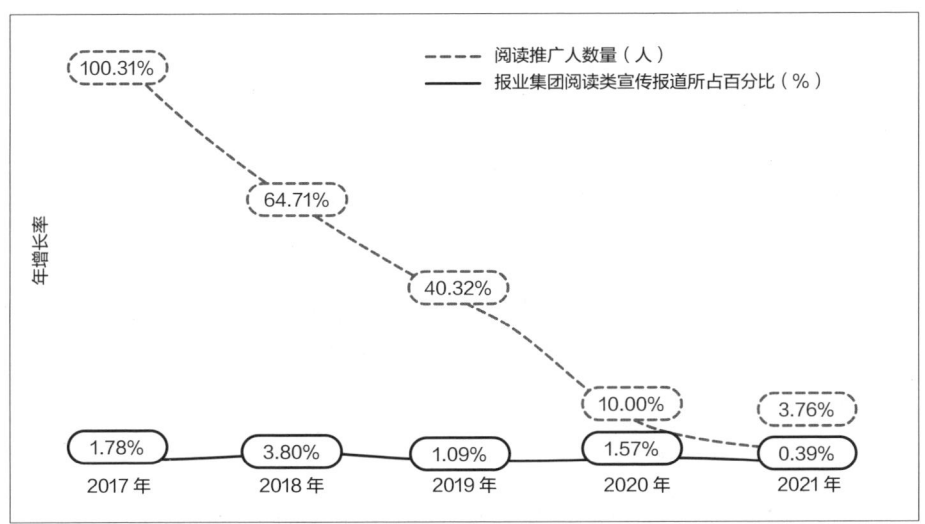

图 2-9 2022 年深圳阅读指数增速放缓的测评内容

（1）阅读推广人数量（人）：测评得分为 2.47 分，相比 2021 年降低了 0.58 分。从统计数据来看，阅读推广人数量经历了 2017 年的爆发式增长后，每年的增速呈下降趋势，2021 年增速降至 3.76%。

（2）报业集团阅读类宣传报道所占百分比（%）：测评得分为 1.02 分，比 2021 年降低了 0.02 分。从统计数据来看，报业集团阅读类宣传报道占比近几年基本稳定在 10% 左右，2021 年增幅仅为 0.39%。

表 2-5　2017—2021 年阅读推广人数量、报业集团阅读类宣传报道所占百分比

测评内容	2017 年	2018 年	2019 年	2020 年	2021 年
阅读推广人数量 / 人	1298	2138	3000	3300	3424
报业集团阅读类宣传报道所占百分比 / %	9.73	10.10	10.21	10.37	10.41

（五）传统媒体阅读与新媒体阅读

互联网时代，随着移动智能设备的普及，人们获取信息的渠道及阅读的方式越来越多样化。阅读方式也从单一的纸质文字阅读逐渐转变为纸质文字阅读与数字化阅读、移动阅读相结合的全新阅读方式。

从调查数据来看，2022 年深圳市民传统纸质阅读与数字化阅读，呈现同步上升与同步下降的情况。

（1）阅读时长：图书阅读时间相比 2021 年增加了 24.4 分钟，仅比数字化阅读时间少了 8 分钟左右。报纸和期刊的阅读时长差不多都是 30 分钟。从数据可以看出数字化阅读时长与图书阅读时长并驾齐驱，是报纸、期刊阅读时长的 2 倍左右。

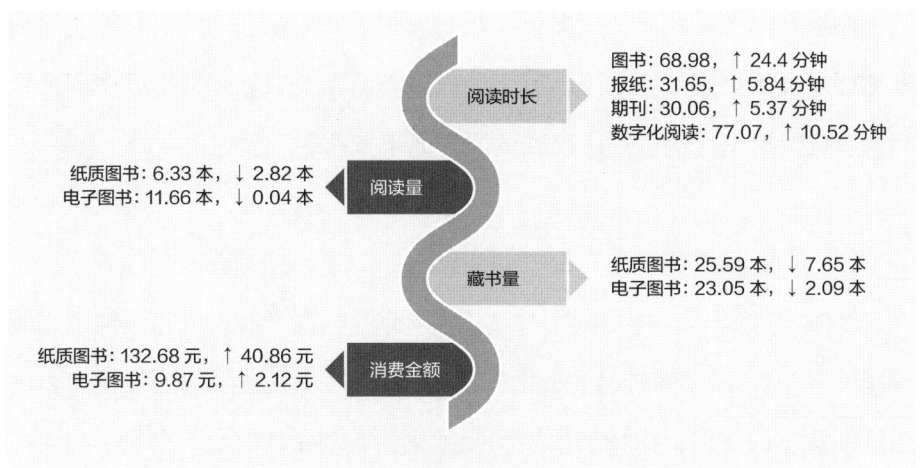

图 2-10　2022 年深圳市民传统媒体阅读与新媒体阅读对比

（2）阅读量：纸质图书的阅读量相比 2021 年下降了 2.82 本，电子图书仅下降了 0.04 本。深圳市民的阅读时长在增加，而阅读量在减少，说明花在每本书上的阅读时间在增加。

（3）藏书量：纸质图书和电子图书的藏书量均有所下滑。从问卷结果来看，有藏书的家庭数量在增加，随着基数的增长，有藏书的家庭藏书量会呈现下滑态势。

（4）消费金额：用户花在购买纸质图书上的金额增加了 40.86 元，与深圳地区图书销量的增长数据也是吻合的。电子图书的消费金额增加了 2.12 元。

三、深圳阅读行为指标与全国水平相比

与 2022 年 4 月 23 日中国新闻出版研究院发布的"第十九次全国国民

阅读调查"同指标相比,深圳居民在阅读率、阅读量和阅读时长等主要阅读指标均高于全国平均水平。以下国民调查的相关数据来自书香中国公众号发布的《第十九次全国国民阅读调查成果发布》。

(一)阅读率

2022 年度深圳成年居民图书阅读率 84.0%,高于我国成年国民图书阅读率(59.7%);深圳居民的报纸阅读率为 49.7%,是全国成年居民 24.6% 报纸阅读率的 2 倍;深圳居民期刊阅读率为 51.2%,是全国水平(18.4%)的 2.78 倍。深圳成年居民数字化阅读方式接触率(包括在线阅读、手机阅读、电子阅读器阅读、Pad 阅读)为 84.2%,高于全国 79.6% 的数字化接触率。

深圳成年居民的综合阅读率为 94.2%,我国国民调查的综合阅读率为 81.6%。

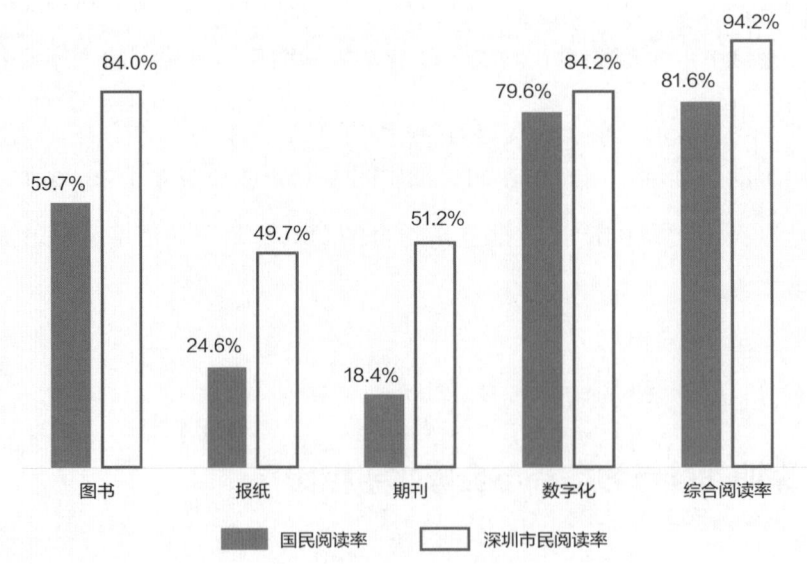

图 2-11　国民阅读率与深圳市民阅读率对比

（二）阅读媒介与阅读时长

深圳成年居民每天的综合阅读时长为 116.98 分钟，约 2 个小时，比 2021 年的 92.58 分钟多出 24.4 分钟。传统媒介的阅读时长与国民调查数据对比如下：

深圳居民图书阅读平均时长为 68.98 分钟，是全国平均水平（21.05 分钟）的 3 倍多；

深圳居民报纸阅读时长平均为 31.65 分钟，几乎是全国平均读报时长（5.22 分钟）的 6 倍；

深圳居民期刊阅读的平均时长为 30.06 分钟，是国民平均阅读期刊时长（2.96 分钟）的 10 倍。

数字化媒介方面：

深圳居民使用电子阅读器进行阅读的日均时长为 26.54 分钟，是全国平均水平（11.78 分钟）的 2 倍多；

深圳居民使用平板电脑阅读的时长为 23.15 分钟，是全国平均时长（9.82 分钟）的 2 倍多。

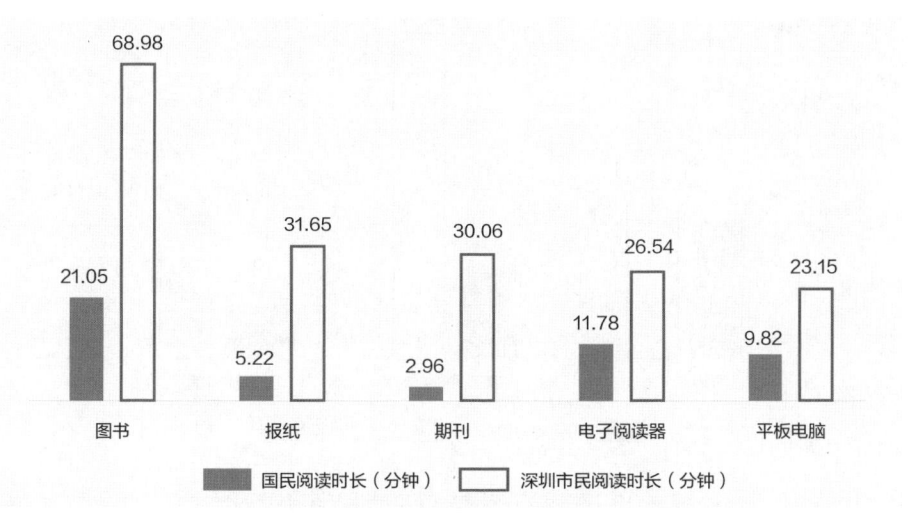

图 2-12　国民阅读时长与深圳市民阅读时长对比

综合来看，深圳居民在阅读媒介使用上的突出特点是"拿着一本书阅读"和"抱着数字媒介阅读"并举。在手机几乎时刻在手的当下，深圳人对纸质图书、报纸、期刊等传统阅读方式保持了一种坚守，同时又能充分利用新媒介比如手机、电子阅读器、Pad 等方便快捷、资源海量的优势获取信息和新知。

（三）阅读量

从各类读物的阅读量上看，深圳居民人均阅读纸质图书 6.33 本，电子图书 11.66 本；全国人均纸质图书阅读量为 4.76 本，人均电子书阅读量为 3.30 本。

深圳居民平均每年阅读纸质报纸 3.51 种，全国平均报纸阅读量为 15.13 份。

深圳居民人均纸质期刊的阅读量为 4.96 期，全国人均纸质期刊的阅读量为 1.90 期。

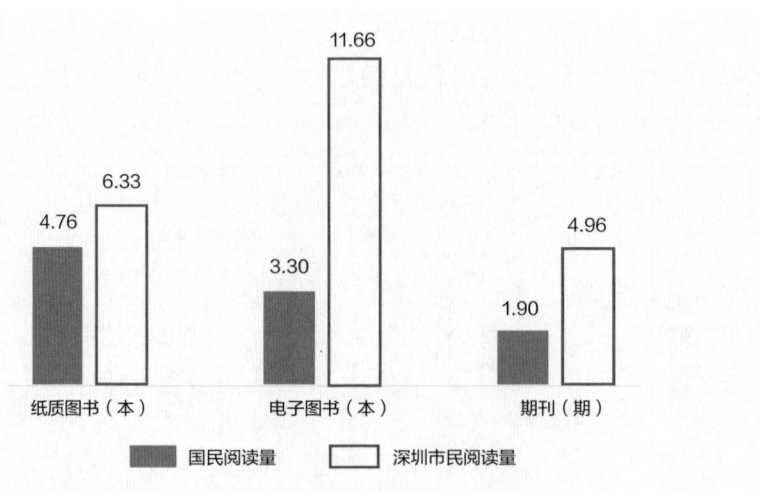

图 2-13　国民阅读量与深圳市民阅读量对比

四、2022 年深圳阅读指数调查主要结论

（一）阅读支持与保障大幅提升，市民阅读行为恢复常态

回首疫情三年，2020 年大家面对疫情时措手不及，公共图书馆暂停服务，阅读活动大幅缩减。2021 年大家逐渐从慌乱中走出来，各种阅读活动井然有序地开展，公共图书馆的线上服务渠道纷纷亮相，政府对阅读的支持与保障相比 2020 年有了大幅提升，市民的阅读行为也恢复常态，公共图书馆、实体书店、书吧的借阅册次、进出人数均大幅提升。

（二）线上阅读渠道增多，为读者提供多样化的服务

疫情推动公共图书馆加快建设线上渠道。南山图书馆推出线上借书免费邮寄到家的服务；福田图书馆提供图书预借服务，预借图书可在图书馆门口即借即走；宝安图书馆开通书视借服务，市民可在线上或线下免费借阅新书；公共图书馆门口的自助还书机、社区的自助图书机，多样化的图书借阅服务为市民提供了便利的渠道，增加了图书的流动性，满足了市民文化阅读的需求。

（三）种类繁多、形式多样的阅读活动提高了读者的阅读参与性与积极性

2021 年阅读机构组织数量大幅增加，社会各界围绕书香深圳的建设组织开展了形式多样的阅读活动，深圳各大书城、小书吧、各级图书馆及基层开展阅读活动约 2.2 万场次。福田区公共文体中心文化志愿者搭建"橙"心小屋，携手深圳樊登书店推出好书共读线上活动，邀请书店领读人加入"橙"心小屋，通过直播形式与群内的隔离居民分享交流经典

书籍，一起读好书。读书会举办"战疫不焦虑指南"大型公益主题分享、"线上诗歌朗诵会"、21 天阅读打卡挑战等线上共读活动。三叶草故事家族联合真爱梦想共同发起"为梦想益起读"的线上公益阅读推广活动，以短视频等方式进行阅读传播。"爱阅号"移动书巴亮相读书月创意文化嘉年华，童趣涂鸦风格的绿色双层巴士、满载 400 余册图书的主题阅读角助力爱阅之城。坪山社区图书馆举行"图书漂流之移动书屋"，移动书屋开进龙岗百年围屋，丰富多彩的阅读活动助力建设书香深圳。

（四）图书消费小幅提升，深阅读人群扩大

数字化的快速阅读时代获取知识包括文学作品固然比任何时代来得容易，却也深陷"信息爆炸"的困境，由浅阅读、泛阅读走向深阅读，成为当下文学阅读的重要议题。2022 年深圳市民的图书消费小幅提升，不论是图书、报纸、期刊还是数字化阅读，阅读时长都在增加，然而阅读量却在减少，这是非常罕见的。疫情期间，深圳按下"慢行键"，同时也点亮了阅读的灯光。深圳出版集团为深圳市民提供 10 万册以上的电子书、3 万册以上的有声书以及海量期刊免费读，福田区公共文体中心联合樊登读书，向全市居民推出 8 万张福田文体中心与樊登读书联名书卡。深圳市民的居家时间多了，时间不再碎片化，人们有时间拿起那些"大部头"，系统地获取知识越来越普遍，深阅读人群正在逐渐扩大，这也是书香深圳多年建设的成果。

2023 年深圳"图书馆之城"阅读报告

深圳图书馆 深圳图书情报学会

2022 年是党的二十大召开之年,是全面建设社会主义现代化国家、向第二个百年奋斗目标进军新征程的关键之年,也是香港回归 25 周年。深圳市各级公共图书馆在全面落实疫情防控举措基础上,最大限度保障场馆安全、有序开放,并不断创新服务方式,提升文化内涵和服务品质,动态调整服务举措,线上线下联合发力,深入推进全民阅读,营造浓郁书香社会。

截至 2022 年底,深圳共有公共图书馆(室)779 个,其中市级公共图书馆 3 个、区级公共图书馆 9 个、街道及以下基层图书馆(室)767 个,与 307 个各类自助图书馆(包含城市街区自助图书馆 235 个、24 小时书香亭 71 个、其他类型自助图书馆 1 个),共同形成了覆盖深圳市所有街区的公共图书馆网络体系。深圳市公共图书馆文献总藏量 6053.3 万册(件),其中实体文献藏量 2925.62 万册(件),电子文献藏量 3127.68 万册(件);持证读者为 416.45 万人。2022 年全市各馆进馆人次达 1501.34 万人次,实体文献外借量达 1579.90 万册次,举办的线上、线下各类读者活动为 1.82 万场,参与市民达 1931.07 万人次。

一、"一证通行，通借通还"，统一服务体系新增近 200 个网点，不断深化拓展

截至 2022 年底，深圳市共有 968 个服务网点（含 661 家公共图书馆、235 个城市街区自助图书馆、71 个 24 小时书香亭、其他类型自助图书馆 1 个）加入"图书馆之城"统一服务体系，年度新增 197 个服务网点，同比增长 25.55%，全市近九成公共图书馆已加入统一服务体系，"一证通行，通借通还"统一服务范围持续拓展。

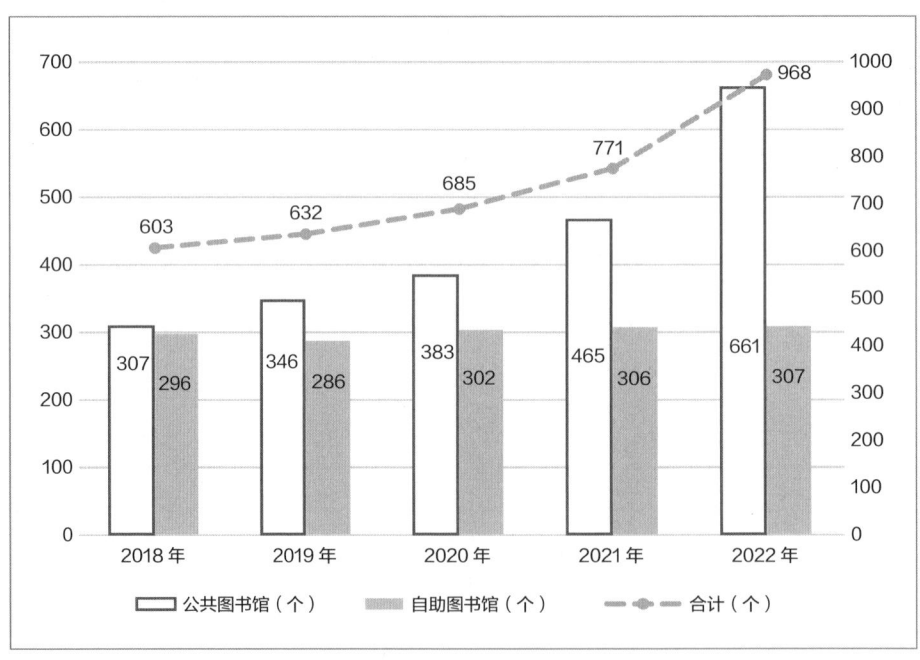

图 2-14 2018—2022 年加入深圳"图书馆之城"
统一服务各类图书馆数量对比

（一）实体文献馆藏量达 2538.22 万册（件）

截至 2022 年底，深圳"图书馆之城"统一服务实体文献馆藏量（含纸质中外文图书、报刊合订本、视听资料等）达 2538.22 万册（件），同比增长 5.72%。其中市级公共图书馆文献藏量为 855.99 万册（件），占比 33.72%；各区公共图书馆文献藏量达 1682.23 万册（件），占比达 66.28%。

（二）累计注册读者达 401.25 万人

1. 2022 年，深圳"图书馆之城"统一服务平台新增注册读者 59.59 万人，同比基本持平，比 2020 年增长 53.62%，是 2019 年的 2.11 倍。截至 2022 年底，统一服务累计持证读者达 401.25 万人，其中女性读者占比为 51.38%，男性读者占比为 48.62%。

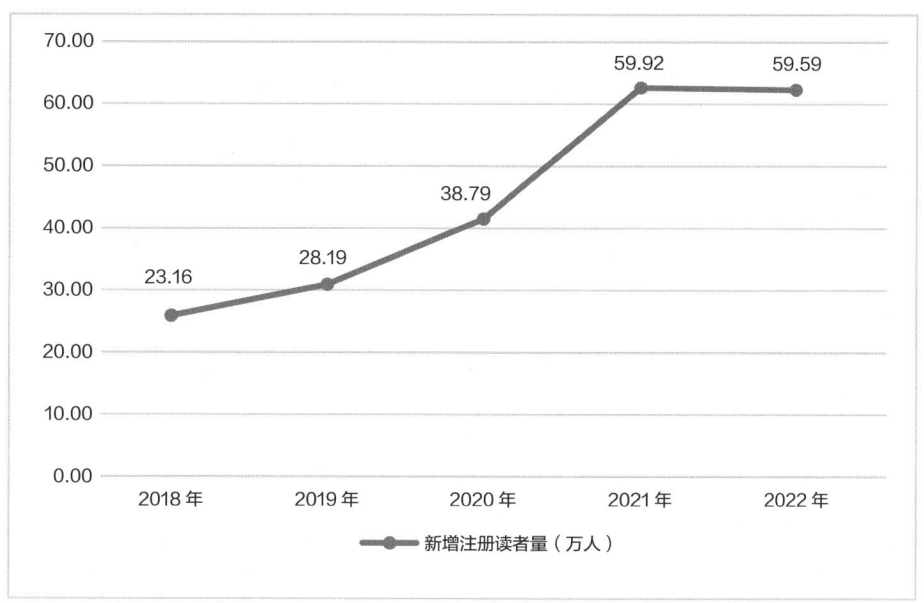

图 2-15 2018—2022 年深圳"图书馆之城"统一服务平台新增注册读者量对比

　　2. 2022 年新增注册读者中，从办证方式看，44.03 万人通过移动服务平台注册虚拟读者证[①]，占比为 73.89%，同比增长 26.85%；从注册读者证类型看，58.16 万人注册"鹏城励读证"[②]，占比达 97.6%，同比增长 1.34%。

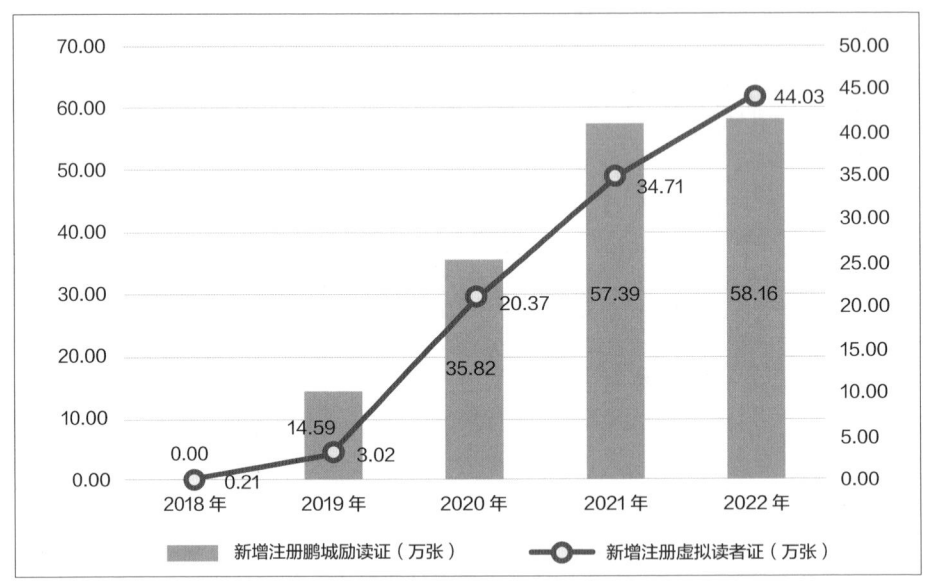

图 2-16　2018—2022 年深圳"图书馆之城"
统一服务平台新增注册鹏城励读证和虚拟读者证对比

---

① 2018 年 10 月底，虚拟读者证上线，读者可以通过微信服务号中的"在线实名认证"或"E
证通"两种认证方式在线申办。
② 2019 年 11 月，"鹏城励读证"上线，深圳市民在深持本人有效身份证件即可在移动终端或
加入统一服务平台的公共图书馆办理，凭证可"免押"借阅全市统一服务平台中文文献 5 册
（件），方便市民畅享"图书馆之城"的各种便捷服务。2021 年"图书馆服务宣传周"期间，
统一服务平台各成员馆启动"倍增计划"，即鹏城励读证可外借中文文献数量由 5 册提高至
10 册。2022 年 7 月 1 日起，"鹏城励读证"权限进一步升级，可借文献权限扩大为"10 册
中文文献 +1 册原版外文图书"。

（三）文献借还量为 2509.97 万册次

2022 年，深圳"图书馆之城"各成员馆采取预约、限流等措施，全面落实疫情防控各项工作，动态调整场馆开放时间，部分业务数据同比有所下降。

1. 2022 年，深圳"图书馆之城"统一服务平台文献外借量为 1466.3 万册次，同比下降 8.77%，比 2020 年增长 63.89%；文献归还量为 1043.67 万册次，同比下降 11.06%，比 2020 年增长 49.09%。

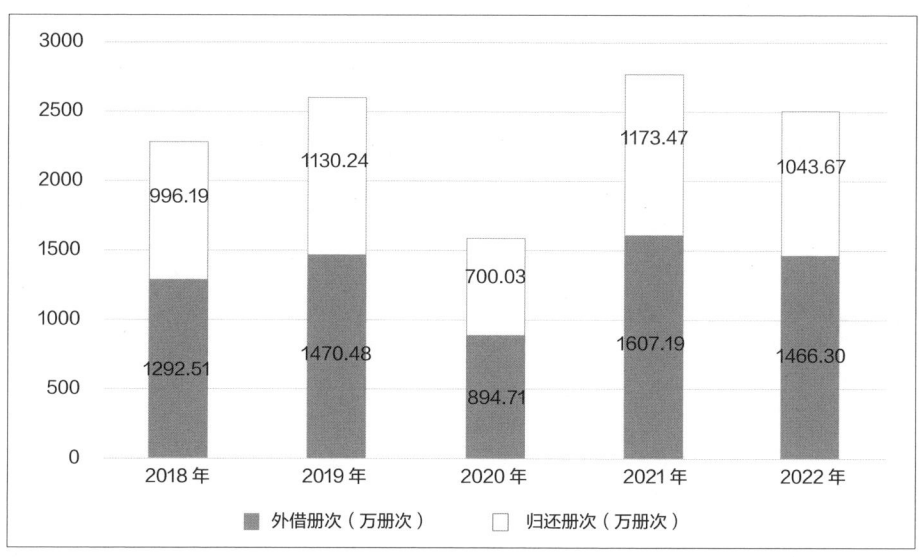

图 2-17　2018—2022 年深圳"图书馆之城"统一服务平台文献借还量对比

2. 3 月全市大部分场馆闭馆，借还服务量为年度最低；7 月借还服务量为年度最高。

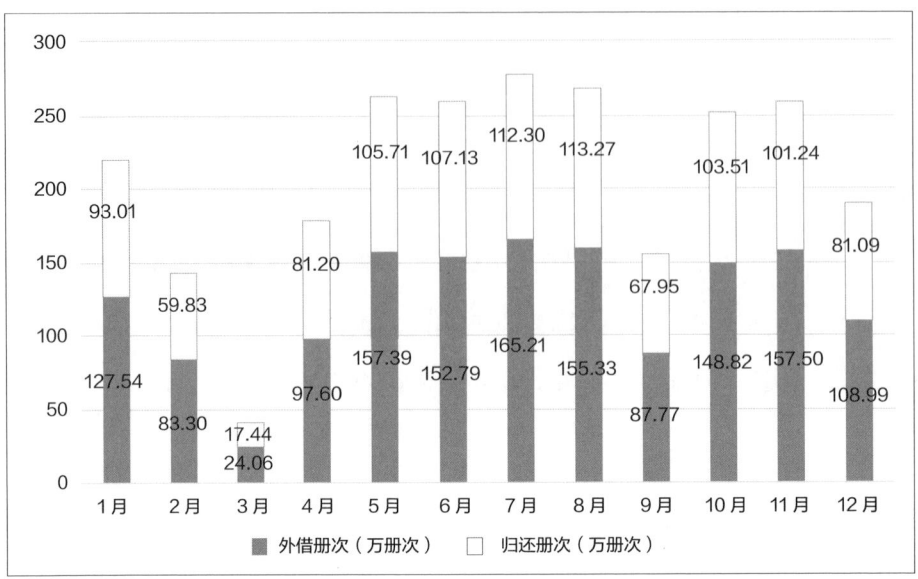

图 2-18　2022 年深圳"图书馆之城"统一服务平台各月文献借还量对比

3. 16：00—16：59 一直是图书馆馆舍借书最繁忙的时段。

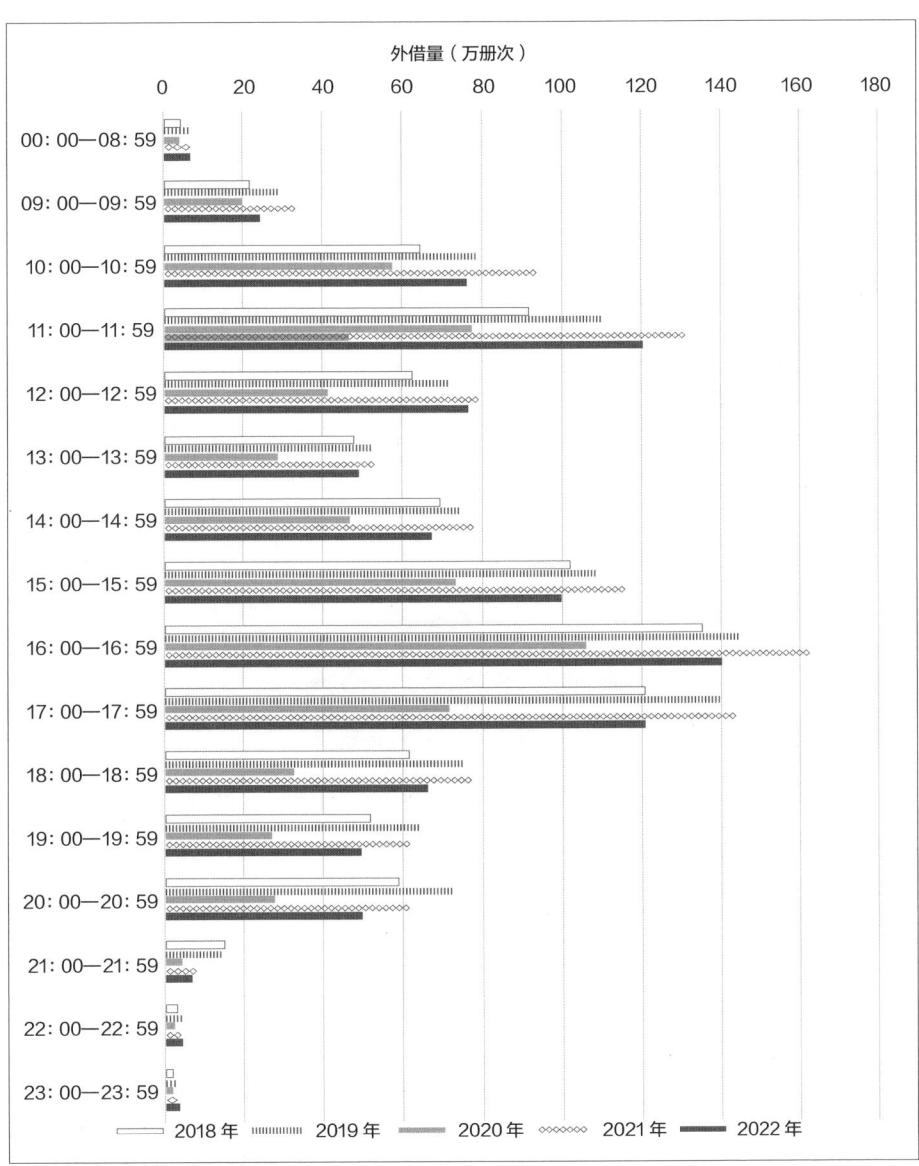

图 2-19　2018—2022 年深圳"图书馆之城"统一服务平台
读者到馆外借文献时段分析

4. 20：00—20：59 一直是自助图书馆借书最繁忙的时段。

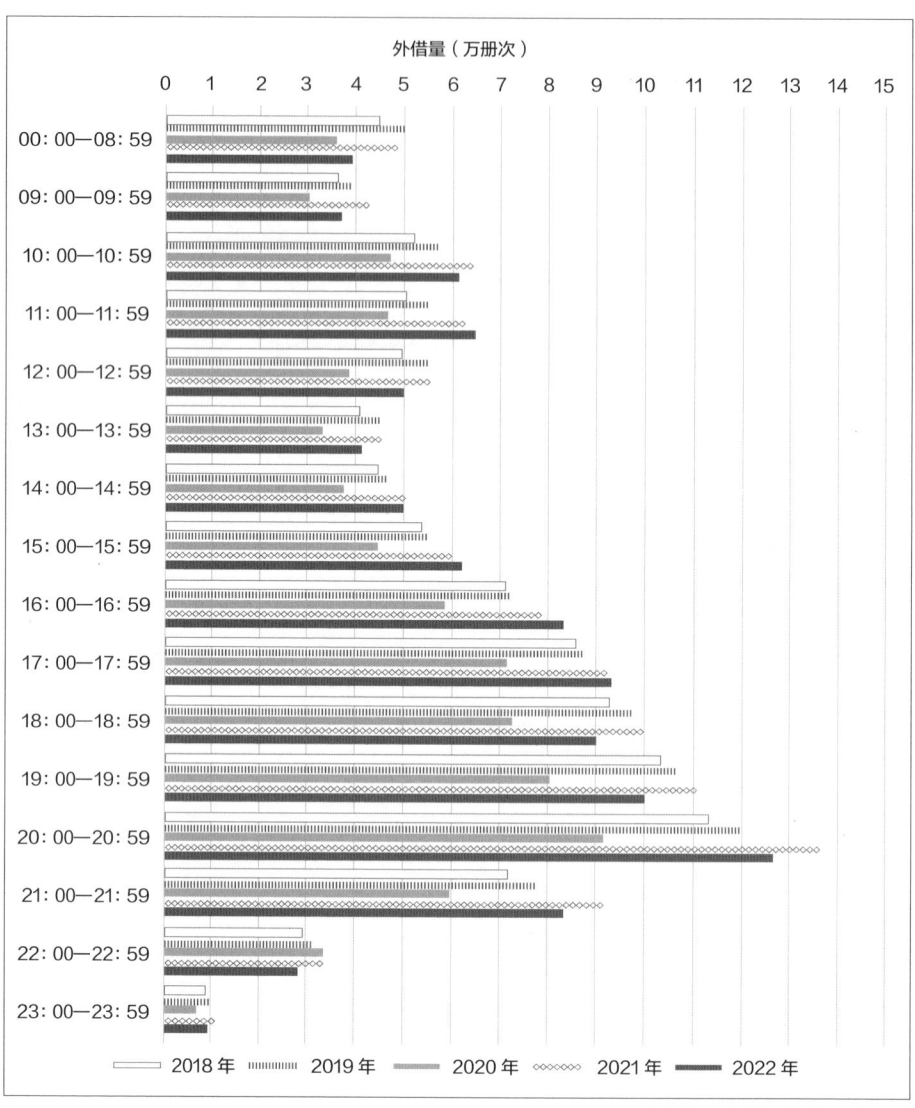

图 2-20 2018—2022 年深圳自助图书馆读者外借文献时段分析

5. 2022 年"图书馆之城"统一服务平台多家成员馆文献外借量同比下降，罗湖区、龙岗区、龙华区、光明区成员馆实现增长。

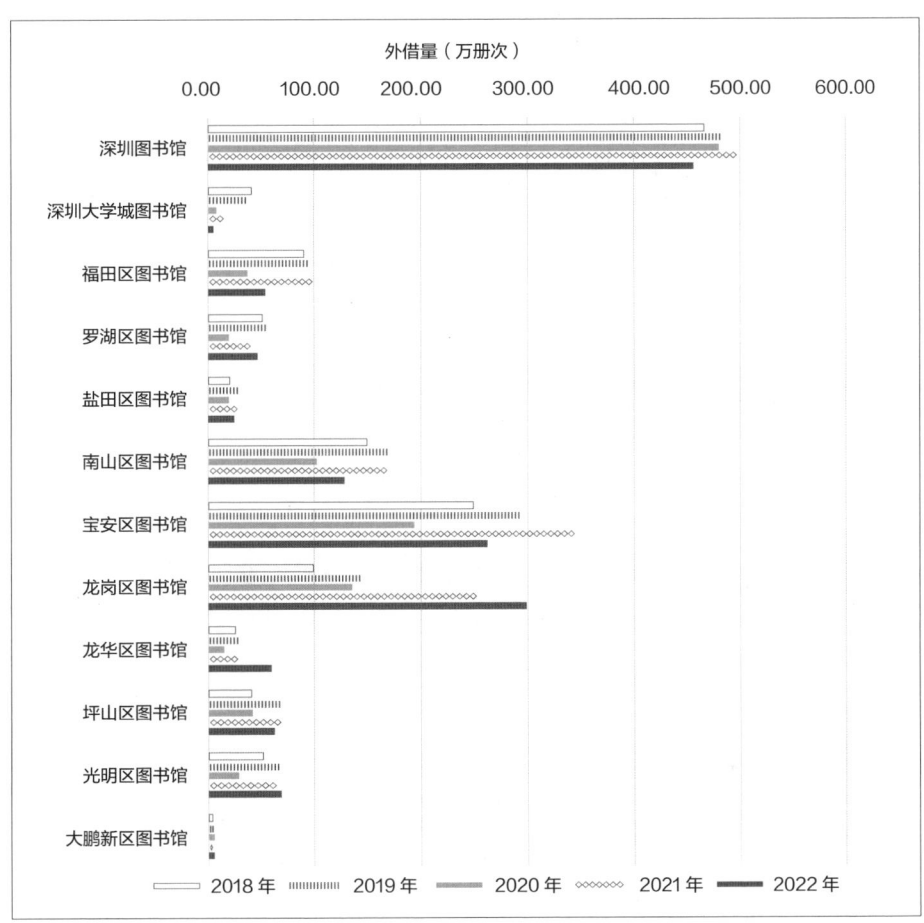

图 2-21　2018—2022 年深圳"图书馆之城"
统一服务平台各成员馆文献外借量对比

（四）文献跨馆外借量为 39.43 万册次，异地还书量达 210.54 万册次

1. 2022 年，深圳"图书馆之城"统一服务平台文献跨馆外借量（不含续借）为 39.43 万册次，占文献外借总量（不含续借）的 3.72%，同比增长 6.77%，比 2020 年增长 93.47%。

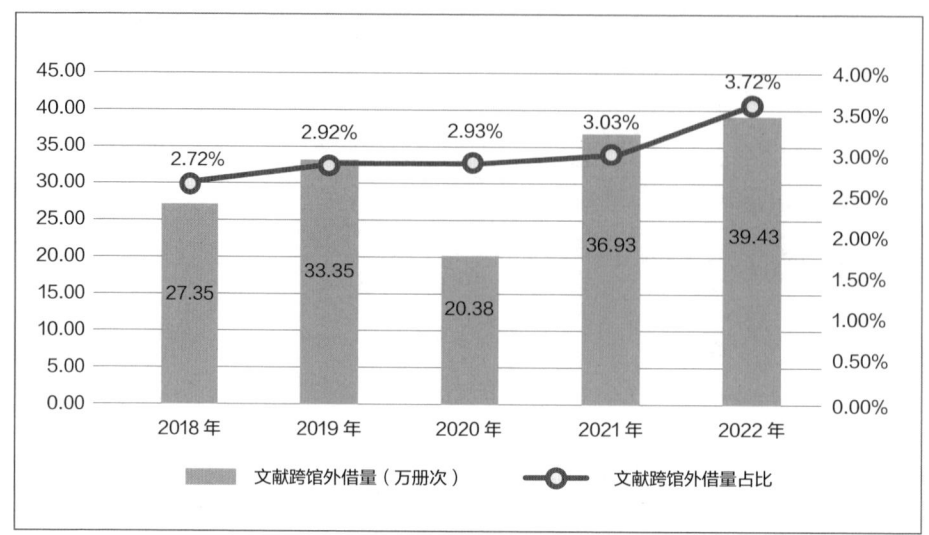

图 2-22   2018—2022 年深圳"图书馆之城"
统一服务平台文献跨馆外借量对比

2. 2022 年，深圳"图书馆之城"统一服务异地①还书量达 210.54 万册次，占文献外借总量的 20.17%，同比增长 1.19%，比 2020 年增长 81.95%。

---

① "图书馆之城"统一服务平台文献可在任一成员馆借还，文献跨馆外借指非本馆文献（其他成员馆文献）在本馆产生的外借行为，异地还书指读者还书地点与借书地点非同一服务网点。

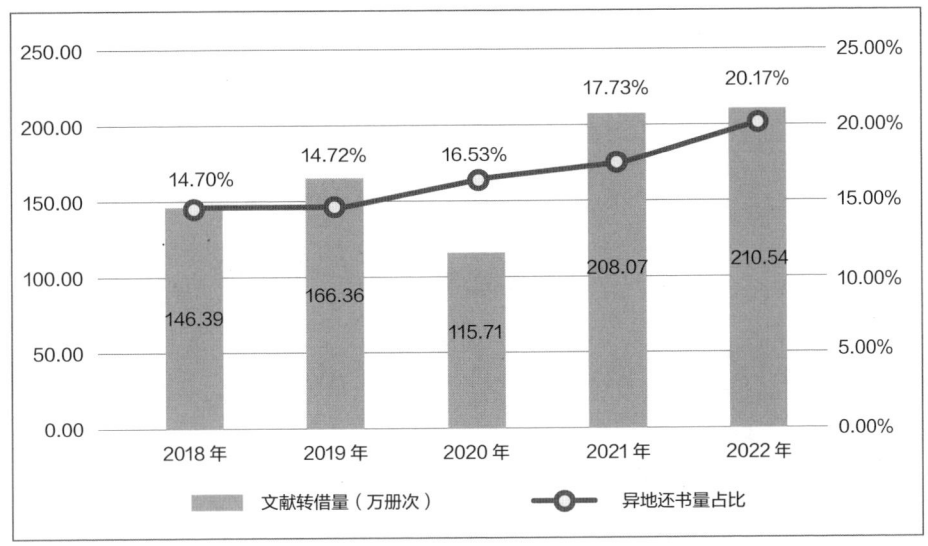

图 2-23 2018—2022 年深圳"图书馆之城"统一服务平台异地还书量对比

3. 受疫情影响，人员流动减少，在 5 家及以上图书馆借阅过文献的读者有 0.75 万人，由 2021 年的 1.92% 降至 2022 年的 1.53%；在 4 家及以上图书馆借阅过文献的读者有 2.12 万人，由 2021 年的 5.11% 降至 2022 年的 4.33%；在 3 家及以上图书馆借阅过文献的读者有 6.43 万人，由 2021 年的 14.32% 降至 2022 年的 13.15%；在 2 家及以上图书馆借阅过文献的读者有 20.32 万人，由 2021 年的 40.57% 升至 2022 年的 41.53%。

（五）续借、预借、转借、新书选借等各种延伸及创新服务，助力市民便利阅读

1. 2022 年深圳"图书馆之城"统一服务平台文献续借量达 405.89 万册次，同比增长 4.71%。读者续借图书首选移动平台（含"深圳图书馆｜图书馆之城"微信服务号、各馆微信公众号、支付宝城市服务、移动版网站、"i 深圳"等），在文献续借总量中占比高达 81.56%；读者还可通

过 PC 端登录网站、自助图书馆、拨打服务电话或发送短信进行文献续借，占比分别为 1.52%、0.75%、0.44%。

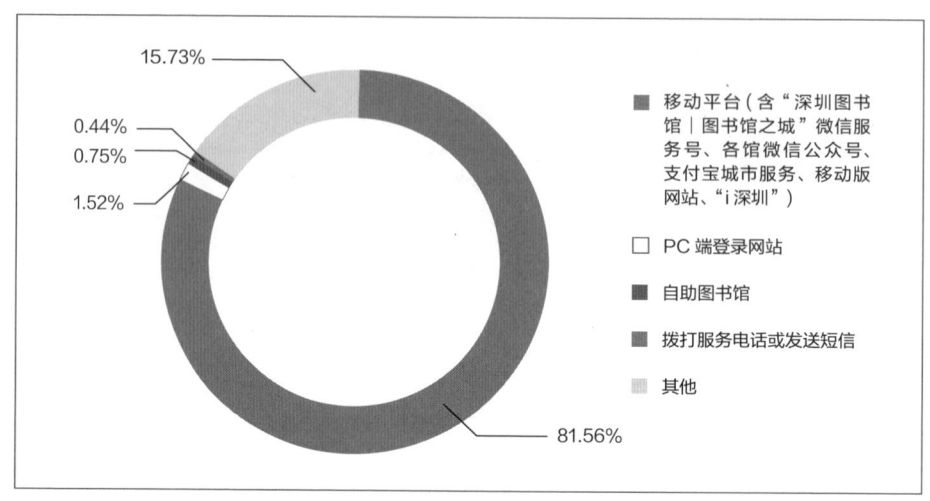

图 2-24　2022 年深圳"图书馆之城"统一服务平台文献续借量对比

　　2. 2022 年，全市统一服务体系共有 8 家市、区公共图书馆提供预借服务[①]，可预借文献总量达 379.35 万册。全年为读者配送预借文献 37.19 万册次，同比增长 2.99%，占统一服务平台文献外借量的 2.54%，同比增长 12.89%。读者选择自助图书馆网点取书的文献量达 24.96 万册次，占预借文献总量的 67.11%，自助图书馆是预借服务的主要配送网点；选择快递到家方式获取的预借文献量 7.23 万册次，占比 19.44%；选择馆舍网点取书的预借文献量 5 万册次，占比 13.45%。

---

① 预借服务是指读者通过人工或在线（如网站、微信公众号等）方式提交馆藏图书借阅申请，选择"预借自取"或"快递到家"等取书方式，文献申请受理后，图书送至读者指定的服务点（如图书馆服务台、自助图书馆等）或快递到读者家中。

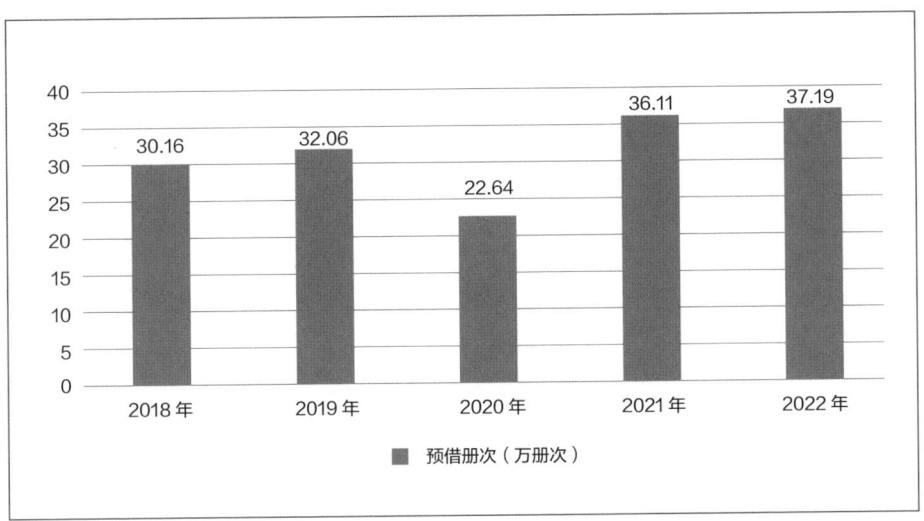

图 2-25 2018—2022 年深圳"图书馆之城"统一服务平台预借文献量对比

3. 2022 年文献转借^①量达 34.26 万册次，同比增长 15.78%，比 2020 年增长 118.91%，比疫情前 2019 年增长 93.12%。微信一直是读者转借图书首选的方式，占比高达 98.52%；其次是利用支付宝城市服务，占比 1.21%；利用移动版网站占比 0.27%。

---

① 文献转借是指在"图书馆之城"统一服务平台互通互联的基础上，读者无需到图书馆或者自助设备办理图书借还手续，只需通过微信或支付宝的"扫一扫"功能，扫描所借图书的二维码，即可实现自行交换文献，轻松便利分享阅读乐趣。服务流程：文献转出读者登录手机版"我的图书馆"→打开"我的借阅"→点击图书后面的"转借"按钮→系统弹出二维码→文献转入读者用微信或支付宝的扫一扫功能扫描这个二维码→点击"确认转借"按钮，完成图书转借。

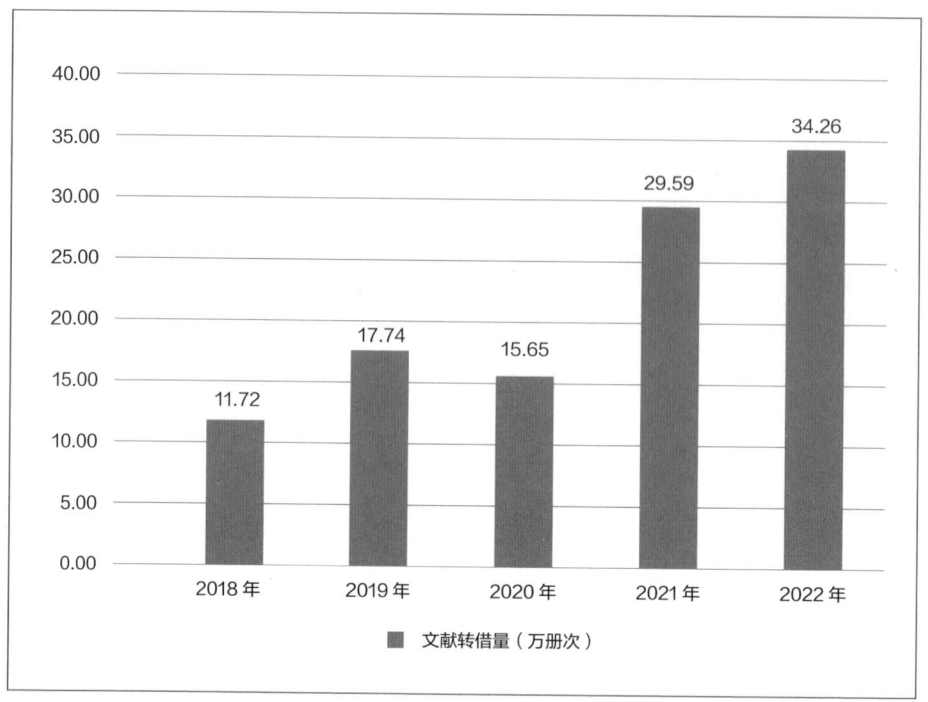

图 2-26 2018—2022 年深圳"图书馆之城"统一服务平台文献转借量对比

4. 2022 年，全市统一服务体系共有 6 家市、区图书馆提供新书选借服务①。全年读者选借图书 16.19 万册次，同比增长 2.89%。随着新书选借流程、图书编目、物流配送等环节的不断优化，新书选借服务以其"所见即所得"的快速借阅模式受到更多读者青睐。

---

① 新书选借服务是指图书馆与图书供应商联合，将读者选书作为图书馆采购的重要途径，为读者提供最新图书的快速外借服务。全市统一服务体系市、区图书馆开展新书选借的服务方式略有不同，但基本上涵盖了线下书城、书吧和线上选借等途径。读者选书后，线下可直接借走，线上可选择配送到自助图书馆或快递到家。

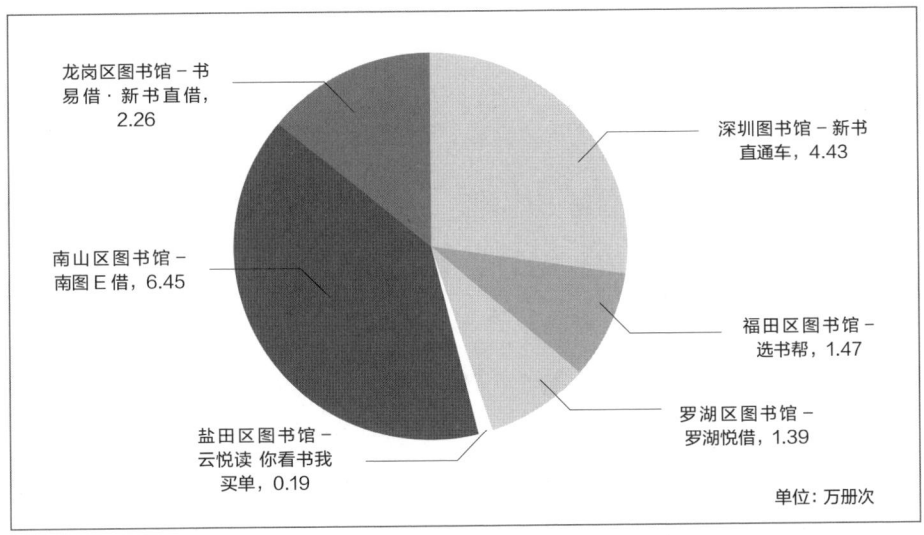

龙岗区图书馆－书
易借·新书直借，
2.26

深圳图书馆－新书
直通车，4.43

南山区图书馆－
南图E借，6.45

福田区图书馆－
选书帮，1.47

盐田区图书馆－
云悦读 你看书我
买单，0.19

罗湖区图书馆－
罗湖悦借，1.39

单位：万册次

图 2-27　2022 年深圳"图书馆之城"统一服务平台新书选借量构成

二、人均外借量达 29.97 册次，再创历史新高，经典图书与社会热点相关图书广受读者关注

（一）年度外借量最多的读者借阅文献为 2248 册次

1. 2022 年，深圳"图书馆之城"统一服务平台共有 48.93 万读者借过实体文献，人均外借量为 29.97 册次，再创历史新高，同比增长 4.7%。外借读者人数中女性读者人数是男性读者人数的 1.51 倍；借阅量中女性读者借阅量是男性读者的 1.54 倍；人均外借量上，男性读者为 29.58 册次，女性读者为 30.17 册次。全市外借量最多的读者借阅文献为 2248 册次。

2. 年度外借文献 10 册及以上的读者达 26.36 万人，占外借读者人数的 53.87%；年度外借文献 30 册及以上的读者达 13.44 万人，占比由 2021年的 26.75% 升至 2022 年的 27.47%；年度外借文献 50 册及以上的读者达

8.3 万人，占 16.97%；年度外借文献 100 册及以上的读者达 3.13 万人，占 6.39%。

（二）80 后读者外借量占比最高，≤ 10 后读者人均借阅量最高

1. 2022 年，深圳"图书馆之城"统一服务平台持证读者中，80 后人数 127.91 万人，占持证读者总数的 31.88%，为人数最多的群体；90 后占持证读者总数的 29.11%，排第二；70 后占比 13.17%，排第三。各年龄段持证读者占比增长最多的为 00 后，其次为 90 后和 ≤ 10 后，其他年龄段处于下降态势。

2. 2022 年，深圳"图书馆之城"统一服务平台外借读者人数中，80 后 18.74 万人，占比 38.31%，排第一；90 后 10.75 万人，占比 21.97%，排第二；≤ 10 后占比 15.65%，排第三。外借读者人数同比中，仅 ≤ 10 后为增长态势，同比增长 3.14%；≥ 50 后、70 后、00 后同比下降较明显。

3. 2022 年，深圳"图书馆之城"统一服务平台外借册次中，80 后外借量达 671.01 万册次，占外借总量的 45.76%，位列第一；≤ 10 后外借量 293.1 万册次，占比 19.99%，排第二；90 后外借量 188.44 万册次，占比 12.85%，排第三。外借册次同比中，仅 ≤ 10 后为正增长，同比增长 8.87%；00 后、70 后、60 后同比下降较多。

4. 2022 年，深圳"图书馆之城"统一服务平台外借读者人均借阅量中，≤ 10 后达 38.27 册，排首位；80 后 35.80 册，位列第二；≥ 50 后 34.85 册，位列第三。90 后、80 后、≤ 10 后外借读者人均借阅量同比分别增长 11.30%、5.96% 和 5.56%，位列前三。

表 2-6 2020—2022 年深圳"图书馆之城"统一服务平台各年龄段读者外借分析对比

各年龄段		≤10后	00后	90后	80后	70后	60后	≥50后
2020年	累计注册读者/万人	13.81	23.07	75.98	100.57	44.14	12.87	6.04
	各年龄段读者占比	4.90%	8.18%	26.93%	35.65%	15.65%	4.56%	2.14%
2021年	累计注册读者/万人	22.95	33.16	97.01	114.01	48.00	14.22	6.60
	各年龄段读者占比	6.71%	9.70%	28.39%	33.36%	14.04%	4.16%	1.93%
2022年	累计注册读者/万人	29.31	45.10	116.82	127.91	52.86	16.13	7.30
	各年龄段读者占比	7.30%	11.24%	29.11%	31.88%	13.17%	4.02%	1.82%
	2022年各年龄段读者占比变化	0.59%↑	1.54%↑	0.73%↑	-1.48%↓	-0.87%↓	-0.14%↓	-0.11%↓
2020年	外借读者人数/万人	4.52	4.46	9.97	16.82	6.28	1.05	0.74
	外借读者人数占比	10.29%	10.16%	22.71%	38.32%	14.31%	2.40%	1.70%
2021年	外借读者人数/万人	7.43	5.59	12.68	21.27	7.06	1.23	0.85
	外借读者人数占比	13.22%	9.95%	22.58%	37.87%	12.57%	2.20%	1.51%
2022年	外借读者人数/万人	7.66	4.53	10.75	18.74	5.54	1.02	0.64

续表

各年龄段	≤10后	00后	90后	80后	70后	60后	≥50后
外借读者人数占比	15.65%	9.25%	21.97%	38.31%	11.31%	2.09%	1.31%
2022年外借读者人数增幅	3.14%	-18.94%	-15.24%	-11.87%	-21.61%	-17.33%	-24.31%
2020年 外借册次/万（件）	115.52	75.67	113.58	394.57	150.35	20.72	17.94
2020年 外借册次占比	12.91%	8.46%	12.69%	44.10%	16.80%	2.32%	2.00%
2021年 外借册次/万（件）	269.22	112.10	199.75	718.58	235.65	35.30	28.29
2021年 外借册次占比	16.75%	6.97%	12.43%	44.71%	14.66%	2.20%	1.76%
2022年 外借册次/万（册）	293.10	74.01	188.44	671.01	175.36	27.50	22.31
2022年 外借册次占比	19.99%	5.05%	12.85%	45.76%	11.96%	1.88%	1.52%
2022年外借册次增幅	8.87%	-33.98%	-5.66%	-6.62%	-25.58%	-22.10%	-21.13%
2020年 外借读者人均借阅量册/人	25.58	16.97	11.40	23.46	23.94	19.69	24.10
2021年 外借读者人均借阅量册/人	36.26	20.07	15.75	33.79	33.38	28.60	33.45
2022年 外借读者人均借阅量册/人	38.27	16.35	17.53	35.80	31.68	26.95	34.85
2022年外借读者人均借阅量增幅	5.56%	-18.55%	11.30%	5.96%	-5.07%	-5.77%	4.20%

（备注：该表不含非居民身份证注册读者外借数据）

（三）OPAC^① 搜索热词：《寻宝记》领跑，《人世间》冲进前十，经典名著稳居前列

2022年，《寻宝记》以约3.31万的搜索次数登上图书馆网站OPAC关键词搜索排行榜榜首，从2021年的第四冲上2022年的第一。《西游记》也从2021年的第五升至2022年的第二，《哈利·波特》《三体》热度持续，近五年一直占据关键词搜索排行榜前五。《平凡的世界》《红楼梦》《活着》《三国演义》等经典名著一直备受读者关注，近年来均进入榜单。《人世间》因同名小说改编的热播大剧而广受市民喜爱，引发市民对原著的追捧关注，首次闯入图书馆网站关键词热搜榜。

表 2-7　2022 年深圳"图书馆之城"OPAC 热词搜索排行榜

排名	图书	搜索次数	排名趋势
1	《寻宝记》	33142	↑ 3
2	《西游记》	29288	↑ 3
3	《哈利·波特》	28798	↓ 1
4	《三体》	28144	↓ 3
5	《平凡的世界》	27164	↑ 1
6	《明朝那些事儿》	26297	↑ 9
7	《红楼梦》	25874	↑ 3
8	《人世间》	24120	—
9	《活着》	21683	↑ 5
10	《PYTHON》	18713	↓ 6
11	《三国演义》	16990	↑ 6
12	《百年孤独》	16101	↓ 3
13	《山海经》	14714	↑ 8

---

① 联机公共目录检索系统（Online Public Access Catalog；OPAC），作为图书馆自动化系统最终面对用户的互动界面，是图书馆和读者在网上交流的最重要的窗口，起着沟通用户与馆藏资源、用户与资源服务的作用，为用户通过网络检索和利用图书馆馆藏资源提供了极大的便利。

排名	图书	搜索次数	排名趋势
14	《朝花夕拾》	14249	↓ 2
15	《遥远的救世主》	13560	↑ 15

（四）"南书房家庭经典阅读书目"① 推荐图书累计总外借量为141.82 万册次，推荐的多种图书入选 2022 年"图书馆之城"外借排行榜

1. 2022 年读者通过深圳"图书馆之城"统一服务平台借阅"南书房家庭经典阅读书目"推荐图书达 26.19 万册次。其中文学类图书借阅量达19.89 万册次，占比 75.96%，最受热捧；历史、地理类图书借阅量为 2.33 万册次，占比 8.9%，位列第二；自然科学类图书借阅量为 1.3 万册次，占比 4.96%，排第三。2014—2022 年，"南书房家庭经典阅读书目" 270 种推荐图书累计总外借量达 141.82 万册次。

表 2-8 2014—2022 年深圳图书馆"南书房家庭经典阅读书目"
270 种推荐图书年均外借排行榜

排名	图书	推荐年份	借阅册次（不限版本）
1	西游记 /（明）吴承恩 著	2014 年	13180
2	三国演义 /（明）罗贯中 著	2014 年	11151
3	红楼梦 /（清）曹雪芹 著	2014 年	10466
4	水浒传 /（明）施耐庵 著	2014 年	8369

---

① 2014 年初，深圳图书馆联合中国图书馆学会阅读推广委员会，启动"南书房家庭经典阅读书目"推荐十年计划，旨在向广大读者推荐适合当今中国家庭阅读与收藏的经典著作，鼓励、帮助中国家庭建立自己的经典阅读书架。书目于每年"4·23"世界读书日发布，至 2022 年已连续发布 9 期，累计推荐 270 种古今中外经典图书。"南书房家庭经典阅读书目"是深圳图书馆"深图书单"资源推荐体系中重要的子栏目之一，读者可通过深圳图书馆网站、移动网站、微信公众号、支付宝城市服务、"i 深圳"APP 等渠道浏览查看。

续表

排名	图书	推荐年份	借阅册次（不限版本）
5	昆虫记 /（法）让·亨利·卡西米尔·法布尔 著	2014 年	7927
6	海底两万里 /（法）儒勒·凡尔纳 著	2019 年	7834
7	绿野仙踪 /（美）弗兰克·鲍姆 著	2019 年	7022
8	伊索寓言 /（古希腊）伊索 著	2018 年	6477
9	鲁滨孙漂流记 /（英）丹尼尔·笛福 著	2018 年	5874
10	父与子 /（德）埃·奥·卜劳恩 著	2016 年	5814
11	城南旧事 / 林海音 著	2020 年	5441
12	史记 /（汉）司马迁 著	2014 年	5350
13	老人与海 /（美）欧内斯特·米勒尔·海明威 著	2015 年	5001
14	简·爱 /（英）夏洛蒂·勃朗特 著	2014 年	4651
15	平凡的世界 / 路遥 著	2019 年	4298
16	柳林风声 /（英）肯尼斯·格雷厄姆 著	2021 年	4156
17	格列佛游记 /（英）乔纳森·斯威夫特 著	2020 年	3788
18	封神演义 /（明）许仲琳 著	2020 年	3445
19	资治通鉴 /（宋）司马光 著	2015 年	3127
20	呐喊 / 鲁迅 著	2015 年	2928

2. "南书房家庭经典阅读书目"推荐图书中，《窗边的小豆豆》《平凡的世界》《傅雷家书》《活着》《乡土中国》《苏东坡传》《夏洛的网》《昆虫记》《百年孤独》均上榜 2022 年深圳"图书馆之城"统一服务平台图书外借综合排行榜 TOP 20，其他推荐图书如《邓小平时代》《中国哲学简史》《非暴力沟通》《孙子兵法》《思考，快与慢》《如何阅读一本书》《万历十五年》《天工开物》《自私的基因》也进入外借分类排行榜 TOP 10，且大都多次上榜，借阅量不断增长、排名不断上升。经典阅读一直丰富着深圳市民的精神文化生活。

（五）自助图书馆累计文献借还达 1168.98 万人次、3139.9 万册次

1. 2022 年，全市共有 307 个自助图书馆加入统一服务体系，包括城市街区自助图书馆 235 个、24 小时书香亭 71 个、其他类型自助图书馆 1 个，自助图书馆网覆盖全城十区所有街道，成为深圳"图书馆之城"统一服务网络体系的重要组成部分。住宅区、公共场所、工业区及科技园是全市自助图书馆布点的重要场所，分别占总量的 42.67%、20.52%、13.68%。

2. 2022 年，全市 307 个自助图书馆外借文献为 105.14 万册次，同比下降 5.97%，占统一服务平台外借量的 7.17%；归还文献为 176.82 万册次，同比下降 1.8%，占统一服务平台归还量的 16.94%。截至 2022 年底，自助图书馆累计文献借还达 1168.98 万人次、3139.9 万册次。

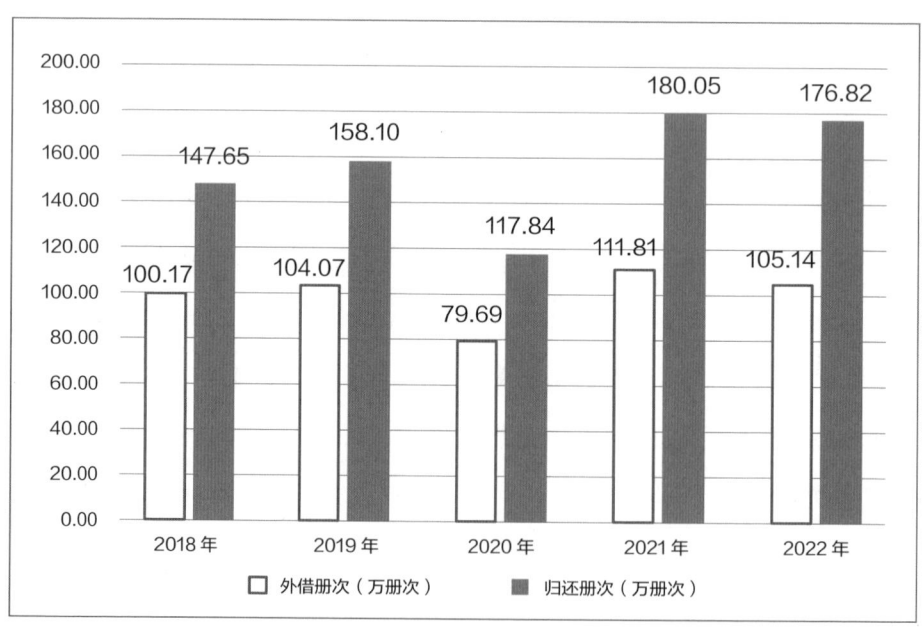

图 2-28　2018—2022 年全市自助图书馆文献借还量对比

三、文学类图书稳居图书外借排行榜首位

（一）文学，文化、科学、教育、体育，艺术，历史、地理，经济，哲学、宗教，工业技术，语言、文字，生物科学，医药、卫生十大类别位居图书分类外借量排行前列

深圳"图书馆之城"各成员馆按照《中国图书馆分类法》，将图书分为二十二大类进行管理。在图书分类外借量排行榜中，文学，文化、科学、教育、体育，艺术，历史、地理，经济，哲学、宗教，工业技术，语言、文字，生物科学，医药、卫生十大类别位居前列。其中，文学类图书历年遥遥领先。

表 2-9 2022 年深圳"图书馆之城"统一服务平台图书分类外借量排行榜

排名	图书类目	外借量 / 万册次
1	I 文学	821.75
2	G 文化、科学、教育、体育	101.49
3	J 艺术	94.55
4	K 历史、地理	76.83
5	F 经济	47.65
6	B 哲学、宗教	46.58
7	T 工业技术	46.16
8	H 语言、文字	37.11
9	Q 生物科学	35.16
10	R 医药、卫生	23.49

（二）2022 年深圳"图书馆之城"统一服务平台图书外借综合排行榜

表 2-10　2022 年深圳"图书馆之城"统一服务平台图书外借综合排行榜

排名	图书	借阅次数
1	大中华寻宝系列：北京寻宝记 / 孙家裕 编创；邬城琪 编剧；尚嘉鹏 漫画	4000
2	哈利·波特与魔法石 /（英）J.K. 罗琳 著；苏农 译	3916
3	窗边的小豆豆 /（日）黑柳彻子 著；（日）岩崎千弘 图；赵玉皎 译	3013
4	平凡的世界·第一部 / 路遥 著	2998
5	米小圈上学记：大自然小秘密 / 北猫 著	2575
6	傅雷家书 / 傅雷，朱梅馥，傅聪 等著；傅敏 编	2453
7	活着 / 余华 著	2410
8	没头脑和不高兴 / 任溶溶 著	2394
9	米小圈漫画成语：马不停蹄 / 北猫 编著	2333
10	小英雄雨来 / 管桦 著	2170
11	了不起的狐狸爸爸 /（英）罗尔德·达尔 著；（英）昆廷·布莱克 绘；代维 译	2154
12	乡土中国 / 费孝通 著	2138
13	苏东坡传 / 林语堂 著；张振玉 译	2066
14	夏洛的网 /（美）E.B. 怀特 著；任溶溶 译	2027
15	流浪地球 / 刘慈欣 著	1983
16	昆虫记 /（法）让·亨利·卡西米尔·法布尔 著；陈筱卿 译	1976
17	你看起来好像很好吃 /（日）宫西达也 文图；杨文 译	1970
18	环球寻宝记：埃及寻宝记 /（韩）小熊工作室 文；（韩）姜境孝 图；刘畅 译	1936
19	明朝那些事儿·第一部 / 当年明月 著	1931
20	百年孤独 /（哥）加西亚·马尔克斯 著；范晔 译	1919

（三）2022 年深圳"图书馆之城"统一服务平台图书外借分类排行榜

表 2-11　2022 年深圳"图书馆之城"统一服务平台图书外借分类排行榜

排名	A 马克思主义、列宁主义、毛泽东思想、邓小平理论	借阅次数
1	毛泽东选集·第一卷 / 毛泽东 著	680
2	像毛泽东那样读书 / 徐中远 著	362
3	邓小平时代 / （美）傅高义 著；冯克利 译	333
4	毛泽东传 / （英）迪克·威尔逊 著；中共中央文献研究室《国外研究毛泽东思想资料选辑》编辑组 译	315
5	毛泽东传（名著珍藏版、插图本）/ （美）罗斯·特里尔 著；何宇光，刘加英 译	300
6	共产党宣言 / （德）马克思，恩格斯 著；中共中央马克思恩格斯列宁斯大林著作编译局 编译	236
7	资本论（少儿彩绘版）/ 李晓鹏 著；庞坤 绘	229
8	为什么是毛泽东 / 任志刚 著	149
9	毛泽东诗词欣赏（插图本）/ 周振甫 著	144
10	毛泽东自传（中英文插图典藏版）/ （美）埃德加·斯诺 笔录；汪衡 译	135

排名	B 哲学、宗教	借阅次数
1	孔子的故事 / 李长之 著	1644
2	蛤蟆先生去看心理医生 / （英）罗伯特·戴博德 著；陈赢 译	1335
3	高效能人士的七个习惯（钻石版）/ （美）史蒂芬·柯维 著；高新勇，王亦兵，葛雪蕾 译	997
4	被讨厌的勇气："自我启发之父"阿德勒的哲学课 / （日）岸见一郎，古贺史健 著；渠海霞 译	905
5	自控力：斯坦福大学广受欢迎心理学课程 / （美）凯利·麦格尼格尔 著；王岑卉 译	896
6	小学生心理学漫画 2 自信力：我不能没有勇气和自信 / 小禾心理研究所 著	796
7	中国哲学简史 / 冯友兰 著；赵复三 译	751
8	半小时漫画中国哲学史：其实是一本严谨的极简中国哲学史 / 陈磊·半小时漫画团队 著	739
9	刻意练习：如何从新手到大师 / （美）安德斯·艾利克森，罗伯特·普尔 著；王正林 译	691

续表

排名	B 哲学、宗教	借阅次数
10	少有人走的路：心智成熟的旅程 /（美）M. 斯科特·派克 著；于海生，严冬冬 译	683

排名	C 社会科学总论	借阅次数
1	乡土中国 / 费孝通 著	2138
2	非暴力沟通 /（美）马歇尔·卢森堡 著；阮胤华 译	1719
3	原则 /（美）瑞·达利欧 著；刘波，綦相 译	995
4	沟通的方法 / 脱不花 著	573
5	揭秘职业 / 英国尤斯伯恩出版公司 编著；董琦，史晗佑 译	499
6	可复制的沟通力：樊登的 10 堂表达课 / 樊登 著	464
7	喜欢户外的你，长大后能做什么？/（英）卡伦·布朗 著；（意）罗伯特·布莱法利 绘；罗英华 译	443
8	亲密关系：通往灵魂的桥梁 /（加）克里斯多福·孟 著；张德芬，余蕙玲 译	437
9	未来职业 /（韩）波波讲故事 编著；（韩）刘英成 绘；易乐文 译	421
10	我们的一天 / 真真 著；垂垂 绘	391

排名	D 政治、法律	借阅次数
1	给青年的十二封信 / 朱光潜 著	946
2	置身事内：中国政府与经济发展 / 兰小欢 著	653
3	习近平讲故事 / 人民日报评论部 著	537
4	中国历代政治得失 / 钱穆 著	528
5	赛雷三分钟漫画中国共产党历史 / 赛雷 著	482
6	法治的细节 / 罗翔 著	455
7	帝国主义的扩张 / 李征 主编	429
8	半小时漫画党史：1921—1949/ 上海人民出版社，半小时漫画团队 编绘；吴波 撰	368
9	雷锋日记 / 雷锋 著	350
10	刑法学讲义 / 罗翔 著	310

排名	E 军事	借阅次数
1	孙子兵法 / （春秋）孙武 著；海豚传媒 编；李婷 绘	1075
2	航母，启程了！ / 贾超为，王懿墨 著；胡佳宁，知谦动漫 绘	658
3	漫画讲透孙子兵法·卷二：藏于九地之下，动于九天之上 / 华杉 著	557
4	特种兵学校之战机学校：预警机和侦察机 / 八路 编著	494
5	黄同学漫画兵器史 / 那个黄同学 著	393
6	战争是这么回事啊 / 邢越 主编	329
7	三十六计 / 龚勋 主编	289
8	超级战斗机 / （英）North Parade 出版社 编著；于凤仪 译	227
9	武器小百科 / 介于童书 编著	224
10	谋篇布局话战争 / 王小帅 著	219

排名	F 经济	借阅次数
1	我们怎样走遍世界 / 巴娜娜，张帅军，赵菁 文；赵梦雅 图	969
2	聪明的投资者 / （美）本杰明·格雷厄姆 著；王中华，黄一义 译	805
3	薛兆丰经济学讲义 / 薛兆丰 著	765
4	半小时漫画经济学2：金融危机篇 / 陈磊·半小时漫画团队 著	716
5	思考，快与慢 / （美）丹尼尔·卡尼曼 著；胡晓姣，李爱民，何梦莹 译	695
6	贫穷的本质：我们为什么摆脱不了贫穷 /（印）阿比吉特·班纳吉，（法）埃斯特·迪弗洛 著；景芳 译	680
7	反脆弱：从不确定性中获益 /（美）纳西姆·尼古拉斯·塔勒布 著；雨珂 译	640
8	读懂经济 / 英国尤斯伯恩出版公司 编著；陈召强 译	579
9	揭秘农场 / （英）保罗·维尔 文；（英）蕾切尔·桑德斯 图；董丽楠 译	558
10	见识 / 吴军 著	530

续表

排名	G 文化、科学、教育、体育	借阅次数
1	米小圈脑筋急转弯：机灵小神童 / 北猫 编著	1455
2	如何阅读一本书 /（美）莫提默·J.艾德勒，查尔斯·范多伦 著；郝明义，朱衣 译	1339
3	小小飞行员 /（英）本吉·戴维斯 著绘；喻之晓 译	807
4	未来简史：从智人到神人 /（以）尤瓦尔·赫拉利 著；林俊宏 译	768
5	正面管教：如何不惩罚、不娇纵地有效管教孩子（修订版）/（美）简·尼尔森 著；玉冰 译	740
6	运动，真美妙！/（德）奥勒·肯内克 著；李柯薇 译	607
7	非物质文化遗产 / 美国大英百科全书公司，（韩）波波讲故事 编著；庭柯团队 绘；易乐文 译	599
8	点点点 /（法）埃尔维·杜莱 著绘；彭懿，杨玲玲 译	585
9	小学生安全漫画 2：校园安全 / 读客小学生阅读研究社·安全组 著	582
10	学会说"不"！：一本教你学会说"不"和"是"的书 /（荷）桑德琳·范德杜夫 著；（荷）玛丽安·拉托尔 绘；刘畅 译	544

排名	H 语言、文字	借阅次数
1	揭秘汉字 / 郭志瑞，惠旋 文；老老老鱼 图	849
2	金字塔原理：思考、表达和解决问题的逻辑 /（美）芭芭拉·明托 著；汪洱，高愉 译	739
3	好好说话：新鲜有趣的话术精进技巧 / 马薇薇，黄执中，周玄毅 等著	514
4	我们的汉字：任溶溶写给孩子的汉字书 / 任溶溶 著	395
5	我要走在最前面 /（英）理查德·伯恩 著绘；余治莹 译	361
6	影响力 /（美）罗伯特·B.西奥迪尼 著；闾佳 译	348
7	金字塔原理（实战篇）：全面提升思考、表达和解决问题的能力 /（美）芭芭拉·明托 著；罗若苹 译	339
8	惊弓之鸟 / 杨红樱 主编	335
9	我们 1 班的作文课·下 / 王悦微 编著	334
10	看图猜成语 / 郑丽萍 主编	333

续表

排名	I 文学	借阅次数
1	哈利·波特与魔法石 /（英）J.K. 罗琳 著；苏农 译	3916
2	窗边的小豆豆 /（日）黑柳彻子 著；（日）岩崎千弘 图；赵玉皎 译	3013
3	平凡的世界·第一部 / 路遥 著	2998
4	米小圈上学记：大自然小秘密 / 北猫 著	2575
5	活着 / 余华 著	2410
6	没头脑和不高兴 / 任溶溶 著	2394
7	小英雄雨来 / 管桦 著	2170
8	了不起的狐狸爸爸 /（英）罗尔德·达尔 著;（英）昆廷·布莱克 绘；代维 译	2154
9	夏洛的网 /（美）E.B. 怀特 著；任溶溶 译	2027
10	流浪地球 / 刘慈欣 著	1983

排名	J 艺术	借阅次数
1	大中华寻宝系列：北京寻宝记 / 孙家裕 编创；邬城琪 编剧；尚嘉鹏 漫画	4000
2	米小圈漫画成语：马不停蹄 / 北猫 编著	2333
3	环球寻宝记：埃及寻宝记 /（韩）小熊工作室 文;（韩）姜境孝 图；刘畅 译	1936
4	三毛流浪记 / 张乐平 原作	1831
5	如果历史是一群喵 3：秦楚两汉篇 / 肥志 编绘	1214
6	淘气包马小跳 16（漫画升级版）：跳跳电视台 / 杨红樱 著	1207
7	皮皮鲁传 / 郑渊洁 原著；皮皮鲁总动员 改编	974
8	荷花镇的早市 / 周翔 作	939
9	丁丁历险记 1：丁丁在刚果 /（比）埃尔热 编绘；王炳东 译	842
10	同一个月亮 / 几米 著	750

续表

排名	K 历史、地理	借阅次数
1	傅雷家书 / 傅雷，朱梅馥，傅聪 等著；傅敏 编	2453
2	苏东坡传 / 林语堂 著；张振玉 译	2066
3	明朝那些事儿·第一部 / 当年明月 著	1931
4	人类简史：从动物到上帝 /（以）尤瓦尔·赫拉利 著；林俊宏 译	1610
5	万历十五年 / 黄仁宇 著	1578
6	半小时漫画中国史 2/ 陈磊 著	1524
7	半小时漫画世界史 / 陈磊 著	1292
8	名人传 /（法）罗曼·罗兰 著；傅雷 译	1117
9	家，我们从哪里来 / 段丽彬，陈慰，洪韵 文；苏小芮 图	1072
10	中国通史 / 吕思勉 著	975

排名	N 自然科学总论	借阅次数
1	万物简史 /（英）比尔·布莱森 著；严维明 译	961
2	半小时漫画科学史 / 陈磊·半小时漫画团队 著	809
3	让孩子着迷的 77×2 个经典科学游戏 /（日）后藤道夫 著；施雯黛，王蕴洁 译	639
4	揭秘自然 /（英）保罗·维尔 文；（英）茉莉安娜·斯沃尼 图；龙彦 译	618
5	尖端科技 / 美国大英百科全书公司，（韩）波波讲故事 编著；图恩 绘；章科佳 译	545
6	改变世界的科学实验 /（英）尼克·阿诺德 原著；（英）托尼·德·索雷斯 绘；郭景儒，邓其仁 译	533
7	神秘极地大冒险 /（韩）波波讲故事 著；（韩）金德英 绘；章科佳 译	507
8	天工开物（少儿彩绘版）/ 李劲松 著；奈亚 绘	493
9	不可思议的发明 /（波）玛乌戈热塔·梅切尔斯卡 文；（波）亚历山德拉·米热林斯卡，丹尼尔·米热林斯基 图；乌兰，李佳 译	482
10	揭秘地下 / 英国尤斯伯恩出版公司 编著；褚秀丽 译	394

续表

排名	O 数理科学和化学	借阅次数
1	给孩子讲量子力学 / 李淼 著	790
2	揭秘数学 /（英）克里斯·奥克雷德 文；（英）蒂姆·布拉德福德 图；董丽楠 译	701
3	化学也疯狂 /（英）尼克·阿诺德 原著；（英）托尼·德·索雷斯 绘；木沐 译	659
4	力与能的魔法秀 /（韩）波波讲故事 著；刘英胜 绘；刘娜 译	545
5	万有引力 /（美）陈振盼 著绘；高勤芳 译	526
6	揭秘数学 / 英国尤斯伯恩出版公司 编著；蔡婷婷 译	472
7	上帝掷骰子吗？：量子物理史话 / 曹天元 著	459
8	要命的数学 /（英）卡佳坦·波斯基特 原著；（英）菲利浦·瑞弗，特雷弗·邓顿 绘；张习义 译	438
9	给孩子讲相对论 / 李淼，王爽 著	410
10	力学原来这么有趣！：一本拿起就放不下的力学启蒙书 /（日）大井喜久夫，大井操，三轮广明 等文；（日）黑须高岭 绘；程亮 译	359

排名	P 天文学、地球科学	借阅次数
1	揭秘夜晚 /（英）保罗·维尔 文；（哥）路易斯·乌里比 图；董丽楠 译	903
2	揭秘海洋 /（英）阿妮塔·盖恩瑞，克里斯·奥克雷德 文；（以）加利亚·伯恩斯坦 图；王旭华 译	803
3	揭秘二十四节气 / 鸿雁 文；须史 图	757
4	大峡谷 /（美）陈振盼 著绘；邱亮，田丽贤 译	728
5	水、我们、世界 /（日）加古里子 著；（日）铃木守 绘；刘洋 译	678
6	时间简史 /（英）史蒂芬·霍金 著；许明贤，吴忠超 译	675
7	星星离我们有多远 / 卞毓麟 著	669
8	揭秘蔚蓝大海 / 英国尤斯伯恩出版公司 编著；董琦，史晗佑 译	552
9	水 / 美国大英百科全书公司，（韩）波波讲故事 编著；（韩）朴善英 绘；沈家佳 译	511
10	滩涂环游记 /（韩）波波讲故事 著；（韩）崔宇彬 绘；章科佳 译	499

续表

排名	Q 生物科学	借阅次数
1	昆虫记 /（法）让·亨利·卡西米尔·法布尔 著；陈筱卿 译	1976
2	细菌世界历险记 / 高士其 著	1499
3	恐龙世界寻宝记 1：闪电幻兽 / 京鼎动漫 著	1194
4	揭秘恐龙 /（英）克里斯·奥克雷德，阿妮塔·盖恩瑞 文；（英）迈克·洛夫 图；肖梦 译	784
5	一粒种子的旅行 /（德）安妮·默勒 著绘；王乾坤 译	772
6	自私的基因 /（英）理查德·道金斯 著；卢允中，张岱云，陈复加 等译	728
7	揭秘植物 /（英）鲁思·马丁 文；（英）道恩·库珀 图；雒丹丹 译	670
8	从一粒种子开始 /（英）劳拉·诺尔斯 文；（英）珍妮·韦伯 图；范晓星 译	632
9	赛雷三分钟漫画人类简史 / 赛雷 著绘	619
10	恐龙时代探险记 /（韩）波波讲故事 著；（韩）崔友彬 绘；易乐文 译	562

排名	R 医药、卫生	借阅次数
1	揭秘人体 /（英）克里斯·奥克雷德，阿妮塔·盖恩瑞，艾伦·比查 编著；巩小图 译	658
2	打怪兽的 10 个方法 / 董芮寒 著	552
3	肚子里的恶心事儿 /（英）尼克·阿诺德 原著；（英）托尼·德·索雷斯 绘；沈可宜 译	551
4	牙齿宝宝爱洗澡 /Abc 牙医集团，谢尚廷，吴妮蓉 著	517
5	赛雷三分钟漫画：病毒、细菌与人类 / 赛雷 著	516
6	人体简史：你的身体 30 亿岁了 /（英）比尔·布莱森 著；闾佳 译	501
7	揭秘身体运转 / 英国尤斯伯恩出版公司 编著；曼青 译	496
8	半小时漫画预防常见病 / 陈磊·半小时漫画团队 著	471
9	人体 / 美国大英百科全书公司，（韩）波波讲故事 编著；（韩）金德英 绘；俞治 译	464
10	也许你该找个人聊聊 /（美）洛莉·戈特利布 著；张含笑 译	463

续表

排名	S 农业科学	借阅次数
1	一颗莲子的生命旅程 / 陈莹婷 著；花青 绘	523
2	牵牛花 /（日）荒井真纪 著；黄锐 译	381
3	森林里100棵异想天开的树 /（法）奥利维耶·多佐 著；（比）何塞·帕隆多 绘；梁依俏 译	357
4	森林 / 张双 文；四叶 图	340
5	巨型拖拉机 / 英国尤斯伯恩出版公司 编著；魏书勤 译	298
6	树 /（意）皮亚·瓦伦提里斯，莫罗·埃万杰利斯塔 绘图；陈阳 译	293
7	水果的秘密 /（日）盛口满 著绘；杨媛 译	292
8	生机勃勃的雨林 /（英）迪纳摩公司 著；孟娜 译	263
9	森林报：春 /（苏）维·比安基 著；沈念驹，姚锦镕 译	262
10	穿越侏罗纪原始森林 /（美）陈振盼 著绘；李振基 译	252

排名	T 工业技术	借阅次数
1	小狗钱钱 /（德）博多·舍费尔 著；文燚 译	1475
2	我们祖先的餐桌 / 牛志华，黄宋 文；刘静 图	949
3	富爸爸穷爸爸 /（美）罗伯特·清崎 著；萧明 译	827
4	揭秘机器人 /（英）克里斯·奥克雷德，阿妮塔·盖恩瑞 文；（美）丹尼尔·朗 图；王旭华 译	771
5	给孩子讲人工智能 / 涂子沛 著；童趣出版有限公司 编	631
6	小学生自立生活漫画：正确用钱 / 读客小学生阅读研究社·生活组 著	584
7	机器人 / 美国大英百科全书公司，（韩）波波讲故事 编著；（韩）郑润才 绘；吴丽娟 译	561
8	揭秘建筑 /（英）阿妮塔·盖恩瑞，克里斯·奥克雷德 文；（英）丹尼尔·朗 图；王旭华 译	554
9	数学之美 / 吴军 著	508
10	断舍离 /（日）山下英子 著；贾耀平 译	490

续表

排名	U 交通运输	借阅次数
1	地铁开工了 /（日）加古里子 著；肖潇 译	887
2	高铁出发了 / 曹慧思，董光磊 著；王莉莉 绘	880
3	坐着高铁去新疆 / 贝贝熊童书馆 文；李健 图	743
4	铁路通车了 / 徐凯，向上 著；张澎 绘	655
5	揭秘汽车 /（英）克里斯·奥克雷德，阿妮塔·盖恩瑞 文；王丹蕾 译	623
6	超级港口建成了 / 中交三航院 著；张澎 绘	589
7	揭秘火车 /（英）保罗·维尔文;（英）亚当·拉克姆 图；程耀仪 译	576
8	超级大桥通车了 / 田恬，曹慧思 著；管治国 绘	575
9	揭秘火车 / 英国尤斯伯恩出版公司 编著；景佳 译	516
10	交通工具总动员 /（韩）波波讲故事 著；（韩）李正泰 绘；章科佳 译	478

排名	V 航空、航天	借阅次数
1	我想去太空 / 张智慧 著；郭丽娟，酒亚光，王雅娴 绘	657
2	揭秘机场 /（英）保罗·维尔 文；（英）乔尔勒·德里德米 图；董丽楠 译	531
3	登陆火星！/ 徐蒙 著；金星 绘	483
4	如何成为宇航员 /（英）希拉·卡纳尼 文；（阿）索尔·利内罗 图；钟虔虔 译	433
5	飞机场的特种车 /（日）镰田步 著；姜微 译	426
6	揭秘机场 / 英国尤斯伯恩出版公司 编著；景佳 译	424
7	直升机，突击！/ 张淋清，王懿墨 著；东千树 绘	401
8	老鼠宇航员第一次上太空 /（美）马克·凯利 文；（美）C.F. 佩恩 绘；常君丽，倪晓南 译	348
9	中国儿童太空百科全书：中国航天 /《中国儿童太空百科全书》编委会 编著	342
10	飞向月球：人类登月的历史 /（英）戴维·朗 著；（美）萨姆·卡尔达 绘；陆天和 译	339

续表

排名	X 环境科学、安全科学	借阅次数
1	揭秘垃圾 /（英）阿妮塔·盖恩瑞，克里斯·奥克雷德 文；（英）汉娜·贝利 图；王旭华 译	727
2	环保超人奇妙之旅 /（韩）波波讲故事 著；（韩）崔宇彬 绘；沈家佳 译	469
3	垃圾回收 / 英国尤斯伯恩出版公司 编著；谢沐 译	415
4	致命毒药 /（英）尼克·阿诺德 著；（英）托尼·德·索雷斯 绘；成诚 译	411
5	臭烘烘的垃圾书 /（德）格达·赖特 著绘；宋城 译	388
6	我家的垃圾去哪儿了 /（土）西玛·奥兹坎 著；（土）奥罕·阿塔 绘；宋汐 译	385
7	海洋塑料：一个入侵物种 /（葡）安娜·佩戈，伊莎贝尔·米尼奥丝·马丁斯 著；（葡）贝尔纳多·P.卡瓦略 绘；金心艺 译	379
8	小蚯蚓的"垃圾"美食 /（土）西玛·奥兹坎 著；（土）奥罕·阿塔 绘；宋汐 译	359
9	我的垃圾去哪儿了？：关于垃圾分类和再生的一切 /（加）艾瑞尔·菲微 著；（加）比尔·斯莱文 绘；王若绮 译	346
10	可回收物变宝贝 / 林晓慧 编著；张子剑 编绘	323

排名	Z 综合性图书	借阅次数
1	如果你到地球来 /（澳）苏菲·布莱科尔 著绘；郝景芳 译	872
2	漫画科普：比知识有趣的冷知识 / 锄见 编绘	713
3	揭秘地下 /（英）克里斯·奥克雷德，阿妮塔·盖恩瑞 文；（以）加利亚·伯恩斯坦 图；翁建武 译	658
4	植物大战僵尸2武器秘密之你问我答科学漫画：科学探险卷 / 笑江南 编绘	563
5	儿童百问百答7：屎屁 /（韩）安英珠 文；（韩）沧炫旴 图；苟振红 译	532
6	给孩子讲大数据 / 涂子沛 著；童趣出版有限公司 编	471
7	未来世界：一切皆在变化之中 /（德）班恩德·佛勒斯纳 著；蔡亚玲 译	463
8	身边的科学 /（日）小石新八 主编；（日）荒贺贤二 绘；张羽佳 译	445
9	大自然的一年 /（英）海伦·阿普恩斯瑞 著；李遥岑 译	433
10	寻宝记神兽发电站3/ 任诗元 编创；京鼎动漫 绘制	384

四、数字资源全文下载量达 5155.49 万次，创历年新高，市民随时随地畅享移动阅读 [1]

深圳图书馆为市民读者免费提供了丰富的数字资源，目前提供服务的数字资源库有 94 个，600 余万册（件）本地电子文献，内容涉及人文、经济、科学、法律等领域，涵盖学术期刊、学位论文、会议论文、专利标准、研究报告等资源类型。其中，自建数据库 12 个，包括"深圳记忆"专题数据库、"深图视听"读者活动库、深圳图书馆古籍数字平台等；24 个数据库可通过移动端访问，为市民读者提供丰富的阅读体验。

（一）多渠道快捷访问海量优质数字资源

市民读者可通过 PC 端登录深圳图书馆网站，或通过移动端关注深圳图书馆微信订阅号、"深圳图书馆｜图书馆之城"微信服务号，点击"数字阅读"菜单中"手机阅读""数字图书馆""喜马拉雅·VIP 畅听""掌阅精选""深图视听"栏目，或直接微信搜索登录"深圳图书馆数字阅读馆"小程序，轻松便捷获取深圳图书馆数字资源，统统免费。

1. 打开深圳图书馆主页（https：//www.szlib.org.cn）→资源导航 →数字资源，可一览馆藏数字资源列表，包含图书、期刊、报纸、音视频、数据事实、学位 / 会议论文、专利标准、古籍等各类型数据库，点击"访问入口"即可轻松获取，其中可馆外访问的资源占比达 99%。

2. 关注深圳图书馆微信订阅号或"深圳图书馆｜图书馆之城"微信

---

[1]　鉴于数据统计口径与标准问题，此处以深圳图书馆为代表，展现"图书馆之城"在数字阅读与新媒体服务方面的建设成果。

服务号，点击"数字阅读"菜单→"手机阅读"栏目，看书、听书、期刊、学习、音视频等资源，应有尽有。热门资源库如QQ阅读、哪吒看书、overdrive赛阅、新东方、掌阅精选、云图有声、维普掌上题库，触手可及。

3.关注深圳图书馆微信订阅号或"深圳图书馆｜图书馆之城"微信服务号，点击"数字阅读"菜单→"数字阅读馆"栏目，或通过微信搜索"深圳图书馆数字阅读馆"小程序，即可一站式访问优质数字资源。"数字阅读馆"整合了QQ阅读、云图有声数字图书馆、龙源期刊网、MET全民英语等16个数据库，收录31万余册电子书，35万余册期刊，24万余集音频和近3万集视频资源。

4.关注深圳图书馆微信订阅号或"深圳图书馆｜图书馆之城"微信服务号，点击"数字阅读"菜单→"喜马拉雅·VIP畅听"栏目，开启畅听之旅。深圳图书馆"喜马拉雅"小程序包含大数据筛选主站收听数量高的精品内容，涵盖有声图书馆综合内容和VIP畅听内容，分别包含16000和12000多个专辑，共计11个主题，包括党建、历史人文、教育培训、亲子儿童、政务、休闲娱乐、健康养生、情感、商业财经、有声小说、时尚生活。每周更新100多个专辑，丰富的听书资源解放了人们的双眼、双手，方便读者在休闲或劳动之余乐享学习。

5.关注深圳图书馆微信订阅号或"深圳图书馆｜图书馆之城"微信服务号，点击"数字阅读"菜单→"掌阅精选"栏目。"掌阅精选"数据库基于独家首发、豆瓣高分、销量榜单、名家权威等纬度筛选出海量优质资源，包括10万册精品图书和3万集有声图书，其中豆瓣高分图书、当当新书热卖榜、Kindle销售排行榜覆盖率达到80%，近3年上市新书占比50%，涵盖"文学""影视原著""历史""经管"等21个类别，精选"热门推荐""大奖书系（诺贝尔文学奖、文津图书奖、中国好书、奥斯卡金像奖、日本芥川奖、雨果奖等获奖图书）""主题书单""每月新书""热读榜"等主题书籍。

（二）数字资源全文下载量达 5155.49 万次，同比增长 37.21%，移动端下载量首次超过 PC 端

1. 2022 年深圳图书馆数字资源全文下载量达 5155.48 万次，同比增长 37.21%，创历年新高。其中，通过 PC 端全文下载浏览量为 2349.96 万次，同比增长 7.5%；通过移动端下载浏览量为 2805.52 万次，同比增长 78.54%，占比达 54%，移动端下载量首次超过 PC 端。

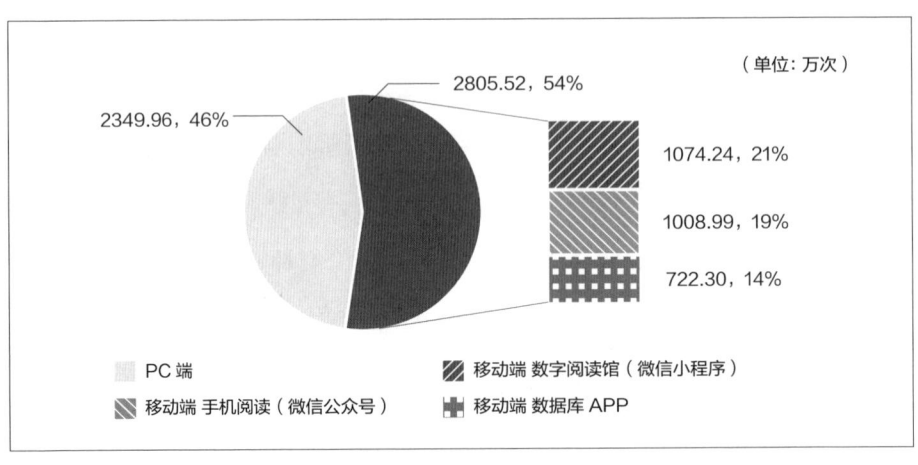

图 2-29　2022 年深圳图书馆数字资源全文下载量各平台构成

2. 从各类型数据库占比来看，电子书数据库全文下载量占比由 2021 年的 33.89% 升至 2022 年的 38.7%，继续位居第一。

表 2-12 2022 年深圳图书馆各类型数据库全文下载量分析

序号	数据库类别	全文下载量 / 万次	占比
1	电子书数据库	1993.21	38.7%
2	期刊论文数据库	1065.97	20.7%
3	多媒体数据库	820.20	15.9%
4	事实型数据库	292.05	5.7%
5	其他	984.05	19.0%
	总计	5155.48	100.0%

（三）2022 年深圳图书馆各类型数据库最受读者欢迎排行榜

表 2-13 2022 年深圳图书馆电子书数据库最受读者欢迎排行榜

排名	数据库	全文下载量 / 万次
1	QQ 阅读	782.74
2	"书香深圳"互联网数字图书馆	480.05
3	掌阅精选	254.61
4	超星书世界	223.63
5	云图数字有声图书馆	109.60
6	歌德电子书	75.63
7	哪吒看书	42.62
8	雅昌艺术图书数据库	19.69
9	易阅通电子书	3.31
10	中国基本古籍库	0.92

表 2-14 2022 年深圳图书馆期刊论文数据库最受读者欢迎排行榜

排名	数据库	全文下载量 / 万次
1	中国知网	384.34
2	龙源电子期刊阅览室数据库	346.46
3	博看期刊数据库	169.47
4	万方知识服务平台	61.99
5	维普中文科技期刊数据库	43.35
6	慧科信息搜索	25.33
7	万方医学网	16.55
8	人大复印报刊资料	10.52
9	晚清 / 民国期刊全文数据库	3.21
10	华艺台湾学术文献数据库	2.27

表 2-15 2022 年深圳图书馆多媒体数据库最受读者欢迎排行榜

排名	数据库	分类	全文下载量 / 万次
1	库客（KUKE）数字音乐图书馆	艺术类	178.26
2	云图数字有声图书馆	综合类（听书）	109.60
3	喜马拉雅	综合类（听书）	107.50
4	职业全能培训库	职业技能类	79.13
5	天天·微学习中心	教育类	69.25
6	网上报告厅	教育类	67.94
7	MET 英语学习资源库	语言学习类	60.39
8	新东方多媒体学习库	语言学习类	58.40
9	设计师之家	职业技能类	44.12
10	超星名师讲坛	教育类	20.98

表 2-16 2022 年深圳图书馆事实型数据库最受读者欢迎排行榜

排名	数据库	分类	全文下载量 / 万次
1	中经网行业报告库	经济管理类	93.02
2	EMIS 全球新兴市场商业资讯数据库	经济管理类	81.58
3	不列颠百科全书	百科类	45.48
4	国研网	经济管理类	39.52
5	皮书数据库	社会科学类	9.30
6	北大法宝	法律法规类	7.55
7	搜数网	经济管理类	5.66
8	中宏产业数据库	经济管理类	5.43
9	列国志	国际关系类	2.63
10	E 线图情	社会科学类	1.86

（四）2022 年深圳图书馆受欢迎的电子书刊数据库阅读排行榜

表 2-17 2022 年度深圳图书馆"QQ 阅读"阅读排行榜

排名	图书	点击量 / 册次
1	长安十二时辰 / 马伯庸 著	27571
2	半小时漫画中国史 5：其实是一本严谨的极简中国史 / 陈磊 著	27546
3	太古和其他的时间 /（波）奥尔加·托卡尔丘克 著；易丽君，袁汉镕 译	27521
4	父与子 /（俄）屠格涅夫 著；李蟠 译	26894
5	外婆的英雄世界 / 赵挺 著	26856
6	夏洛的网 /（美）E.B. 怀特 著；任溶溶 译	26823
7	生命是什么 /（奥）埃尔温·薛定谔 著；邹路遥 译	26796
8	不怕输，才会赢得漂亮 / 影子 著	26742
9	被讨厌的勇气："自我启发之父"阿德勒的哲学课 /（日）岸见一郎，古贺史健 著；渠海霞 译	26689
10	我们内心的冲突 /（美）卡伦·霍妮 著；潘华琴 译	26647

表 2-18　2022 年度深圳图书馆"书香深圳"阅读排行榜

排名	图书	点击量 / 册次
1	人间词话全鉴（典藏诵读版）/（清）王国维 著；东篱子 解译	15240
2	论语今读 / 李泽厚 著	10566
3	尘埃落定 / 阿来 著	9021
4	管理学 / 马鹤丹，韩晓琳，沈璐 主编	7430
5	蛇口，梦开始的地方：致敬改革开放 40 年 / 许永军，刘伟 主编	5600
6	胡雪岩：商圣是怎么练成的 / 曾仕强 著	3125
7	鲁迅经典全集 / 鲁迅 著	3085
8	习近平的七年知青岁月 / 中央党校采访实录编辑室 著	2920
9	文化苦旅 / 余秋雨 著	2870
10	清华园日记 / 季羡林 著	2868

表 2-19　2022 年度深圳图书馆"掌阅精选"阅读排行榜

排名	图书	点击量 / 册次
1	桐华精选（全 9 册）/ 桐华 著	6396
2	明朝那些事儿（大合集）/ 当年明月 著	5692
3	羊皮卷（权威珍藏版）/ 杨奕 著	5235
4	置身事内：中国政府与经济发展 / 兰小欢 著	3512
5	余华作品全集（全 13 册）/ 余华 著	3480
6	少年维特的烦恼 /（德）约翰·沃尔夫冈·冯·歌德 著；杨武能 译	3214
7	紫金陈：高智商犯罪（全 4 册）/ 紫金陈 著	3134
8	长相思（全三册）/ 桐华 著	3036
9	蒋勋说红楼梦（全八辑）/ 蒋勋 著	2792
10	活着 / 余华 著	2664

表 2-20　2022 年度深圳图书馆 "喜马拉雅" 听书排行榜

排名	图书	点击量 / 册次
1	明朝那些事儿 / 当年明月 著；王更新 播讲	20014
2	米小圈上学记：一二三年级 / 北猫 著	11716
3	明朝败家子（爆笑）/ 上山打老虎额 著；有声的紫襟 播讲	11263
4	晚安妈妈睡前故事 / 晚安妈妈 著	8526
5	三体精品广播剧 / 刘慈欣 著	6255
6	平凡的世界 / 路遥 著	6127
7	曾仕强讲中华文化·大合集 / 曾仕强 著	4316
8	一剑独尊 / 叶玄叶灵，有声的紫襟 播讲	4191
9	曾国藩传 / 萧一山 著	3892
10	《红楼梦》全本有声剧 / 张国立，欧丽娟 播讲	3677

表 2-21　2022 年度深圳图书馆 "云图数字有声图书馆" 阅读排行榜

排名	图书	点击量 / 册次
1	西游记 /（明）吴承恩 著	12510
2	简·爱 /（英）夏洛蒂·勃朗特 著；宋兆霖 译	9724
3	海底两万里 /（法）儒勒·凡尔纳 著；陈筱卿 译	6431
4	品读《资治通鉴》：看权力游戏 / 孙继东 著	6082
5	跟谁都能聊得来 / 张子凡 著	5377
6	瓦尔登湖 /（美）亨利·戴维·梭罗 著；潘庆舲 译	4271
7	爱的教育 /（意）埃迪蒙托·德·亚米契斯 著；夏丏尊 译	4222
8	假如给我三天光明：海伦·凯勒自传 /（美）海伦·凯勒 著；徐杰 译	4219
9	品读《资治通鉴》：观大道之行 / 孙继东 著	3887
10	中华上下五千年 / 云图 汇编	3881

表 2-22　2022 年度深圳图书馆"博看期刊"阅读排行榜

排名	期刊	点击量 / 册次
1	读者（原创版）	24893
2	环球人物	24375
3	意林	21748
4	中国新闻周刊	17779
5	第一财经	14208
6	半月谈	11807
7	互联网周刊	11791
8	南方人物周刊	11751
9	第一财经	9286
10	世界时装之苑 ELLE	9228

表 2-23　2022 年度深圳图书馆"龙源期刊"阅读排行榜

排名	期刊	点击量 / 册次
1	中国新闻周刊	11573
2	环球人物	10348
3	第一财经	9350
4	金点子生意	9177
5	股市动态分析	8867
6	党建	8529
7	意林	8003
8	舰船知识	7850
9	读者	7049
10	领导文萃	6217

五、线上线下精彩联动，阅读推广活动读者参与人次破历史纪录

（一）年度举办 1.82 万场阅读活动，参与读者 1931.07 万人次

2022 年虽受疫情影响，但深圳"图书馆之城"各成员馆线上线下联合发力，全年为市民奉献了 1.82 万场精彩的阅读盛宴，参与读者更是创历史之最，高达 1931.07 万人次，同比增长 61.28%。

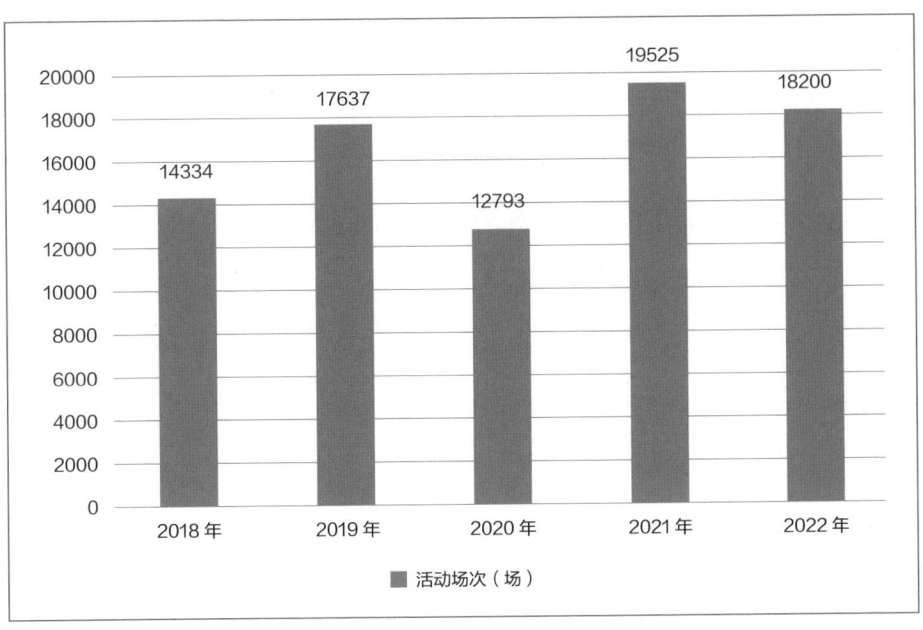

图 2-30　2018—2022 年深圳"图书馆之城"举办读者活动场次对比

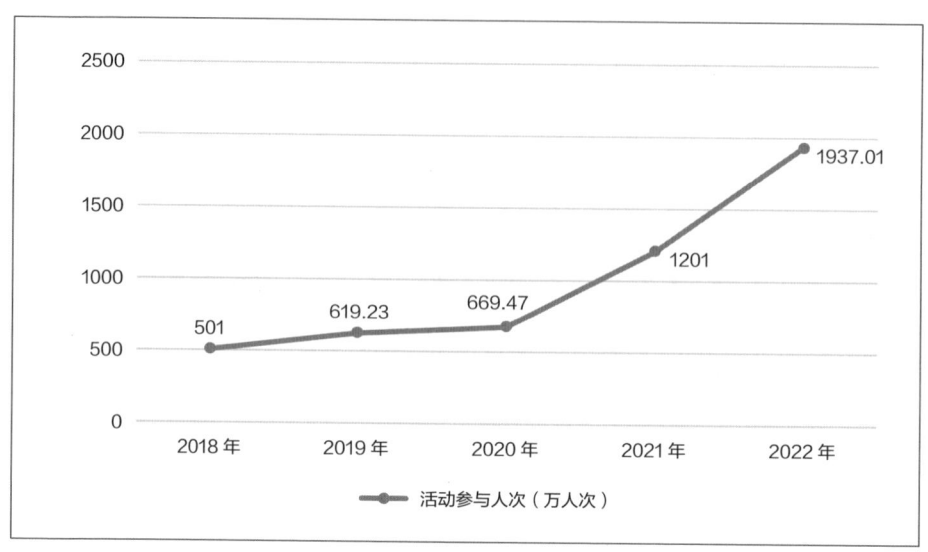

图 2-31　2018—2022 年深圳"图书馆之城"读者活动参与人次对比

（二）弘扬主旋律，礼赞新时代，"喜迎党的二十大"主题活动精彩纷呈

2022 年，为迎接党的二十大胜利召开，深圳图书馆界齐心协力，策划举办系列阅读活动。作为"图书馆之城"的龙头馆和中心馆，深圳图书馆全年开展"喜迎党的二十大"主题活动，包含主题展览、区域共读、文化行走、专题讲座、书目推荐、知识竞答、诗篇诵读等多样形式，内容丰富，精彩纷呈。

"继往开来二十大 波澜壮阔百年党——喜迎党的二十大主题图书推荐展"用文献讲述党的故事，重点展出精选的党史文献和红色经典文献1000 余种，涵盖政治、经济、文学、历史等领域。2022 年粤澳"4·23 共读半小时"活动联合粤澳地区公共图书馆，紧紧围绕迎接党的二十大，聚焦经典，约 400 万人次共同参与线上线下共读活动。"追寻改革开放足迹"社科普及基地研学活动带领市民读者参观走访渔民村村史馆、深圳国贸大厦历史陈列馆、深圳改革开放展览馆等优秀社科文化场馆，深入学习深圳人文历史，感受深圳改革开放辉煌成就。"喜迎二十大 奋进新征程"主题电子图书推荐及线上答题闯关活动普及党史知识，营造学习红色文化的浓厚氛围。"喜迎二十大 礼赞新时代"线上主题朗诵会特别联合乌鲁木齐市图书馆，通过"清澈的爱""中国力量""魅力华夏""砥砺奋进"四个篇章，由深圳、乌鲁木齐两地知名朗诵艺术家和朗诵爱好者倾情演绎优美诗篇，歌唱祖国，颂扬时代。"全城联动，让书回家——喜迎二十大 阅读助力抗疫"活动提供阅读福利，全市实现统一服务的图书馆在10月1日—31日期间，读者归还过期文献（含图书、期刊和音像制品），免逾期滞还费。

（三）2022年粤澳"4·23共读半小时"活动参与人次高达400万，居历年之最

2022年粤澳"4·23共读半小时"活动紧紧围绕迎接党的二十大，聚焦经典，采用"4+N"会场共读形式，倡议市民打开书本，用共同的阅读行为诠释"让阅读成为习惯"的理念，礼赞春天，引领阅读。

本届活动由中共深圳市委宣传部、深圳市文化广电旅游体育局、东莞市文化广电旅游体育局、澳门特别行政区政府文化局、澳门特别行政区政府教育及青年发展局、广东图书馆学会、深圳图书情报学会主办，广东图书馆学会阅读推广委员会、深圳图书情报学会阅读推广委员会、深圳图书馆总承办，广东省各市级图书馆学会、广东地区公共图书馆、澳门大学图书馆、澳门图书馆暨信息管理协会等共同承办。

深圳、广州、东莞、澳门4个主会场，粤澳地区207个单位、1053个共读点，累计近400万市民读者在线上线下共同参与活动。学习强国、

人民网、中国新闻网、中国新闻出版广电网、文旅中国、《南方日报》《南方都市报》《羊城晚报》《深圳特区报》等各类媒体报道累计近 200 篇次。

　　深圳主会场设在深圳图书馆，共读活动分为诗词联诵、亲近自然、读书名篇、读剧表演、全场共读五个环节，带领读者沉浸式体验经典阅读的魅力。现场还特别发布深圳"图书馆之城"主题歌——《万卷芳华》，传递图书馆的温暖与阅读的美好。主会场活动通过深圳发布、深圳都市频道《第一现场》，深图官方微博、微信视频号、B 站等平台同步视频直播，其中深圳都市频道《第一现场》在线参与市民高达 320.3 万人次，微博同时在线观看人数达 7.9 万。除主会场外，深圳地区还有图书馆、企业、文化场馆、书店、家庭、线上书友群、微信读者群等 136 个共读点、96158 人同步参与。

　　广州主会场共读活动在广东省立中山图书馆举行，由青年党员、团员共同领读"一起向未来""四时读书乐""团徽在岗位上发光""请党放心，强国有我"四个主题篇章。东莞图书馆以云上同阅、品茶赏书、户外朗诵、邻里悦读等方式，共品书香东莞，总、分馆联动策划推出五大系列共 180 余项线上为主、线下为辅的丰富阅读活动。澳门主会场设于南湾旧法院大楼，当天澳门举行"澳门图书馆周"启动仪式及"4·23 全城共读"活动，采用"1+N"（1 个主场馆 +N 个分场馆）的形式，开展阅读活动，澳门地区共有约 50 个单位、1.6 万人次参与。

　　"4·23 共读半小时"活动 2016 年从深圳诞生，逐步走向广东省，2019 年成为粤港澳文化交流合作项目。2020 年，特别联动湖北举办粤鄂澳"共读半小时"活动，表达对抗击疫情主战场湖北的人民的祝福和关爱。2021 年，"共读半小时"以"100 年里的中国"为主题，联动粤港澳地区市民读者用琅琅书声致敬党的百年华诞。数年来，"4·23 共读半小时"活动通过多场所、具有仪式感的共读行为，诠释"让阅读成为习惯"的理念，倡导"让阅读成为一种生活方式"，累计超 3500 个共读点、逾 430 万市民读者在线上线下参与活动。琅琅书声浸润大湾区的每个角落，有效促进大湾区城市间的文化交流，助力人文湾区建设。

（四）"读吧！深圳——影响我最深的书"短视频征集分享活动线上线下总参与或关注人次达 550 余万，倡导市民回归深阅读

为适应读屏时代和新媒体生态，由深圳市委宣传部、深圳市文化广电旅游体育局指导，深圳图书馆、深圳图书情报学会、深圳市阅读联合会主办"读吧！深圳——影响我最深的书"短视频征集分享活动，邀请市民读者拿起镜头，分享那些带给自己深深感悟和独特体验的好书。活动于 2022 年的"4·23"世界读书日启动，几近全年在新媒体平台持续推出，并最终在 200 余篇视频作品中复评出 30 部优秀展播作品，于 11 月"深圳读书月"期间在学习强国、深圳发布、《深圳晚报》、深图新媒体平台每日播出。12 月，举行"读吧！深圳——影响我最深的书"分享会暨颁奖典礼，现场邀请专家学者、视频作者、市民读者共同分享阅读感悟。

本次活动呈现出以下特色亮点："深阅读＋新阅读"相结合，以短视频为切入口，分享影响自己最深的好书；"大咖＋大众"相结合，活动得到丛周玉、孟建民、毛军发三位院士，郑永年、唐杰、丁学良、南兆旭等知名专家学者，到覆盖各行各业、老中青幼各年龄层的市民百姓的积极参与响应；"线上＋线下"相结合，活动线上征集、传播，视频总浏览量超过 320 万次，话题"影响我最深的书"进入新浪微博热搜前十，阅读量高达 185 万次，并以大型线下分享会暨颁奖典礼重磅收官，线上线下总参与

或关注人次达 550 余万。活动获学习强国、人民网、中国新闻网、文旅中国、《南方都市报》《广州日报》《深圳特区报》等各级各类媒体报道 100 余篇。

整个活动打造阅读新生态，贯穿全年、全域、全网、全民，各类媒体报道平台多、数量高，活动传播范围广、影响大，有力促进了全民阅读从形式到内容的深化，进一步推动形成爱读书、读好书、善读书的浓厚氛围。

（五）弘扬优秀文化，涵养城市人文精神，学术文化活动蓬勃开展

深圳图书馆界一直以来深耕学术沃土，高度重视、积极参与学术文化构建，打造专业阅读品牌，面向市民读者传播人文知识、提供学习平台、保障文化权利，携手为深圳加快构建中国特色哲学社会科学学科体系、学术体系、话语体系贡献有益力量。深圳图书馆长期开展名家讲座、学术沙龙等高品质、专业化的阅读活动，深受市民读者喜爱。

深圳市民文化大讲堂以"鉴赏·品位"为主题，邀请国内顶尖专家学者传经布道，弘扬人文精神，发展公共文化，丰富市民生活，提升城市品位，已开展上千场讲座。2022 年，市民文化大讲堂紧扣迎接宣传贯彻党的二十大主线，围绕新时代中国特色社会主义事业取得的伟大成就，共举办"经济·科技""卫生·健康""社会·法治""教育·历史""文化·艺术""喜迎二十大召开""生态·文明"7 个系列主题 40 场讲座，在线参与读者超 42 万人次。

"深圳学人·南书房夜话"于 2014 年 11 月创办，由深圳图书馆联合深圳社会科学院共同主办，立足学科背景，结合深圳实际，以现实问题为

切入点，推动理论与实际、历史与现实、学者与大众的融合，致力于"全球视野、民族立场、时代精神、深圳表达"。截至 2022 年，共举办 10 季、163 场讲座。2022 年，夜话第十季以"泥与火的文明——中国古陶瓷文化艺术精品课"为主题，邀请深圳及国内知名陶瓷研究学者，带领读者品析中国陶瓷之美，全年举办 18 期，线上直播参与读者 35 万人次，参与人数居深圳图书馆视频号直播活动之最。

"人文讲坛"是深圳图书馆联合深圳大学宗教文化研究所、中山大学禅宗与中国文化研究院于 2017 年创办的学术讲座品牌，旨在搭建知名专家学者与社会公众的沟通桥梁，塑造人文精神，弘扬优秀文化。2020 年，在原讲授基础上增设课程制的"儒家 / 道家文化研习社"，采取通识熏陶和专业养成并重的思路，依托"开班研修、专家授讲、线下实测、现场点评"的教研模式打造"专业化、体系化、开放式"的社会大学，为读者提供了一个"长期、系统、稳定"的优秀传统文化学习平台。截至 2022 年，"人文讲坛"共举办讲座 193 场，线上线下参与读者逾 25 万人次，60 余位全国各地专家学者做客深圳图书馆。2022 年，为期 2 年的研习社期满结业，两社在册共 87 人，考核合格结业计 76 人，其中 19 人获评优秀研习生。

"当名著遇上电影"系列活动于 2022 年全新推出，旨在为爱好经典阅读、喜爱电影以及热爱配音艺术的读者搭建学习与交流平台，全方位、多维度带领读者感受电影配音与名著阅读的魅力，丰富读者体验，引导读者关注经典、阅读名著。其中，"电影配音与名著阅读"主题系列讲座将经典影片与名著相结合，以国内电影译制片厂出品的中外名著改编电影为蓝本，邀请专业人士从电影配音艺术创作角度解读世界名著，现场欣赏影片音画并甄选部分经典片段配音互动，让读者沉浸式品读经典，收获不一样的艺术体验和知识。2022 年，共举办线上讲座 6 场，围绕国内出品的《简·爱》《西游记》《王子复仇记》《巴黎圣母院》《钢铁是怎样炼成的》《音乐之声》等经典名著改编影片进行分享交流，参与读者 5.6 万人次。

六、"图书馆 +"融合发展，全媒体服务矩阵创新升级，社会影响力不断提升

近年来，深圳图书馆界越来越重视社会合作与媒体宣传，以"打造质效兼优的公益服务"为目标，与一切有志于参与文化事业的机构和个人建立合作伙伴关系，满足公众各类文化需求，同时加强宣传推广，利用各类媒体平台与全新手段充分挖掘与展示公共图书馆的丰富价值与内涵。

（一）深圳捐赠换书中心服务网点增至 20 个，覆盖全市 8 区

深圳图书馆围绕阅读推广、新型空间打造、服务网点建设等方面，与200 余家机关企事业单位、社会团体、民间组织、新闻媒体等开展合作，形成深圳捐赠换书中心等标杆项目。

2012 年 11 月，深圳图书馆与市关爱办、深圳报业集团联合创办深圳捐赠换书中心，以共享全民阅读资源、构建城市第三空间为宗旨，立足深圳，凝聚图书馆、媒体与社会力量，共同搭建全民阅读资源公共服务平台，面向全体市民免费提供捐赠及换书服务。服务项目包括接受读者捐赠、交换的图书，提供换书服务，组织与捐赠、换书、阅读相关的公益性读者活动。

2022 年，深圳捐赠换书中心新增 2 个分中心和 1 个换书驿站，全市现有 1 个中心（位于深圳图书馆 2 楼）、6 个分中心、10 个服务站、3 个换书驿站，形成由中心、分中心、服务站和换书驿站构成的服务网络，服务网点达 20 个，分布于福田、宝安、龙华、坪山、南山、光明、罗湖、大鹏八个区。

2022 年，参与交换图书读者 0.81 万人次，换入图书 4.45 万册次，换出图书 1.68 万册次，接收捐赠图书 0.69 万册次，捐出图书 2.52 万册次。截至 2022 年底，深圳捐赠换书中心累计参与交换图书读者 8.68 万人次，换入图书 32.63 万册次，换出图书 14.82 万册次，接收捐赠图书 12.07 万册次，捐出图书 22.52 万册次。

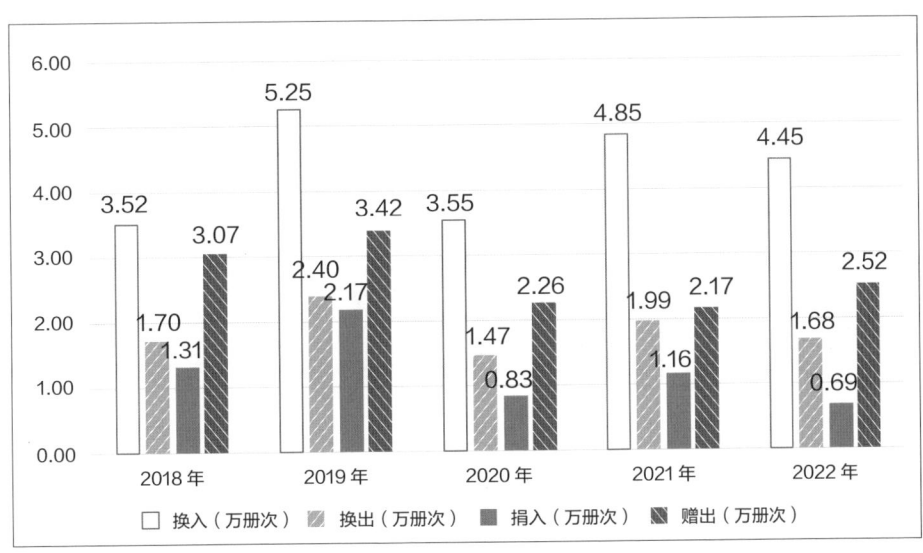

图 2-32   2018—2022 年深圳捐赠换书中心业务对比

2022 年，深圳捐赠换书中心对外捐赠图书"公益书屋"项目持续推进，在文化扶贫背景下，中心向全国偏远、贫困地区或图书资源匮乏地区捐赠图书，新建"公益书屋"11 家，已遍布广东、广西、湖南、江西、安徽、贵州、河南、湖北、陕西、四川、云南、西藏、新疆、甘肃等地，覆盖 14 个省（自治区）。截至 2022 年底，累计援助捐建"公益书屋"119 家，捐赠图书 161 批次、22.52 万册次。

深圳捐赠换书中心以深圳图书馆为主阵地，打造品牌活动，传播阅读理念。从"悦读·分享"图书交换日活动到"落果"直播间，将图书交换从线下拓展到线上；从"阅读分享会"到"跨越山海 见字如面"图书募集，深圳捐赠换书中心与读者共享阅读与公益的快乐。

（二）微信、微博等新媒体平台关注用户数超过 195 万，全媒体线上品牌全面开花

（1）截至 2022 年底，深圳图书馆微信公众号累计关注用户达 137.84 万人，其中深圳图书馆微信订阅号关注用户 84.08 万人，"深圳图书馆｜图书馆之城"微信服务号关注用户 53.76 万人，同比分别增长 22.53% 和 10.07%。微信公众号基本涵盖了图书馆的主要服务内容，2022 年读者通过微信利用图书馆服务达 830.15 万人次、4681.63 万页次。

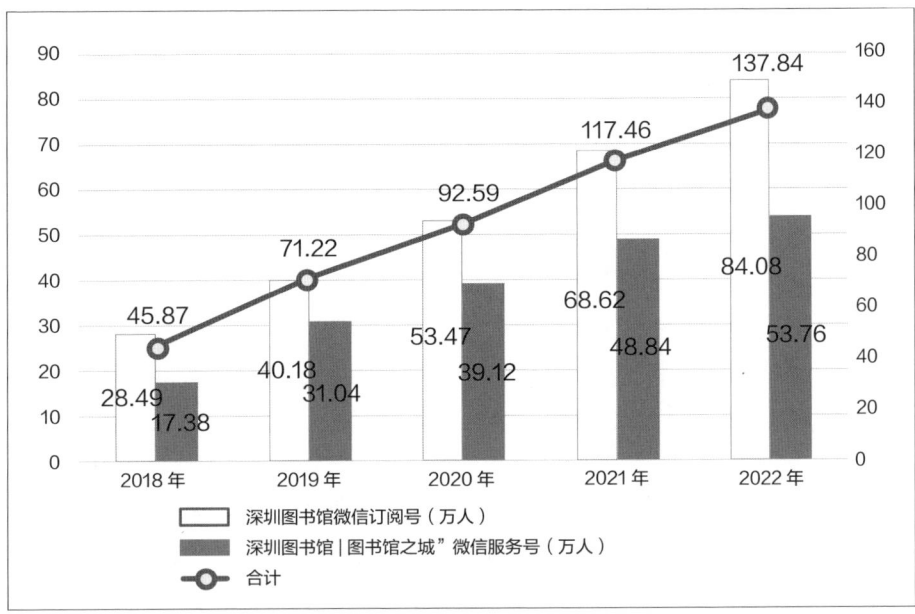

图 2-33　2018—2022 年深圳图书馆微信公众号关注用户数对比

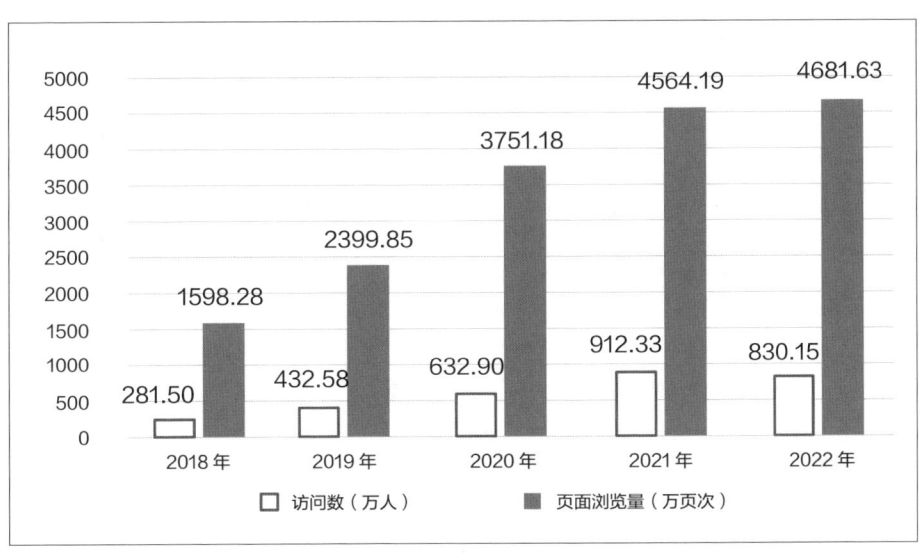

图 2-34　2018—2022 年深圳图书馆移动版网站微信公众号访问量对比

2022 年，深圳图书馆新浪官方微博粉丝数 57.5 万人，阅读量达 1.31 亿人次，同比分别增长 4.88% 和 5.53%。深圳图书馆新浪官方微博首次入围年度"全国十大文旅微博"和"广东十大政务机构微博"，蝉联"全国十大图书馆微博"和"广东十大文旅系统微博"榜首，微小编团队连续两年被评为"金牌政务主编"。微信公众号在首届全民阅读大会上入选"大众喜爱的阅读新媒体号"。

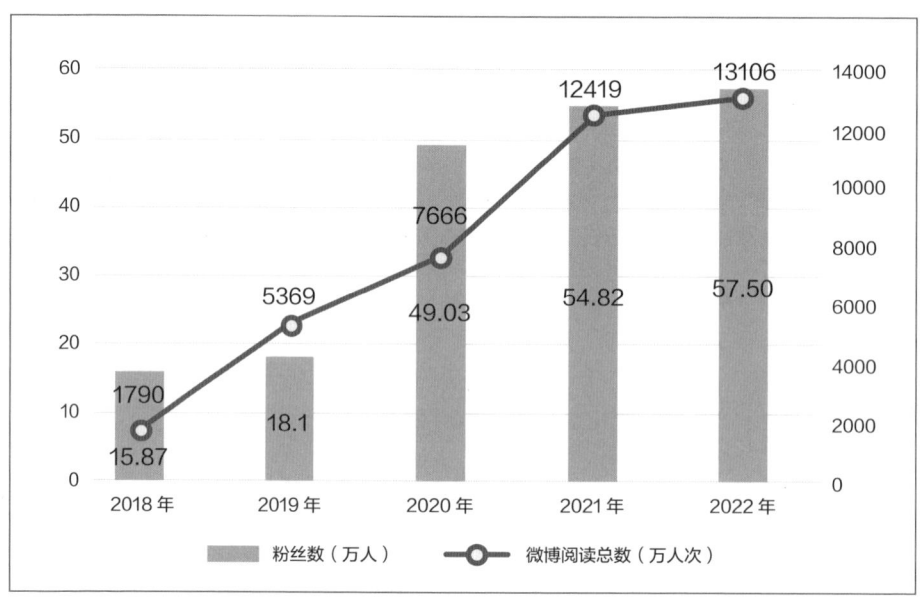

图 2-35 2018—2022 年深圳图书馆微博粉丝数及阅读量对比

（2）新媒体 IP 形象深度应用，"布克家族"品牌活动阅读量累计逾 2 千万人次。2022 年，深圳图书馆创意推出"布克家族"表情包，主题涵盖日常表达、阅读生活等，短视频《深图布克家族表情包》阅读量达 30.1 万人次，视频播放量 7.9 万人次，创微博原创短视频播放数新纪录。全年在元旦、除夕夜、"4·23"世界读书日、儿童节、暑期、国庆节假期、深圳读书月等重要节点举办"布克家族阅读夜"线上活动共 49 场，通过阅读故事征集、荐书抽奖、转发微博赢赠书等多样互动方式，打造线上阅读嘉年华，相关微博阅读量 2115.2 万人次，读者互动 8.4 万次。

（3）馆员自制或出镜参与超过 40 期线上活动，阅读量近 50 万人次，创新打造图书与服务推介新形式。"深图品书"由资深馆员以品读或与作者对话等形式向读者推介经典图书，分享作品以及创作背后的思想、趣闻，全年推出 12 期，微博、微信等阅读量超 24.5 万人次，视频观看量超 3.3 万人次；其中，《柳林风声》《子夜》《如何阅读一本书》等视频被学习强国转载。"落果"直播间以深圳捐赠换书中心的图书及书友为活动基础，以"深图视频号直播 + 专业馆员出镜 + 读者线上参与"为形式，打造图书线上推介与交换平台，全年开展 5 期直播。"叨叨图书馆"短视频栏目紧扣"图书馆之城"服务项目、服务规则、资源建设、读者活动等主题，聚焦读者最关注的问题，以小见大，打造集专业性、趣味性、观赏性于一体的"图书馆之城"统一服务短视频精品，全年推出 11 期，阅读量达 12 万人次。"我是朗读者"美文分享通过组织深圳图书馆朗读社社员朗诵经典的美文作品，体味其中的艺术魅力和人文情感，启迪思想，丰富精神，全年共举办 15 场，参与读者达 6.6 万人次。

（三）深圳"图书馆之城"主题歌《万卷芳华》唱响全城

2022 年，深圳图书馆邀请深圳本土著名文化学者邓康延作词、音乐制作人秋言作曲，创作"图书馆之城"主题歌《万卷芳华》，旨在用音乐表达图书馆的友好与亲切，用音乐唱响图书馆的深邃与厚重，让市民读者在歌声中感受"图书馆之城"的温暖与阅读的美好，彰显"图书馆之城"的社会价值与精神内涵。

歌词的创作先以"莲花山下，城市中央，风吹书页，看见莲花"比兴，引导出"有一扇门为你敞开，图书馆里春秋一家"，继而烘托出"一座城的隐形高地，一个人的内心芳华"，一句简单直白又有意趣的英文"book is mountain, mountain is high"，既蕴含图书的世界性，也呼应读书如登山的人类情境，"你的我的，万卷芳华"更是唤醒了每一位读者求知若渴的内心共鸣。以"万卷芳华"作为歌名，既贴切又高雅，使人容易联想到图书馆，增加歌曲的传唱度。整首歌曲的歌词立意高远，旋律也十分悦耳动听，时而婉转轻柔、时而高亢激昂，弦乐与钢琴的交织让美妙的音符抚过听者的心田，令人沉醉其中，余韵悠长。

《万卷芳华》主题歌与 MV 于"4·23"世界读书日正式发布，成为年度最动听的图书馆阅读之声。

（四）"任梦浪漫告别图书馆——一个人、一座城，最美好的双向奔赴"刷屏全网

2022 年 9 月下旬，任梦与深圳"图书馆之城"双向奔赴的故事引起社会广泛关注。这是一位陪伴深圳图书馆走过十余年的忠实读者，在城市文化的熏陶和滋养下开启了自由翻译的职业生涯，"图书馆之城"丰富共享的文献资源、便捷惠民的创新服务、高质多元的阅读活动和智慧新型的文化空间为其翻译事业提供源源不断的养料。因母亲生病需其返乡照顾，任梦不得不与这座她舍不得的城市说"再见"。临别之际，她寻求深圳图书馆工作人员的帮助，还回 56 本所借图书，并将自己的三本译作《伦敦塔集雨人》《吉他羊奶天堂》和《荒野男孩》（4 册套装）赠予深圳图书馆，反哺和回馈这座"自由、包容、开放"的城市。"图书馆之城"的浸润让她感慨道："我爱这座城市，爱这个城市的图书馆。而我也高兴地发现，

这座城市也爱我，图书馆也很爱我。"

任梦的故事体现了读者与图书馆、奋斗者与城市的双向奔赴，社会反响热烈，近百家新闻媒体争相采访、报道和转载，也引起广东省立中山图书馆关注，在《图书馆论坛》开辟"深圳'图书馆之城'：读者与图书馆'双向奔赴'"笔谈专题，业内专家学者展开探讨。任梦的故事为深圳这座"全球全民阅读典范城市"增添了生动注脚，成为深圳图书馆故事走出深圳、走向全国的鲜活写照。

2023 年是全面贯彻落实党的二十大精神的开局之年，也是深圳"图书馆之城"建设二十周年。站在新的历史节点上，深圳"图书馆之城"各成员馆将围绕"全球视野、国家战略、广东大局、深圳担当"，把握深圳"图书馆之城"纳入国家发改委《深圳经济特区创新举措和经验做法清单》向全国推广的重要机遇，持续擦亮城市文化名片，推进图书馆事业高质量发展，助力涵养城市科学精神、人文精神、艺术精神，加快塑造展现社会主义文化繁荣兴盛的现代城市文明。

读时代新篇　创文明典范

——第二十三届深圳读书月总结

深圳读书月组委会办公室

　　习近平总书记 2022 年在致首届全民阅读大会的贺信中指出："阅读是人类获取知识、启智增慧、培养道德的重要途径，可以让人得到思想启发，树立崇高理想，涵养浩然之气。"党的二十大报告中提出"深化全民阅读活动"。第二十三届深圳读书月是党的二十大召开之后深圳举办的首个重大文化品牌活动，深圳市委、市政府高度重视，广东省委副书记、深圳市委书记孟凡利亲临启动仪式现场，深圳市委副书记、市长覃伟中对深入开展以深圳读书月为代表的全民阅读活动，打造城市文明典范提出明确要求，读书月组委会全体会议对活动主题定位、质量水准、数字阅读、安全保障等提出要求，强调读书月要进一步建立大格局、大视野，做一流活动，立行业标杆。

　　本届读书月呼应新时代律动的脉搏，新征程奋进的足音，以"读时代新篇 创文明典范"为主题，坚持"品质、品位、品格"原则，立足"文明的阶梯、文化的闹钟、城市的雅集、阅读的节日"定位，突出"全域、全景、全民、全媒"的办节特色，组织开展 16 项主推活动、34 项延伸活动、260 项主题活动，共计 2300 余场活动，吸引超千万人次参与。《人民日报》报道称"深圳读书月的开展，不仅推动全民阅读走深走实，也将阅读的种子撒向城市的每一个角落"。

一、精心策划，把牢活动品质标准

为发挥深圳读书月这一文化品牌在全国的影响力，展示深圳作为"先行示范区"的文化魅力与活力，深圳市委宣传部统筹部署、精心安排，总承办单位深圳出版集团、读书月组委会办公室积极协调、认真筹备、创新策划，读书月组委会各成员单位协同联动、全情投入，为市民读者奉上阅读的盛会。

（一）**多轮策划谋求创新点**。深圳市委宣传部自 2022 年 3 月启动本届读书月筹备工作。读书月组委会秘书处及办公室全程统筹、精心安排，紧盯活动创新与品质，确保全市一盘棋，落实读书月各项具体任务。组织召开专家、媒体、社会各界、市民读者等多个层面的专题策划会，为优化品牌、擦亮品牌提供意见建议。同步开展市民问卷调查、专家深度访谈等调研，广泛吸纳新理念、探索新思路。读书月全体委员会议进一步明确了要把本届读书月作为第一时间学习贯彻党的二十大精神的重要平台，高水平谋划，高标准实施。

（二）**新闻发布预热关注点**。保持深圳读书月持续的吸引力、关注度，精心谋划新闻发布会，通过发布会传递本届活动的年度主题、原则定位、特色亮点，预热年度巨献、参与名家、主打活动、分会场情况等重点，在读书月正式启动前形成了讨论有热度、关注有广度、话题有高度的良好氛围。活动期间，多次召开新闻调度会、通气会，确保读书月各阶段的重点工作通过媒体及时、准确传播出去，形成有节奏、有分量的宣传声势。

二、锚准定位，发挥品牌引领效应

深圳读书月作为全国创办最早、规模最大、影响最广的全民阅读活动，不仅是深圳的一张闪亮的文化名片，也是全国全民阅读活动的成功范例。本届读书月紧密围绕"读时代新篇 创文明典范"年度主题，以更精准的定位、更精彩的活动、更有力的声音，持续引领阅读风气，传播文明理念，发挥行业标杆作用。

（一）聚焦党的二十大主线。紧扣党的二十大主题主线是本届读书月最为显著的特色，策划实施了年度巨献"学习宣传贯彻党的二十大精神"系列活动。"铿锵的足音"读书月经典诗文朗诵会以学习贯彻党的二十大精神为红线，尊崇经典、致敬梦想、立足深圳、讴歌时代，以沉浸式、戏剧化的艺术呈现方式为观众送上精神的滋养，展示深圳踔厉奋进新征程的铿锵足音。"奋进新征程 建功新时代"党的二十大主题书展在深圳各大书城、书吧全年亮相，精选习近平新时代中国特色社会主义思想系列读物、党的二十大相关读物、科学人文艺术类图书进行展示，在书香中凝聚民心、汇聚民力。发挥主题书展的阵地优势，组织深圳市学习贯彻党的二十大精神市委宣讲团和百姓宣讲团宣讲二十大精神，推动党的二十大精神家喻户晓、深入人心。"发展大局观"名家领读活动邀请各领域专家学者从世界局势、全球经济、大湾区等话题阐释党的二十大精神。

（二）聚焦文明典范建设。建设"城市文明典范"是深圳建设中国特色社会主义先行示范区的重要内容。本届读书月牢牢把握通过阅读提升市民文明素质和城市文明水平的使命担当，助力"城市文明典范"打造。**一是塑造城市精神**。本届读书月重点结合"涵养城市的科学精神、人文精神、艺术精神"进行精准策划，将科学精神、人文精神、艺术精神融会贯通在品牌活动中。在读书月启动仪式上，徐扬生院士妙解科学、人文、艺术精神，解读三者融合的重要性。"大家的声音"2022深圳读书论坛设置科学、人文、艺术三大系列讲座，邀请李凤亮、吴国盛、梁永安、叶小钢等知名专家学者，围绕"数字时代的精神建构""什么是科学精神""阅读与音乐创作"等话题，探讨在推进中国式现代化与建设城市文明典范过程中如何科学求真、人文求善、艺术求美。**二是传递核心价值观。**读书月深耕以文化人、以文育人，每一项活动都立足大局、紧贴地气，通过不同视角、不同形式潜移默化传递社会主义核心价值观。"自然生态优秀图书大赏"将习近平生态文明思想融入其中，为读者集中推介自然生态优秀读物，传播人与自然和谐共生、建设美丽中国美丽深圳理念；"文明阅读少年行"着眼未成年人思想道德建设，以寓教于乐的形式推动社会主义核心价值观入脑入心，见行见效，汇聚起创建城市文明典范的行动力量。**三是丰富文化生活。**第十七届"年度十大好书"、第九届"年度十大童书"评选重磅推出，秉持公平、公正、公开原则，兼顾学术眼光和大众立场，为广大读者诚意奉上"图书风向标"。专家评委高度评价"十大好书评选起到的作用，是汇聚我们的心灵，汇聚我们的精神"。读书月的重磅活动——第四届深圳书展采用"室内＋户外"的模式，首次与簕杜鹃花展深度联动，勾勒出人文与自然交织、书香与花香交融的独有景致。约600家国内优质出版机构参展，展销精品图书22万种，吸引超110万人次参与，共计实现销售码洋3434万元，同比增长24%，被媒体誉为颜值"有高度"、品位"有深度"、人气"有热度"、体验"有温度"、规划"有广度"、惠民"有力度"的"六度书展"。全市各区分会场、组委会各成员单位、民间阅读机构、行业组织等也开展了异彩纷呈的阅读活动，让市民读者尽享"以读书为乐，乐在其中"。

（三）聚焦城市形象宣推。围绕"文明的阶梯、文化的闹钟、城市的雅集、阅读的节日"定位，全力打造城市形象宣推平台。"文明的阶梯"突出书籍和阅读对提升市民科学文化素质、涵养城市精神的作用，助力深圳创建全国文明典范城市，本届读书月策划举办的荐书、对谈、走读、分享等活动都以贡献文明力量为责任担当。"文化的闹钟"旨在倡导全民阅读，二十三年"高贵的坚持"塑造了深圳这座"爱阅之城"。这一提法在全国全民阅读领域引发共鸣，发挥了引领示范作用，2022 年 11 月同期举办的上海书展也被当地主要媒体称"全民阅读的闹钟又响起来了"。"在历史的天空下"高端对话、深圳读书论坛、年度十大好书评选等活动也让全国业界在 11 月准时将目光投向深圳。"城市的雅集"致力于搭建高品质的交流平台，在思想碰撞、人文互通中更加客观、立体呈现深圳的城市形象。香港联合出版集团董事长傅伟中在读书月全民阅读推广（深圳）峰会上的发言说，"从维港那片海眺望深圳这条河，深圳的文化生机勃勃"。举办"深圳本土作家创作沙龙"，集中展现深圳本土文学创作新力量新收获。"阅读的节日"打造全民期待、全民参与的阅读嘉年华。温馨阅读不眠夜、深圳书展、湾区家庭亲子共读、与周国平共读一本书等活动，市民读者参与热情高涨，增强了市民的幸福感、获得感。

三、突出特色，推动深港及湾区文化互动

2022 年是香港回归祖国 25 周年，紫荆文化集团首次加入深圳读书月组委会成员单位，与读书月组委会办公室精心实施"当奇迹之城遇上东方之珠：深圳·香港的文化对视"系列活动，包括 5 场对谈和 2 个展览，在

发挥深圳地理"交汇"、文化"交融"优势的同时，营造了两城文脉相通、同根同源、心意联通的良好氛围。

（一）**深港文化对视共话双城故事。**深港两地专家学者以书香为纽带串联起两座城市具有共鸣、融通意义的话题，活动通过"线下举办＋线上直播"的方式，讲述深港故事、湾区故事："从草木山水说起——深港自然地理对谈"关注城市自然地理，"流金岁月——深港电影音乐、流行文化对谈"共温往日情怀，"创业志——深港青年创业阅读对谈"分享创业热情，"深港两地艺术馆、博物馆发展对谈"关注在地文化，"深港两地文学新锐对谈"解读城市文学力量。五场对谈立足共建人文湾区愿景，在"对视"中进一步增进深港文化认同，助力香港融入国家发展大局、合写中国故事的家国情怀。

（二）**文献展传续同源文脉。**"从文献看香港——庆祝香港回归祖国25周年深圳图书馆馆藏香港文献展"于读书月期间在深圳图书馆举办，精选深圳图书馆馆藏香港文献100余种与市民见面，通过图文展览＋实体文献展示＋多媒体播放＋空间打卡等多元载体，追溯深港同宗同源的历史脉络，回顾双城民俗文化的共同记忆。

（三）**设计展融通交流互鉴。**由香港联合出版集团承办的"合颜悦设——联合装帧设计分享展"于读书月期间在深圳书城中心城亮相。展览精选香港三联书店、香港中华书局、香港商务印书馆等出版机构书籍装帧设计代表作品，在深具意境之美、自然之美的场景中，让读者了解了香港书籍设计的风采和图书装帧的魅力，从不一样的角度关注阅读、关注深港互动。

四、迭代创新，全媒体融合声量远播

本届读书月注重传播深圳持续创新发展、打造文明典范的成功实践，充分发挥读书月城市外宣窗口和桥梁的作用，以"全域、全景、全民、全媒"方式，让更多人在书香中全面品读深圳。

（一）全域联动。本届读书月突出系统性策划，健全市区联动机制，在全市"10+1"区设立分会场，在统一年度主题前提下，发挥各区各自文化资源优势开展各具特色的区域读书活动。福田区举办"倡阅、领阅、共阅、享阅、阅读+"五大板块活动，通过"云端雅集""广场换书大会"、特色阅读空间启用等活动，为读者送上新鲜愉悦的读书体验；南山区结合科技强区、创新高地的特点，重点举办"科幻文学周""国学小讲堂"等活动，传递真、善、美；宝安区弘扬优秀传统文化，精心打造"宝安诗词文化"系列活动，举办"阳光少年"诗文朗诵大赛；龙岗分会场将区域资源与读书月巧妙链接，举办了"低碳星球朗诵会""鹤湖讲坛·对话文学之光""二十四史文化大讲堂"等活动；盐田、坪山、大鹏分会场以自然生态为特色，举办"2022深圳海洋诗歌季""带一本书到坪山城市书房"、评选"大鹏自然童书奖"等活动，带动读者在山海间用心走读；龙华区创新举办"诗意四季"音诗画文化展演，将古诗词与音乐、舞蹈、武术融合，赋予传统文化时代美感；光明区聚焦书香光明建设，组织开展书香企业、书香校园、书香家庭评选表彰活动。

（二）全景体验。本届读书月进一步丰富阅读体验，呈现"视觉美""听觉新""互动强""沉浸式"的策划巧思，让现场读者充分体验阅读之乐，让因疫情无法到场的"云端"读者身临其境。如"年度十大好书"揭晓礼在白鹭坡书吧户外草地举行，面朝大海，琅琅书声，通过场景直播化让更多人体验到人文与自然交织的城市风景，被现场嘉宾和线上观众誉为"年度最佳会场"与"最美的图书颁奖礼"。数字阅读艺术展让读者体验了一场耳目一新的"听读"盛宴，体验了"线上服务不打烊，数字阅读成常态"的妙趣。

（三）**全民参与**。读书月组委会组织发动全市工青妇、大中小学校、公共图书馆、书城书店、民间阅读机构等积极举办主题活动近 200 场，建立起了点线结合、协调行动、突出特色、渠道多元的市民参与格局。深圳图书馆"读吧！深圳——影响我最深的书"短视频征集活动持续长达 6 个月，广大读者、组织机构积极参与，征集视频 200 多个，视频总浏览量超过 320 万人次；深圳市总工会举办了"深圳十大读书成才职工"评选，让励志向上的阅读事迹鼓舞更多的深圳人；共青团深圳市委举办的"青年好读书"学习党的二十大主题阅读沙龙，引导青年一代品读经典、不懈奋斗；此外，女性阅读沙龙、家庭文明创建亲子阅读活动、"我最喜爱的课外书"演讲比赛、深圳书展的文化惠民福利等琳琅满目的活动，都从不同角度出发，让生活在城市中的各个群体都能得到人文的滋养、阅读的享受，让阅读的美好无处不在。

（四）**全媒触达**。本届读书月联手中央、省、市媒体，实现全媒体矩阵化传播。一是主流媒体引导。本届读书月全网总报道量超 3 万篇，全网阅读量超 2 亿人次，共协调 200 余家新闻媒体及新媒体平台合力宣传。其中，学习强国总平台、《深圳特区报》等官方平台特别开设读书月专题，转载读书月重点报道 300 余篇；《人民日报》发布"让每一扇窗都透出阅读的光"专题报道，《光明日报》发布"阅读，让城市更文明"专题报道，《中国新闻出版广电报》刊发"阅读之光点亮奇迹之城"专题报道，《南方都市报》发布"读书月塑造深圳城市文化形象与人文个性"等综述稿。二是线上传播协同。深圳读书月、深圳发布、壹深圳、第一现场等线上平台对重点活动同步播出，在传播深圳读书月精彩内容的同时展示深圳城市形象。首次举办的"名家荐书马拉松"活动，以 24 小时全媒体直播方式，邀请罗振宇、樊登等 50 位名家学者在线推荐 100 本私享好书。摄制"深圳·爱阅之城"系列短视频，通过影视化语言展示深圳奋进新时代的文化形象，全网阅读量超过 1.62 亿人次。户外宣传烘托，运用楼宇户外 LED 屏、地铁、公交、地标建筑等为阅读亮灯，倡导全民阅读理念，传递城市文化风尚。

下一步，深圳读书月将继续坚持办节定位，突出"阅读·进步·圆梦"总主题，强化深圳读书月示范引领作用，始终走在全民阅读活动前列，为深圳创建全国文明典范城市提供更强大的价值引领力、文化凝聚力、精神推动力。**一是贯彻落实党的二十大精神**，完善运作机制，进一步突出读书月在涵养城市科学精神、人文精神、艺术精神中的作用；**二是强化品牌培育**，坚持品质、品位、品格，在办好"年度十大好书"评选、"深圳书展""经典诗文朗诵会"等传统品牌活动的基础上，进一步完善市区联动机制，实施"一区一品牌"计划，指导各区建设重点阅读品牌，讲好深圳故事，把读书月打造成为多层次、多维度的城市宣推平台；**三是加强阅读交流**，以阅读为纽带，突出深港澳文化交流，推动粤港澳大湾区文化交融；**四是加强阅读空间建设**，以满足市民不断提高的阅读需求为出发点，实施"图书馆之城"建设计划、"实体书店"宣推计划，拓展阅读空间，展示城市文化形象，助力城市综合营销；**五是突出阅读载体创新**，适应互联网阅读、文化数字化大环境下的阅读新趋势，不断丰富全民阅读新内容、新形式、新载体、新传播方式，为持续保持深圳全民阅读示范先行的优势赋能。

阅读新时代 奋进新征程

——2022 南国书香节暨第四届深圳书展总结

深圳书展组委会办公室

党的二十大报告提出"深化全民阅读活动",以此作为"提高全社会文明程度"的实现途径和工作要求。2022 南国书香节暨第四届深圳书展(简称"第四届深圳书展")以"阅读新时代 奋进新征程"为年度主题,于 11 月 11 日至 20 日在深圳书城中心城圆满举办,是学习宣传贯彻党的二十大精神的重要举措和重大文化活动。第四届深圳书展聚焦学习宣传贯彻党的二十大精神主线,对标深圳"全球全民阅读典范城市"先锋形象,采用"1+8"主分会场模式,组织约 600 家优质出版机构参展,集中展销精品图书 22 万种、159 万册,邀请 20 余位名家大咖齐聚深圳,组织开展新书首发、文创精品、品茗休闲、音乐表演等文化活动 130 余场,吸引超 110 万人次参与,共计实现销售码洋 3434 万元,同比增长 24%,第三次刷新了全国销量最高的城市书展纪录,被媒体誉为颜值"有高度"、品位"有深度"、人气"有热度"、体验"有温度"、规划"有广度"、惠民"有力度"的"六度书展"。

作为深圳全民阅读推广的主力军,深圳出版集团勇于担当、坚定履行文化国企的社会职责,于 2019 年创办首届深圳书展,至今已连续举办四届,是创新实施文化惠民工程、助力全民阅读纵深发展的重要举措,以高质量打造出全国最具有前沿性、代表性和影响力的城市书展之一，为深圳又擦亮了一张对标国际一流、引领先行示范的文化名片。为切实办好第四届深圳书展，深圳出版集团始终夯实承办单位主体责任，优化组织工作方式，全方位统筹、精细化管理、高质量推进各项工作，取得文化安全零事故、办展模式专业化、文化服务高质量、展销成果创新高的显著成效，实现了社会效益和经济效益双丰收。这是深圳出版集团认真贯彻落实市委、市政府的要求，加强社会资源整合联动、满足市民精神文化需求、推进全民阅读高质量发展、助力城市文明典范建设的一次有益尝试。

一、打造高水平城市书展，推动文化高质量发展

（一）主题聚焦，旗帜鲜明

第四届深圳书展是党的二十大胜利召开之后重要的国际化全国性城市书展。在中华民族伟大复兴步入新征程的历史性时刻，本届书展聚焦学习宣传贯彻党的二十大精神主线，正能量充沛，主旋律高昂，掀起全市学习宣传贯彻党的二十大精神热潮。主会场主题展区重磅打造"奋进新征程建功新时代"党的二十大主题书展，精选习近平新时代中国特色社会主义思想系列读物、党的二十大相关读物、粤港澳大湾区主题读物、科学人文艺术精品图书等，引领读者潜心阅读，在书香中踔厉奋发、勇毅前行。

为庆祝香港回归祖国 25 周年，本届深圳书展与香港紫荆文化集团旗下的联合出版集团深度联动，共同策划打造"庆祝香港回归祖国 25 周年主题书展"，集中展出香港文化相关题材的精品出版物，包括香港知名作家作品、经典港版好书等图书资源，增进了深圳市民对香港文化的深入了

解，以阅读融通两地，共建人文湾区。

（二）精品汇聚，全民共读

本届书展遴选优质资源，进一步扩大展销规模。组织邀请约 600 家优质出版机构参展，通过室内户外联动，集中展销精品图书 22 万种、数量 159 万册。在主会场外广场设立 8 个展区，除主题展区外，还包括出版社展区、专题展区、童书展区、国际展区、文创展区、文化活动区以及休闲洽谈区。

出版社展区组织邀请 119 家出版机构设摊联展，精选 3 万余种、33 万余册好书以飨读者，并特邀中国出版集团担任主宾展团、中南博集天卷担任主宾机构，携 6000 余种热销好书精彩亮相，与市民读者共赴一场好书的盛宴。专题展区重点设立"中华传统文化主题图书展""深圳书展精品好书 100 种""深圳读书月年度十大好书、年度十大童书""2022 全国重点新书首发预展"等专题书展，为读者推荐一份高品质的年度书单。童书展区邀请海豚传媒、中信童书等 47 家知名童书品牌参展，集中展销童书 1.1 万种、数量 14 万册，为儿童读者提供丰富的精神食粮，并设置打卡互动区吸引亲子读者驻足体验。文创展区设置 65 个展位，涵盖创意设计、精品文具、益智玩具、教育学习等类别，满足读者高品位的文化生活需求。国际展区推出国际精品图书展，组织香港紫荆文化集团旗下的联合出版集团、企鹅兰登出版、阿歇特出版、学乐出版等境外出版机构参展，提供高质量的外版精品图书资源，让深圳书展更显"国际范儿"。

（三）名家云集，精彩纷呈

本届书展与全国新书首发中心深度联动，邀请了葛剑雄、马伯庸、梁永安、阎真、吴岩、塞雷等 20 余位知名作家携最新力作亮相书展现场，策划"阅读·新风尚""文化·新动向""艺文·新活力"三大主题系列活动，为市民读者带来 130 余场精彩纷呈的"文化大餐"。名家分享会、新书首发签售、青春作家沙龙等阅读活动，引领城市阅读新风尚；第二届深圳校长读书论坛等活动邀请深圳知名中小学及高等院校校长，聚焦阅读文化新动向；露天电影放映、落日音乐会、文学咖啡吧等文艺活动为年轻市民提供温暖的文化体验，激发鹏城阅读新活力。其中，葛剑雄携新书《葛剑雄说城》走进香港中文大学深圳分校分享创作心得与阅读体会，马伯庸作客深圳书城中心城开展《长安的荔枝》新书首发活动，场场爆棚满座，掌声络绎不绝，大大增强了"书迷"与名家近距离交流的体验感，让书展更具人气与魅力。

（四）全域联动，特色鲜明

本届书展依托深圳书城罗湖城、南山城、宝安城、龙岗城、龙华城以及光明区大仟里购物中心、简阅书吧·桃源之光书馆、简阅书吧·中山公园店设立 8 个分会场，各分会场配套开展名家分享、文创精品、音乐表演、电影放映等各具特色的区域文化活动，实现全域联动，打造市民"家门口"的图书盛会，让书香飘进城市的每个角落。

罗湖区分会场以亲子阅读为主打，开展"小桔灯童书会""换书会"等经典品牌活动，大受亲子读者欢迎。南山区分会场以绘本阅读为特色，打造第五届深圳绘本节系列活动，绘本分享、亲子绘画、互动荐书等形式丰富多彩。宝安区分会场以青少年阅读推广为目的，推出少年军事文学书展、经典名著讲座活动等青少年阅读活动。龙岗区分会场以诗意阅读为概念，推出"诗词之美与现代文明"诗画作品展、"阅会星期六"读书月音乐会演等。龙华区分会场以名家对话为亮点，邀请知名文化学者参与"国学双语大讲堂""对话大家"等品牌活动。光明区分会场以绿色阅读为主题，推出"绿书签作品展""走读光明""亲子帐篷阅读区"等倡导绿色文明的阅读活动。简阅书吧·中山公园店和简阅书吧·桃源之光书馆作为新分会场，结合区域特色推出"美丽中国说"图书展、"西丽湖大讲堂"讲座、"非遗之美"讲座等活动，展现历史之美、文化之美。

（五）露天盛会，全景体验

本届书展首次与簕杜鹃花展深度联动，进一步拓展书展户外办展的绿色空间，突出深圳"在蓝天下、草地上办露天书展"的文化特色，在城市中心、莲花山下举办书香浸染、花香弥漫的露天盛会，为市民打造全景体验。书展主会场外广场布置了靓丽的簕杜鹃花造型和花墙，鲜花与好书相伴，吸引市民读者驻足拍照打卡。莲花山公园风筝广场设置了"阅见繁花"阅读市集，将书展提升到了颜值新高度，进一步倡导积极健康的新时代阅读生活方式。每逢周末，市民读者在蓝天下、草地上享受一段惬意的"书式"生活，勾勒出一道人文与自然交织、书香与花香氤氲的亮丽阅读风景线。

（六）科技赋能，服务升级

为满足市民读者对线上阅读的新期待、新需求，本届书展依托微信小程序搭建"云书展"线上体验空间，开启智慧阅读生活方式。云平台提供书展导航、线上购书、活动直播、书单推荐等功能服务，让读者可以足不出户逛书展、听讲座、看直播，全方位提升市民的逛展体验和文化便利，助力打造与深圳"科技之城"定位相匹配的数字化阅读品牌 IP。此外，本届书展联动线上线下开启"云直播"模式，首次在主会场现场搭建直播间，联动中南博集天卷、磨铁图书、深圳出版社等出版机构轮流作客"全国新书首发中心"直播平台开展 5 天专场直播，与全国各地读者云交流、云互动，助力深圳书展"破圈""吸粉"。

二、创新文化惠民，探索文化消费服务新模式

本届书展以文化惠民为出发点，汇聚百场活动、万种图书，为市民读者提供了一揽子文化福利，满足城市年轻群体的时尚文化消费新需求。联动 212 家出版社推出全年最优惠的文化福利，打造"全场图书低至 5 折"优惠机制，设立"特惠专区"，1000 余种精品图书 5 折特惠联展，创意策划书展"薅羊毛"七大攻略玩法，并结合"汇文化惠深活"文化惠民活动消费红包、银行优惠活动、深圳书城会员日等多重礼遇，让读者享受最低 0 元购书的惠民福利，在全市掀起了一波火热的全民购书狂潮。

本届书展首个周末人气畅旺，开展两天共接待读者近 20 万人次，整体销售码洋超 450 万元，较 2021 年同比增长 16%，呈现出"超人气、高销量、夜经济"的特点，也进一步体现了深圳正从疫情的影响下迅速恢复元气的崭新面貌，图书消费市场活力大大提振。在第四届深圳书展开幕式上，深圳市委常委、宣传部部长张玲，深圳市人民政府副市长张华向广东河源、广西那坡、广西靖西等深圳对口帮扶地区赠送了爱心图书，以书为媒传递爱与"圳能量"。

三、扩大传播声量，讲好深圳阅读故事

深圳书展是深圳重要的城市阅读文化品牌之一，是城市"兴文化、展形象"的重要"窗口"。本届书展凸显"全媒"活动特色，将科技创新、年轻活力等深圳特色融入总体策划，通过全媒体、矩阵化传播方式让城市书香辐射境内境外。从科技赋能看，本届书展致力打造数字化城市文化品牌 IP，创新搭建"云书展""云直播"便民体验平台，拓宽地域界限，扩大服务范围，呈现了一张全民在线、永不落幕的书香深圳"全景图"，让书展体验更具温度、更显人性化。从视觉设计看，本届书展一改以往传统风格，与韩家英设计公司深度联动，打造契合年轻一代审美趣味的视觉呈现，采用深圳蓝与代表创新活力的绿色相结合，用简约的字母设计方式将"SZ"组合形成爱心创意图形，寓意"LOVE BOOK""爱读书"，清新时尚的设计风格充满蓬勃生机，展现着深圳全民阅读新风尚。从文化传播与城市外宣看，本届书展是有史以来形式最新、热度最高、亮点最多、覆盖最广的一届书展，全网报道总量近 5000 篇次，微博阅读量超 500 万，共协调 200 余家中央、省级、市级新闻媒体及新媒体宣传报道，并受到《香港商报》《香港文汇报》等境外媒体争相报道，通过采编、推文、短视频、直播、条漫、动态长图等形式进行全媒体、矩阵化传播，并协调全市约 16 处楼宇户外 LED 屏及室内 LED 屏、4 条地铁线拉手、37 个公交站台、1 万个公交车内屏投放本届书展宣传广告，实现全域覆盖，进一步讲好"书香深圳"故事，让城市"窗口"绽放光彩。

下一步，深圳书展将继续坚持"展销结合、双效统一、名家引领、文化惠民"办展模式，凸显"全域、全景、全民、全媒"活动特色，进一步打造全国一流乃至国际一流的城市阅读品牌标杆。一是发挥宣传阵地作

用，把握深入学习贯彻党的二十大精神主线，聚焦深圳高质量发展，打造主题鲜明的城市书展，展现新担当、新作为，引领全民阅读新风尚；二是探索"图书＋"多元形式，加强与"设计之都""钢琴之城""科技之城"等城市名片联动，融合阅读与设计、音乐、科技等多元业态，增强静态书展的丰富性与体验性；三是加强市区联动，加快构建"一区一会场"模式，实现从"1+8"向"1+10"主分会场模式升级，在全市掀起更热烈的全民阅读热潮；四是加强粤港澳联动，以讲好湾区故事为己任，整合粤港澳精品图书资源，携手打造一批国际性、区域性的文化交流活动，推动粤港澳文化高质量发展；五是打造国际化书展，积极拓展国际高质量的精品图书资源，加快"云书展"数字化平台建设，引导全体市民多读书、读好书、善读书，为深圳建设社会主义现代化强国的城市范例、打造城市文明典范注入源头活水，为讲好深圳故事、传播好中国声音、推进文化自信自强注入强大的精神动力。

全国新书首发中心 2022 年度新书市场报告

全国新书首发中心 北京开卷信息技术有限公司

全国新书首发中心成立于 2021 年 4 月，是全国首个官方打造的系统性新书推选发布平台，由深圳市委宣传部指导、深圳出版集团主办，旨在吸引更多出版选题在深圳创新首发，通过持续不断的新书首发大事件，推动全民阅读全年化、常态化纵深发展，构建华南地区阅读文化资源高地和出版发行高质量发展高地。成立迄今，已经与全国 30 余家头部出版机构展开合作，多次带动首发新书全网热销，宣传阅览量累计突破 1.5 亿人次，成为全国业界与大众读者关注重视的文化标杆。在此基础上，全国新书首发中心联合北京开卷信息技术有限公司，共同研制 2022 年度新书市场报告，进一步引领行业以大数据视角透视新书生态。

一、全国新书市场分析

（一）新书市场以及一级类更新率分析

2022 年，全国零售新书市场码洋占图书零售市场码洋的 13.63%，与 2021 年相比降低了 3%，与 2020 年相比增加了 0.16%。根据 2014 年至 2022 年的数据，全国新书码洋贡献率有降低的趋势，由 2014 年的 20.66%

下降到 2022 年的 13.63%。

从渠道来看，2022 年实体店渠道有 152086 种新书，为实体店渠道整体市场贡献 26.08% 的码洋；网店渠道有 129524 种新书，为网店渠道整体市场贡献 10.92% 的码洋。从图书的码洋品种贡献效率来看，2022 年新书在实体店渠道和网店渠道的贡献效率均超过 1，说明新书在两种渠道的单品种获益能力都超过了整体图书。

从细分类来看，2022 年全国上市新书中占比最高的一类是社科。主要是因为主题出版图书在全国新书市场中销售火爆，以 8.03% 的品种贡献了 21.27% 的码洋。

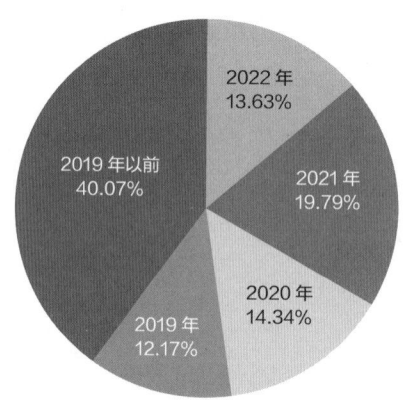

图 2-36 2022 年全国图书零售市场不同上市时间图书码洋比重分布

表 2-24 2022 年全国图书零售市场实体书店和网上书店动销图书上市时间分布

上市时间	实体书店			网上书店		
	码洋比重/%	册数比重/%	品种比重/%	码洋比重/%	册数比重/%	品种比重/%
2022 年	26.08	22.05	10.27	10.92	7.92	6.37
2021 年	25.1	22.59	11.59	18.63	15.01	7.83
2020 年	11.3	11.88	10.04	15.00	13.47	7.12

续表

上市时间	实体书店			网上书店		
	码洋比重/%	册数比重/%	品种比重/%	码洋比重/%	册数比重/%	品种比重/%
2019 年	9.05	10.24	10.44	12.85	12.79	7.9
2019 年以前	28.47	33.24	57.66	42.58	50.81	70.78

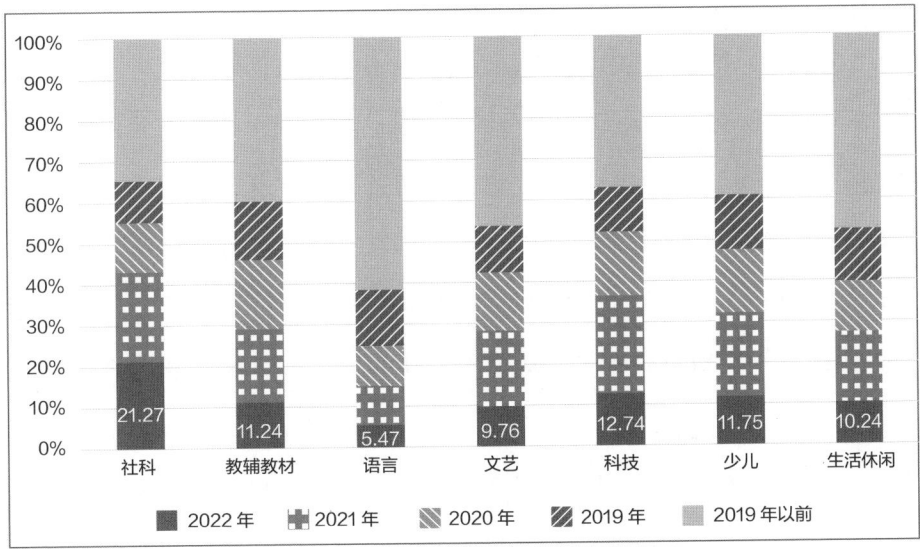

图 2-37 2022 年全国图书零售市场各细分类不同上市时间图书码洋比重分布

表 2-25 2022 年全国图书零售市场各细分类本年图书贡献率比较

一级细分市场	新书码洋贡献率/%	新书码洋贡献率同比变化/百分点	新书品种贡献率/%	新书品种贡献率同比变化/百分点
社科	21.27	−6.69	8.03	−1.73
教辅教材	11.24	−1.21	8.41	−1.93
语言	5.47	−1.51	6.66	−1.59
文艺	9.76	−3.28	5.93	−1.18
科技	12.74	−6.47	8.24	−1.25
少儿	11.75	−0.04	5.94	−1.12

续表

一级细分市场	新书码洋贡献率 /%	新书码洋贡献率同比变化 / 百分点	新书品种贡献率 /%	新书品种贡献率同比变化 / 百分点
生活休闲	10.24	−2.51	4.47	−0.91
综合图书	8.22	+3.21	36.11	+12.88
整体市场	13.63	−3.00	7.32	−1.45

（二）新书出版效率上升至新阶段

2022 年，全国图书零售市场动销品种共有 233 万种，其中上市新书共 17 万余种，占市场总动销品种的 7.32%。全国图书零售市场的监测实洋超过 504 亿元，其中新书的监测实洋超过 73.3 亿元，为图书零售市场贡献了 14.52% 的销售码洋。与 2021 年相比，上市新书品种数减少 25435 种，相应的码洋贡献率、品种贡献率均有所下降。

根据近十年数据，新书出版效率从 1.69 上升至 1.86，说明新书的单品种获益能力上升。2022 年销量超过百万册的大众新书有《嘉森学长带你学系列·49 天成为小学霸》《小学生超喜爱的漫画科学（全 4 册）》。

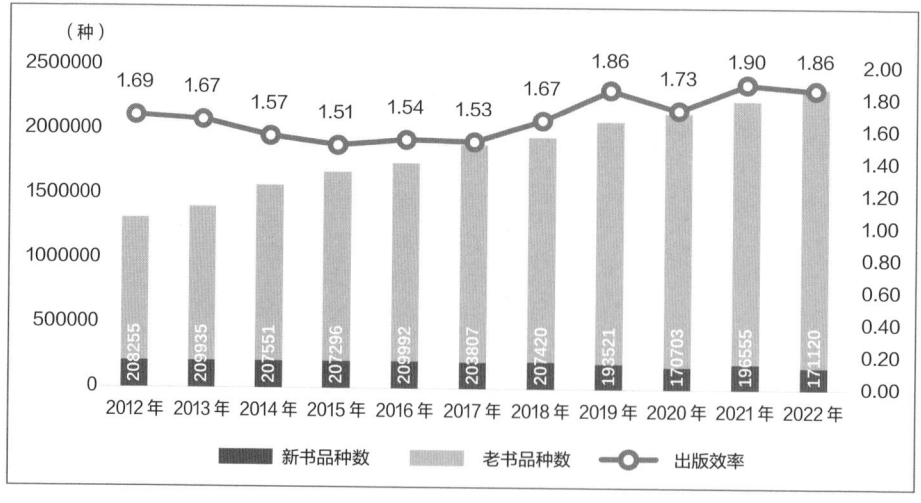

图 2-38 近十年全国图书零售市场新老品种数分布及出版效率走势

（三）新书中少儿、教辅、文学类图书销售额最高

2022 年，在全国图书零售市场的上市新书中，教辅品种最多，占 18.83%；而在大众类别中，少儿、学术文化、经济与管理、工程技术等新书品种较多，新书品种数均在 15000 种以上，品种比重分别为 11.41%、9.66%、9.20% 和 8.81%。从各类别的实洋占比来看，少儿类图书依旧是销售热点，近年来家长更加重视儿童成长过程中的知识普及，新书中出现更多与之相关的畅销热点。此外，虽然 "双减" 政策已开始实行，但教辅类图书目前仍属于偏刚需的图书类别。专业类图书的新书销量普遍较低，例如新书品种占比 8.81% 的工程技术类，实洋比重仅占 1.97%。

表 2-26 2022 年新书各细分类实洋占比

一级细分市场	实洋占比 /%
少儿	25.25
教辅	18.37
文学	11.20
学术文化	8.63
马列思想及政策性读物	6.63
经济与管理	4.60
语言	3.75
艺术	2.80
心理自助	2.76
教育	2.50
生活	2.17
工程技术	1.97
医学	1.88
自然科学	1.68
计算机	1.59
传记	1.40
法律	1.18
中小学幼儿园教材	1.15
其他	0.49

表 2-27　2022 年新书各细分类品种占比

一级细分市场	品种占比 /%
教辅	18.83
少儿	11.41
学术文化	9.66
经济与管理	9.20
工程技术	8.81
文学	7.04
教育	4.96
艺术	4.87
医学	4.18
语言	3.62
计算机	3.38
自然科学	2.95
法律	2.84
生活	2.34
马列思想及政策性读物	2.12
传记	1.38
中小学幼儿园教材	1.25
大农业	1.16

二、全国新书热点解析

（一）关注心理健康的图书销售更加火爆

2022 年，受疫情反复等影响，日常生活中不确定性增加，因此人们更容易出现焦虑、不安、自卑等各种心理问题。大众对于自身和家庭的心理健康问题关注度提升，进而带动相关图书销售。常见主题有包容情绪、关注自我、停止内耗，如《5% 的改变》《自我的诞生》《真希望你也喜欢自己》等。其中，李松蔚《5% 的改变》由全国新书首发中心于 2022 年 7 月首发，在当月心理学畅销新书中排名第 1，并在年度心理学畅销新书中排名第 2，进入开卷年度非虚构类新书榜前 50 名。

（二）大众对传统文化的关注带动相关图书热销

随着中国文化软实力不断增强，大众对传统文化的关注度日益提升，诗词解读类、历史类等与传统文化相关的图书成为市场销售热点。特别是名人名家对诗词古籍的讲解领读，往往能引起热烈反响。如马未都、戴建业等业内知名专家的相关作品都成为畅销新书。其中，2022 年表现较好的新书包括进入开卷年度少儿新书榜前 10 名的《世界记忆冠军教你背古诗（拓展篇）》，进入开卷年度非虚构类新书榜前 30 名的《马未都讲透唐诗》《度阴山讲〈了凡四训〉》等。此外，历史类图书对大众也具有一定吸引力，如全国新书首发中心的首发图书《溯源中国》，主要讲述中原文明的崛起，揭开上古中国的神秘面纱，迎合了当代读者探索历史的好奇心。

（三）短视频渠道成为引爆新书的常用渠道

近几年，短视频渠道已成为引爆新书的常用渠道。2022 年，影响力最大的短视频渠道当属"东方甄选"直播间。被其带货的图书往往能在当月迎来销售最高峰，且大多能进入开卷榜单。除主播直接带货以外，很多短视频渠道还会邀请作者携新书做客直播间。如很多作者积极参加俞敏洪的《老俞闲话》短视频栏目，谈人生、聊创作，为新作吸引更大流量。以马伯庸新书《长安的荔枝》为例，11 月登上直播间便进入当月开卷虚构类榜前 10 名，并最终进入开卷年度新书榜前 10 名。此外，蔡崇达的

《命运》、易中天的《曹操（全三册）》等均在短视频渠道的加持下火爆热销。

表 2-28　《长安的荔枝》上市后的月销量渠道分布

销售时间	平台电商/册	短视频电商/册	垂直及其他电商/册	实体店/册
2022 年 10 月	402	581	2141	701
2022 年 11 月	4923	46330	8360	5033
2022 年 12 月	4644	7314	7040	4962

（四）本土原创少儿新书占比不断增加，得到广泛认可

数据显示，在少儿新书市场中，本土原创少儿新书的占比不断增加，由 2016 年的 62.92% 上升到 2022 年的 69.82%，获益能力也在持续提升。2022 年，本土原创少儿新书的单品种获益能力为 1.10，超过少儿市场单品种获益能力 1.00 的平均水平。2022 年，开卷少儿新书榜前 10 名中仅有 2 位外国作者的作品，说明本土原创少儿图书得到了大众的广泛认可。同时，本土原创少儿图书逐渐走上精品化路线，已培育出部分知名 IP 和系列，后续分册始终保持畅销。如 2022 年上市的新书《大中华寻宝系列（29）·内蒙古寻宝记》排名开卷年度零售少儿榜第 27 名，且该系列还有 5 部作品进入榜单前 100 名。此外，本土原创少儿新书在内容上也有新的突破，如全国新书首发中心于 2022 年 8 月首发的少儿新书《海豚之歌》，是知名儿童文学作家沈石溪首次聚焦海洋动物的长篇小说。

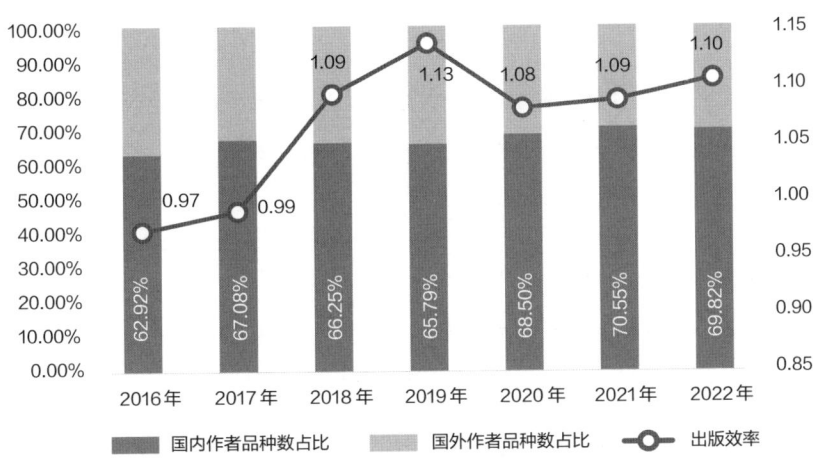

图 2-39　本土原创少儿新书占比及出版效率

（五）更通俗的呈现方式，知识漫画更受市场欢迎

以漫画形式去展现知识内容，是近年畅销图书的一大特点。从 2022 年的市场趋势来看，知识漫画正从原来的成人市场向儿童市场拓展，并且选题不再局限于历史，而是涵盖科学、经济、文化、艺术等方方面面，涌现出《小学生超喜爱的漫画科学（全 4 册）》《这才是孩子爱看的漫画数学（全 6 册）》《名画里看世界（精装版）》等畅销新书。其中，《小学生超喜爱的漫画科学（全 4 册）》排名开卷年度少儿榜第 1 名且销量超过百万册。

三、近十年大众阅读趋势解析

（一）少儿市场：套系书和经典少儿图书始终是关注热点；近两年少儿科普百科类图书崛起并呈现多样化形式

从少儿市场来看，套系书和经典少儿图书始终是关注热点与促销热点。例如套系书"不一样的卡梅拉"系列和经典少儿图书《窗边的小豆豆》每年在榜单中都位居前列；本土原创少儿畅销套系书"米小圈"系列、"大中华寻宝记"系列等持续推出的新作热度不减，2022 年"大中华寻宝记"系列新作《内蒙古寻宝记》进入开卷年度少儿新书榜前 5 名。此外，少儿科普百科市场近年来呈明显增长趋势，并在 2021 年超越少儿文学，成为少儿市场实洋占比最大的细分市场。少儿科普百科市场规模的扩大，主要源于新一代家长非常关注孩子的知识储备，购买少儿科普百科图书的意愿较强。而少儿科普百科图书的内容也在不断扩展，覆盖面越来越广，除天文、地理、生物等自然科学外，还涌现出历史、经济、心理等社会科学及幼儿自我保护等方面的图书。从开卷少儿榜来看，前 5 名中有 4本是少儿科普百科图书，包括科学相关的《小学生超喜爱的漫画科学（全4 册）》、心理学相关的《漫画小学生心理（全 4 册）》、学科相关的《这才是孩子爱看的漫画数学（全 6 册）》以及经济学相关的《小狗钱钱》。

（二）文学市场：历经"治愈系小短文""东野圭吾小说热""网文纸书热"后，近两年对经典作品和现实主义文学比较关注

文学市场在经历了 2012 年至 2017 年"治愈系小短文"的流行，与2017 达到高峰的"东野圭吾小说热"之后，近年来以网文纸书为主要畅

销书。2021 年，开卷虚构类新书榜前 100 名中有 67 种是网文纸书。与此同时，2022 年 3 月现实主义文学《人世间（全三册）》受改编电视剧带动，排名总榜第 2 名，成功引发大众对现实主义题材的关注，带动《白鹿原》等经典现实主义题材小说销量上升。无论是散杂文类还是小说类，经典作品都长销不衰，占据重要位置。比如散杂文类的《时间从来不语，却回答了所有问题》《我与地坛（纪念版）》等图书均进入 2022 年度非虚构类榜前 100 名，小说类的《遥远的救世主》《活着（2021 版）》等图书均进入 2022 年度虚构类榜前 10 名。

（三）其他大众市场：2014 年至 2016 年孕产育儿类图书销售较好，2019 年开始知识漫画类图书不断崛起

从其他大众市场来看，孕产育儿类图书自 2014 年起销量大增，当年开卷网店非虚构类榜单中有 19 种孕产育儿类图书上榜，主要是受到 2014 年"单独二孩"和 2016 年"全面二孩"政策的带动，但之后销量逐渐回落。此后，自 2019 年"半小时漫画"套系书火爆开始，逐渐出现"如果历史是一群喵"系列等知识漫画类图书。知识漫画类图书不断崛起，以新形式解读方方面面的内容，除此前已有的历史、经济、心理、科学等内容，2022 年榜单上还出现了名人参与的古籍解说类漫画，如《樊登漫画〈论语〉》《马未都讲透唐诗》等。

四、全国新书首发中心宣发效果

2022 年全国新书首发中心策划举办 12 场重磅新书首发活动与 20 余

场名家新书分享活动，在市场上产生较强影响力，多次带动首发新书全网热销、进入榜单。如李松蔚《5% 的改变》，首发当月排名心理学类新书销量第 1，并成为年度心理学类新书销量第 2；马伯庸《长安的荔枝》，首发当月排名小说类新书销量第 2，并成为年度小说类新书销量第 13（仅上市 2 个月）；梁永安《梁永安：阅读、游历和爱情》，首发当月排名散杂文类新书销量第 3，并成为年度散杂文类新书销量第 4；仁科《通俗小说》，首发当月排名中国一般当代小说类新书销量第 4，并成为年度中国一般当代小说类新书销量第 20（仅上市 1 个月）；杨本芬《我本芬芳》，首发当月排名中国一般当代小说类新书销量第 4，并成为年度中国一般当代小说类新书销量第 6；葛亮《燕食记》，首发次月排名中国一般当代小说类新书销量第 5，并成为年度中国一般当代小说类新书销量第 9。

年度观察：阅读融通与湾区共建

深圳全民阅读
发展报告
2023

共建人文湾区，以出版发行推动文化繁荣发展

深圳出版集团

2022 年是党的二十大胜利召开之年，是香港回归祖国 25 周年，也是《粤港澳大湾区发展规划纲要》发布三周年。习近平总书记在党的二十大报告中对"推进文化自信自强，铸就社会主义文化新辉煌"做了全面系统阐述，为新时代新征程社会主义文化强国建设指明了前进方向、提供了根本遵循。作为先行示范区，深圳在文化强国建设中肩负着为繁荣发展党和国家文化事业开路探路的崇高使命。

2019 年，中共中央、国务院印发《粤港澳大湾区发展规划纲要》，提出要"塑造湾区人文精神""坚定文化自信""共同推进中华优秀传统文化传承发展"。深圳处于我国改革开放最前沿，且毗邻香港，在高质量建设粤港澳大湾区的时代背景下，加大面向世界传播中华文明的力度，展现可信、可爱、可敬的中国形象，我们可以更加担当有为。在"双区"驱动、"双区"叠加、"双改"示范的黄金发展期，深圳出版集团自觉肩负起共建人文湾区的时代使命及传承发展中华优秀传统文化的重要职责，为将湾区打造为全球文明交流互鉴的主阵地、主平台做了多项积极探索与有益实践，以下将从出版发行及公共文化服务两方面展开来谈：

一、夯实图书主业地位，以高质量内容出版坚定文化自信

（一）回应时代命题，做亮做强新时代主题出版

深圳出版集团致力打造粤港澳大湾区出版高地，旗下深圳出版社始终立足深圳，面向全国，聚焦、增强和发挥深圳在粤港澳大湾区中的核心引擎功能与作用，紧贴主题主线，精心策划出版了《为什么是深圳》《春天的前海》《荆棘中绽放——深圳 40 个历史时刻》《深圳自然博物百科》等一批增强人民精神力量、具有"深圳记忆"和"湾区符号"的原创主题出版精品，策划出版了《中国汉字美学史》《中国传统村落文化抢救与研究·文化区系列》等一批弘扬传统文化的国家出版基金项目，策划出版了《理想照耀中国》《潮卷南海——深圳风雨一百年》《大地上的英雄》《一百年那些热血沸腾的青春》《大风起平江》《讲给孩子的百年梦想》系列等一批献礼建党百年的红色读物，这些图书的出版对于提升湾区文化的凝聚力、影响力、创造力，增强湾区人民的文化自觉、文化自信与文化认同起到潜移默化的推进作用。

此外，还将陆续推出《一座城的高贵坚持》《遇见深圳》《深圳春秋》、深圳城市读本系列丛书等一批反映深圳时代新气象、讴歌深圳新创造的重点出版物。同时，精心实施品牌提升工程，通过打造双效俱佳的作品，高质量建设与深圳先行示范相匹配的城市出版社。

（二）把握时代趋势，推出数字化出版佳作

中国出版协会理事长邬书林指出："数字技术已使世界出版业发生巨大变化，中国出版业推进数字出版面临着良好的机遇，加强专业出版有助于促进我国真正成为出版强国。"传统出版的数字化转型升级，既是当务

之急、应时之举，又是引领之策、发展之要。

深圳出版社牢牢把握数字化、网络化、智能化方向，坚持把内容质量和社会效益放在首位，以新技术展现出版物的专业特色，积极打造出多项数字出版精品佳作，推动中华优秀传统文化得到创造性转化、创新性发展。电子出版物《中华民间艺术非遗大赏》入选"十四五"时期国家重点出版物出版专项规划，为广东省唯一入选的电子出版物，发挥了积极的引领示范作用。深挖优秀传统文化资源，策划出版《中华非遗文化抢救影像留存》（8种）音像出版物，争取冲击国家级奖项。紧锣密鼓打造"深圳百科"数据库，整合地方特色，融汇新技术，现已初步完成部分深圳版图书内容的数字化，未来将持续收集、整理其他深圳主题图书的数字化资源，进一步推进"深圳百科"数据库的全媒体平台联动互通。未来深圳出版社将以履行社会责任为准则，出版融合转型升级为方向，探索创新出版发展路径，开辟出版竞争新赛道、新优势。

（三）紧抓时代机遇，深化深港及国际出版合作

深圳出版集团立足湾区独特优势，进一步加快与湾区各地的文化交流合作步伐，搭建起文化交流的桥梁。2021年11月，中联办牵头的"大湾区出版合作计划"获中宣部批准在广东开展试点工作，深圳出版社为试点单位之一。该项目为内地出版机构按市场化方式与香港出版机构合作，主要目的是支持香港出版物进入内地市场，支持香港出版业发展，促进深港两地文化交流。深圳出版集团已与香港出版总会及香港相关出版机构达成协议，《第9号当铺》《寻觅张爱玲》《我的儿子马友友》三本书已出版上市，获得市场好评。

同时，深圳出版社立足湾区，面向世界，着力加快构建中国话语和

中国叙事体系，与北美科发出版集团达成战略合作，签署了《为什么是深圳》《青春读书课》《大海的肚脐》等多种图书版权输出协议，其中针对华裔青少年的《青春读书课》（8 种）已于 2021 年底在加拿大实现翻译出版，2023 年还将推出《深圳创业故事》系列，计划翻译成法文和英文在西方主流国家出版发行，不断提升"文化湾区"在国际社会的显示度，推动湾区文化走出去，扩大中华文化感召力和影响力。

二、提升公共文化服务水平，依托全民阅读阵地凝聚精神力量

（一）创造下一代新生书城，打造湾区文化新地标

深圳出版集团突破传统书业经营模式，率先探索出"书城模式"的先行之路。为加快推进深圳"一区一书城"战略部署，助力人文湾区共建，2021 年年底，深圳书城湾区城正式开工，这是继深圳书城罗湖城、南山城、中心城、宝安城、龙岗城、龙华城之后，深圳出版集团全力打造的新一代大书城、湾区文化新地标。

深圳书城湾区城被纳入深圳"新时代十大文化设施"，是建设"全球全民阅读典范城市"的重点项目，也是粤港澳大湾区标志性的公共文化设施和市重大文体惠民工程，被誉为"湾区之眼"。深圳书城湾区城首创书城与民俗馆相结合的模式，以知识服务为核心，以推广全民阅读、凝聚湾区文化认同为主旨，以品质文化生活引领为方向，实施数字化智慧运营、群落式书店排布、标签式社群搭建等业态创新，打造集知识成长、文化发布、艺文展演、科创展示为一体的复合式多元文化服务平台。其中，湾区

民俗馆作为深圳书城湾区城的重要组成部分，是以传承中华优秀传统文化，展示岭南、粤港澳大湾区民俗为特色，兼具展示与体验、研究与传承为一体的国际性生态化公益文化场馆。

深圳书城湾区城和民俗馆是粤港澳大湾区文化交流和文化辐射的重要平台，将以知识传播引领湾区文化发展为愿景，致力保护、传承、弘扬粤港澳大湾区地域文化特色，提高湾区公共文化服务水平，凝聚湾区文化认同，为高质量建设人文湾区贡献智慧力量。

（二）创新升级全民阅读模式，共建湾区精神家园

多年来，深圳出版集团依托书城书吧主阵地，开展丰富多样的阅读活动，总承办"深圳读书月""深圳书展"等大型城市文化活动，擦亮城市阅读品牌，推动全民阅读模式持续创新，深化粤港澳大湾区联动融合，"全域、全景、全民、全媒"办节理念更让书香无处不在、辐射境内境外。

为庆祝香港回归祖国 25 周年，第二十三届深圳读书月特别策划开展"当奇迹之城遇上东方之珠：深圳·香港的文化对视"系列活动，以阅读为纽带，以名家对话和文化展览为形式，邀请来自新闻出版、文学、音乐、影视等领域的专家进行跨界对话，在文脉相通、文化交融、互利共荣中，进一步推动深港心连通，共建湾区精神家园。

2022 年，深圳读书月与第四届深圳书展再次节展联动。2021 年，香港联合出版集团及旗下港台图书进口机构——中华商务贸易公司首次亮相深圳书展，展现出粤港澳大湾区文化交流与融合。2022 年，深圳书展再次邀请香港联合出版集团设立香港精品图书展，向深圳读者介绍香港出版、香港市民阅读热点，以书为媒，共筑人文湾区同心圆。

近几年，世界处于急剧变化中，面对前所未有的挑战，中国保持住

了向上向善的发展势头。粤港澳大湾区是中国面向国际社会开放的重要门户，我们对中国故事、中国声音的国际传播有责任、有使命，也应有担当作为。希望在未来能够与更多的学界、业界同行深度合作，应时而动，乘势而上，坚定文化自信，凝聚发展共识，共同推动文化繁荣发展，为建设出版强国、文化强国贡献湾区力量，携手推动中华文化更好走向世界。

当你爱上维港那片海，也会眷恋深圳这条河

傅伟中

在党的二十大胜利闭幕、香港回归祖国 25 周年，以及粤港澳大湾区建设深度推进的时代背景下，香港联合出版集团及其旗下机构能够更加紧密地参与深圳读书月和文化深圳的建设，实乃深港双城文化互动值得期待的盛事。

一、从地理空间来看，深圳与香港是与生俱来的双子星座

说起香港，很多朋友耳边都会响起罗大佑的《东方之珠》，眼前浮现出维多利亚港的那片海，"小河弯弯向南流，流到香江去看一看；东方之珠我的爱人，你的风采是否浪漫依然……"

这首歌大家都会唱，但很少有人知道，这首歌里反复吟唱的小河，其实就是深圳河。

在香港同胞眼里，世界上似乎很难再找到深圳河这样特别的河流了。

深圳河发源于深圳境内，她是深港两地人民的思乡河。深圳河自东北向西南贯穿深圳市区，最后注入深圳湾。据说"深圳"的城市名称便来自于此。相对于河对面的那片海来说，全长不过 37 公里的深圳河显得有点

小。另一方面，她的名气又太大了。自 1898 年《展拓香港界址专条》起，由历史上的"明溪"改称为深圳河以来，这条河不仅一直作为祖国内地和香港的边境河而存在，更因为这一座崛起的城市以她命名而闻名于世。

深圳河，这条川流不息的河流，串起的是两岸人民绵延不绝的乡愁，流淌的是香港与祖国休戚与共的情谊。

二、从深圳这条河眺望维港那片海，香港的文化独具特色

香港具有不可替代的区位优势，催生出一道道靓丽的文化风景线。曾几何时，香港影视业不仅风靡中华大地，更涌现出一批最早走向世界闯入好莱坞的明星大导；粤语金曲不仅创下一个时代的辉煌，更是广为传唱、远播海外。而国学大师、一代巨匠、南派文化宗师饶宗颐先生更是集学术与艺术于一身，无论甲骨文、简帛学、敦煌学、佛学、道学、史学、哲学、古文字学乃至印度梵学、西亚史诗、艺术史、音乐、词学、书画及理论，他学无不涉，涉无不精；金庸、倪匡、黄霑、蔡澜"四大才子"，古龙、梁羽生、亦舒、张小娴、刘以鬯、也斯、西西等文学界名人，在华人世界也是久负盛名，他们极深的中华古典文化修养造诣和接地气的文风表达，与开放的香港融合得天衣无缝，在香港这片神奇的土地上活色生香，经久不息。

我们把目光从 20 世纪的如烟往事拉近到当下，香港的文化建设精彩纷呈。从一年一度的香港书展和世界级艺术展巴塞尔艺术展，到 M+ 当代视觉艺术博物馆和香港故宫文化博物馆，再到过去几年间香港与法国卢浮宫、英国大英博物馆、意大利乌菲齐美术馆、巴黎蓬皮杜艺术中心，以及

莫斯科克里姆林宫博物馆合办的系列展览，可以说，香港的文化建设不仅不缺少担纲的"重器"，还确有不少抢眼的"亮点"。在文化软实力方面，我辈那个年代热爱的《少林寺》《一代宗师》《叶问》《李小龙》等电影，脍炙人口，最近的港产电影也屡创佳绩，《明日战记》和《饭戏攻心》双双冲破 7000 万票房，跃升香港电影史上最卖座港产喜剧，成绩可喜。

三、从维港那片海眺望深圳这条河，深圳的文化生机勃勃

深圳的城市名言是"来了就是深圳人"，展示了深圳开放包容、海纳百川的胸怀。深圳经济特区四十年的发展，创造了令人瞩目的经济奇迹。随着文化的迅速崛起，深圳已经成长为一座年轻美丽、充满活力和活跃文化底色的城市。而我想说，对出版人来说，其实，深圳也是一座来了就不想走的城市。

深圳是创新创造的都市，也是崇尚阅读的城市。深圳文化具有独特的包容性和开放性。2008 年深圳被联合国教科文组织授予"设计之都"，2009 年被世界知识城市峰会授予"杰出的发展中的知识城市"，2013 年被联合国教科文组织授予"全球全民阅读典范城市"，连续多年荣获"全国文化体制改革先进地区""全国文明城市"称号。深圳提出的"文化立市"战略，推动了图书馆之城、钢琴之城、设计之都和深圳文博会的建设，营造了书声琅琅、琴声悠扬、创意无限的城市文化氛围。尤其令出版人羡慕的是，深圳阅读风气浓厚，是全国第一个为阅读立法的城市，其拥有的七大书城，也成为港人选购内地图书的重要选择。

与香港书展一样，深圳书展每年都吸引近百万人次进场，参与各种新

书发布、演讲、交流活动。深圳著名的文化品牌——深圳读书月，影响力和辐射力巨大，已为世人公认。

四、从历史脉络回看文化来路，香港与祖国内地和深圳的文化交融从未间断

当我们在深圳河两岸静观香港、思考深圳，其实不难发现，一个多世纪的历史里，发端于祖国的香港的文化长河其实从来都不曾干涸；中华民族伟大复兴的征途中，香港的文化人从来都没有缺席；在深港双城共同发展的过程中，香港与深圳的文化交融从来都没有间断。

香港其实很早就是出版重镇和书家必争之地。商务印书馆 1914 年就来到了香港，1927 年中华书局在香港设立分局，三联书店更是于 1948 年在香港组建而成，张元济、陆费逵、邹韬奋等出版大家均在此著书立说，留下翰墨书香的轨迹。

据香港商务印书馆出版的《港九大队志》介绍，港九大队是中国共产党领导的东江纵队最具特色的一支，而这支队伍的骨干就是生活在元朗一带的香港原住民。这是香港沦陷三年零八个月期间唯一一支成建制、自始至终坚持抗战的抗日武装力量，是香港抗战的中流砥柱。但人们或许未能了解，1941 年 12 月底，日寇占领香港后，中共地下组织和港九大队前身的几支武工队先后营救出知名抗日民主人士和文化名人 300 多名，其中就有何香凝、柳亚子、邹韬奋、茅盾、夏衍、沈志远、张友渔、胡绳、范长江、梁漱溟、黎澍等文化名人。即便在烽火连天的抗战时期，香港与祖国的文化脉络从来都是紧紧相连的。

时间回溯到70多年前。1949年11月7日，广东省第一家新华书店——广州新华书店在广州市北京路成立。1949年2月，广州解放前夕，香港新民主出版社收到中共中央文委的电报，广州解放时，由香港新民主出版社负责开设广州新华书店。而新民主出版社，就是联合出版集团旗下的机构。彼时的香港新民主出版社以饱满的热情和昂扬的斗志，冲破国民党政府的封锁和禁锢，克服重重困难，在不到十个月的时间，顺利完成了开设广东省第一家新华书店的艰巨任务。

三十年前，在全国开风气之先的"深圳书市"声名远播。"深圳书市"即是由深港两地文化机构联袂举办的。当时，深圳和香港的文化交往，除了香港的文学创作影视音乐和人们熟知的饶宗颐、金庸等文化名人之外，还有一家名为"博雅画廊"的老字号艺术机构，是首家深港合资、以经销中国传统工艺美术品和进口图书文具为主的文化企业，也是由香港联合出版集团下属的博雅艺术有限公司和深圳美术馆（当时是深圳展览馆）于1981年6月合资成立。

正所谓"一张白纸好画最新最美的图画"，正值深圳经济特区创立之时，博雅经营团队克服种种困难，坚持"以文营商"，用文化传承带动经营，大力推出中国书画、举办大型"全国中国画大赛"和"深圳书市"等，敢开天下风气之先。浓厚的文化气氛，吸引了众多内地知名的艺术家相聚于此，引进众多外版图书，持续举办大型展览，给开放的深圳带来了浓郁的文化气息。

进入新时代，香港联合出版集团深耕香港，连接深圳，融入湾区。集团旗下设在深圳的中华商务印刷公司是享誉全球的印刷企业；2001年成立的深圳联合数字出版服务有限公司，每年策划、编辑、设计、制作的图书达数百种，多次获得国内外奖项，为内地与香港两地文化交流做出贡献。开设在深业上城的联合书店本来艺文馆（本来书店），自 2018 年开业以来，曾邀请不少名家学者，包括教育专家及著名艺人陈美龄、日本导演竹内亮、香港著名设计师靳埭强、香港收藏家吴邦谋、香港作家马家辉等到馆主讲，连同内地嘉宾，共举办近 200 场讲座及活动，已成为深港澳文化交流融合的特色平台。

深圳素有"设计之都"的美誉。基于此，香港联合出版集团每年在深圳举办的"合颜悦设——联合装帧设计分享展"本届与深圳出版集团合办。令人高兴的是，以书搭桥，双城透过出版文化的合作创造出的无限可能，不单是一种设计心得的对话，更是文化和精神层面的交流。到现在，集团在香港、澳门及深圳、广州等粤港澳大湾区城市，联动举办"湾区共读"等阅读嘉年华，为粤港澳大湾区的文化交流增光添彩。

随着湾区文化交流的更加频繁和紧密，特别值得关注的是，在中央支持香港"十四五"时期建设"中外文化艺术交流中心"大背景下，香港特区政府新设文化体育旅游局，整合以往由不同部门管理的文化、艺术、体育、电影、创意产业和旅游事务，相信将更好抓住深港文化合作黄金机遇期，积极推动两地文化事业协同发展。特别值得一提的是，由紫荆文化集团主办，中华青年精英基金会、集古斋承办，香港联合出版集团、K11 艺术基金和中国对外文化集团协办的国际文化艺术交流展示盛会"艺文香港"于 11 月 16 日至 19 日在香港会展中心拉开帷幕。

"古今对话 中西互鉴"是首届"艺文香港"的主题。我们将透过现当代中国艺术家名品展、多场国际艺术论坛、首届"西泠杯"全港青少年书画篆创作大赛优秀作品展，以及书法、绘画、篆刻等近 20 场西泠学堂工作坊和大师班等，全力打造一场具有"国际品牌、中国气派、香港特色、紫荆影响"的文化与艺术盛宴，共同见证当代中国文化艺术的蓬勃发展。

未来，期望将"艺文香港"打造成为具有国际影响的文化艺术博览盛会。

令人欣喜的还有，香港中文大学等多所大学以及中小学接连在粤港澳大湾区城市办学，香港中学的公民与社会发展科目开设粤港澳大湾区等内地考察行程，香港演艺学院成立大湾区青年管弦乐团等等。此外，两地依托中国传统民俗节庆开展的民间交流、交往、交融，更是不胜枚举。

五、当"奇迹之城"遇上"东方之珠"，是粤港澳大湾区的发展大势，更是香港出版人的历史责任

在深圳市委宣传部指导下，香港联合出版集团始于 2020 年承办的湾区深港青年文化交流活动，是深圳全民阅读活动打造的特色品牌，至 2021 年整合湾区文化资源，扩展至"深港澳共读"，以联合书店本来艺文馆为据点，辐射港澳两地，开展了一系列文化活动，包括"书式生活·图书市集""书香城市·书店沙龙""读者之夜·文学共读"、深港澳三地书单、深港澳三地共读会、京深港三地《读书杂志》主编对话等活动，反映粤港澳大湾区历史文化底蕴、体现粤港澳出版文化产业发展成果，为粤港澳学者和读者之间搭建起沟通共融的桥梁。

令人欣慰的是，这一系列活动曾多次获得深圳读书月"最具创意活动奖""深圳市 2021 年全民阅读推广活动优秀项目奖"等荣誉。我们深信，在各界推动下，深圳读书月会越办越好。

2022 年，适逢香港回归祖国 25 周年，为进一步激发深圳这座"奇迹之城"与香港作为"东方之珠"的文化优势，以阅读融通两地，合力讲好中国故事，2022 年深圳读书月期间，我们以新的文化视角，发掘深港两

城文化内涵，参与了读书月组委会策划的"当奇迹之城遇上东方之珠：深圳·香港的文化对视活动"系列双城交流活动，汇聚两地城市文化，探索阅读与城市生活的融合，展现城市文化的互融共通。

"文明因多样而交流，因交流而互鉴，因互鉴而发展。"习近平总书记精准地道出了全球文明发展的逻辑链。10 月 16 日，习近平总书记在党的二十大报告中指出："增强中华文明传播力影响力，坚守中华文化立场，讲好中国故事、传播好中国声音，展现可信、可爱、可敬的中国形象，推动中华文化更好走向世界。"对出版文化人而言，深受启发，催人奋进。

在中华民族伟大复兴的历程中，出版人要始终"在路上、在现场、在远方"。新时代深港出版人最需要的，就是一种"更加博大的中国精神、更加厚重的中国气派、更加包容的中国风度、更加睿智的中国智慧"；新时代深港出版人最值得书写的，就是一篇篇磅礴壮丽如史诗般、讲述新时代中华民族伟大复兴、中国特色社会主义和香港"一国两制"的好故事；新时代深港出版人"讲好中国故事、传播好中国声音"最需要做的，就是同理共情用心地广交世界朋友，多维度向世界"展现可信、可爱、可敬的中国形象，推动中华文化更好走向世界"。

我们深信，在共同打造深圳读书月文化品牌的同时，深港两地出版文化界一定能培养更多更好的文化人才，催生更多更好的文化作品，拥有更强更好的与国际对话和向世界讲好中国故事的能力，碰撞出更多创新创造的文明之火，结出更多丰硕绚烂的文化之果，在"讲好中国故事、传播好中国声音，展现可信、可爱、可敬的中国形象，推动中华文化更好走向世界"的事业中贡献更大力量。

傅伟中，香港联合出版集团董事长

2022 年香港全民阅读调查

香港出版学会

一、引言

香港出版学会委托新论坛，在 2022 年 2 月至 3 月以音频电话的方式成功访问了 1195 名 10—84 岁的香港市民，以了解他们的阅读习惯，数据以香港年龄分布作加权处理。

表 3-1 受访者的教育程度

年龄 \ 学历	小学或以下	中学至预科	大专或以上
18 岁以下	41.8%	54.4%	3.8%
18—30 岁	5.8%	16.4%	77.8%
31—40 岁	3.0%	34.0%	63.0%
41—50 岁	4.3%	45.9%	49.8%
51—60 岁	12.0%	58.3%	29.7%
60 岁以上	36.5%	43.1%	20.4%
总计	15.6%	40.4%	44.0%

表 3-2　受访者的职业状况

年龄 ＼ 职业状况	在职人士	待业人士	全职学生	家庭主妇	退休人士	其他人士
18 岁以下	7.6%	6.3%	83.5%	0.0%	0.0%	2.6%
18—30 岁	60.4%	6.2%	24.9%	3.6%	3.6%	1.3%
31—40 岁	78.0%	7.5%	1.5%	9.0%	2.5%	1.5%
41—50 岁	80.8%	4.8%	1.4%	8.2%	3.4%	1.4%
51—60 岁	56.2%	11.6%	1.0%	14.8%	15.0%	1.4%
60 岁以上	19.3%	3.6%	0.7%	17.5%	55.3%	3.6%
总计	53.3%	6.4%	11.0%	10.2%	17.1%	2.0%

表 3-3　受访者的性别分布

性别	总计
男	45.4%
女	54.6%

表 3-4　受访者的年龄分布

年龄	占比
18 岁以下	6.7%
18—30 岁	18.8%
31—40 岁	16.7%
41—50 岁	17.4%
51—60 岁	17.5%
60—84 岁	22.9%

二、调查结果

（一）68.8% 受访者过去一年有电子阅读的习惯

如果将阅读电子书、网上报纸、杂志、文章、评论等归类为电子阅读，在 1195 名受访者当中，有 68.8%（822 人）的人表示在过去一年有电子阅读的习惯，有 31.2%（373 人）的人表示没有电子阅读的习惯。

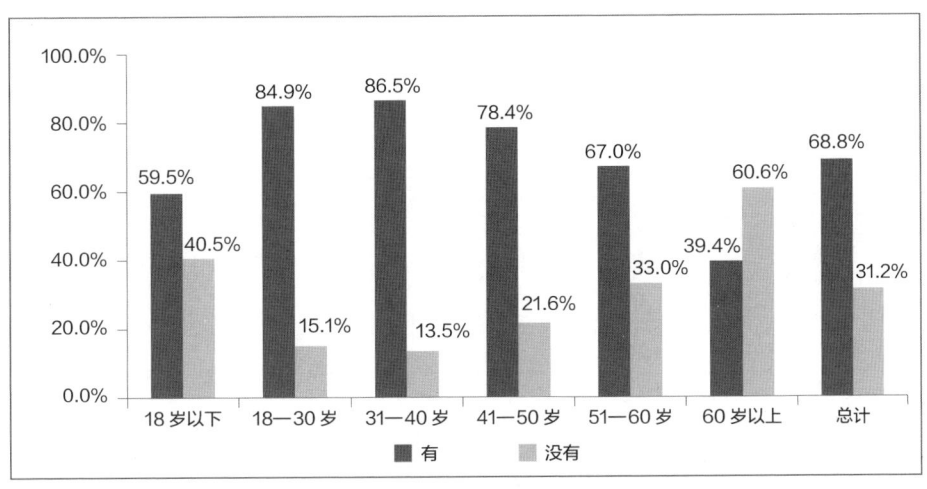

图 3-1　各年龄层的电子阅读习惯

在年龄分析中，18—30 岁及 31—40 岁是有电子阅读习惯且比例较高的年龄组别，分别为 84.9% 和 86.5%；60 岁以上的受访者的电子阅读习惯比例最低，只有 39.4%。

（二）50% 受访者每天花 1 小时以上用于电子阅读，21.3% 的未成年人每天花 3 小时以上用于电子阅读

问及过去一年有电子阅读习惯的受访者（822 人），平均每天花多少时间用于电子阅读，有 50% 表示每天花"1 小时或以下"，有 32.3% 表示每天花"1 小时至 3 小时"，6.7% 表示每天花"3 小时至 5 小时"，11%表示每天花"5 小时或以上"。

在年龄分析中，表示每天花"5 小时或以上"用于电子阅读的受访

者，以 41—50 岁组别比例最高，达 15.3%，其次是 18 岁以下组别，有 12.8%，只有 51—60 岁与 60 岁以上组别比例低于 10%。

表 3-5 过去一年，各年龄层平均每天花在电子阅读上的时间

	1 小时或以下	1—3 小时	3—5 小时	5 小时或以上
18 岁以下	40.4%	38.3%	8.5%	12.8%
18—30 岁	48.2%	31.9%	7.9%	12.0%
31—40 岁	52.3%	26.7%	9.3%	11.7%
41—50 岁	41.1%	36.2%	7.4%	15.3%
51—60 岁	55.4%	34.5%	2.9%	7.2%
60 岁以上	60.2%	30.6%	3.7%	5.5%
总计	50.0%	32.3%	6.7%	11.0%

（三）年长受访者经常读新闻或杂志，年轻受访者常读小说、文章或评论

问及有电子阅读习惯的受访者（822 人）经常阅读的内容，46.1% 的受访者表示经常看"新闻或杂志"，23.1% 的受访者表示经常看"小说、文章或评论"，11.5% 的受访者表示经常看"讨论区和社交媒体的内容"，7.1% 的受访者表示经常看"饮食、娱乐、交通、旅游等实用信息"，3.9% 的受访者表示经常看"电子书"，4.0% 的受访者表示经常看"漫画、插图或绘本"，4.3% 的受访者表示经常看"其他内容"。

表 3-6 各年龄层的电子阅读内容

	新闻或杂志	小说、文章或评论	漫画、插图或绘本	电子书	饮食、娱乐、交通、旅游等实用信息	讨论区和社交媒体的内容	其他内容
18 岁以下	10.4%	35.4%	22.9%	12.5%	6.3%	4.2%	8.3%
18—30 岁	27.7%	36.1%	5.2%	6.3%	7.3%	15.7%	1.7%

续表

	新闻或杂志	小说、文章或评论	漫画、插图或绘本	电子书	饮食、娱乐、交通、旅游等实用信息	讨论区和社交媒体的内容	其他内容
31—40 岁	51.7%	16.3%	4.7%	2.3%	7.6%	12.8%	4.6%
41—50 岁	54.3%	20.4%	0.6%	3.7%	6.2%	11.1%	3.7%
51—60 岁	56.7%	15.6%	1.4%	0.7%	9.9%	9.9%	5.8%
60 岁以上	58.7%	19.3%	0.9%	2.8%	4.6%	8.3%	5.4%
总计	46.1%	23.1%	4.0%	3.9%	7.1%	11.5%	4.3%

在年龄分析中，18 岁以下的受访者看"新闻或杂志"的比例最低，只有 10.4%（2021 年为 20.1%），相关比例随年龄上升而增加，在 60 岁以上组别高达 58.7%。

表示经常看"小说、文章或评论"的受访者在 18—30 岁组别比例最高，达 36.1%，18 岁以下组别达 35.4%。

值得留意的是 18 岁以下的受访者中，有 12.5% 表示经常看"电子书"，高于看"饮食、娱乐、交通、旅游等实用信息"以及"讨论区和社交媒体的内容"。

（四）34.6% 的受访者曾为电子阅读付费，未成年人消费金额最高

问及有电子阅读习惯的受访者是否曾为电子阅读付费，34.6% 的受访者表示曾为电子阅读付费，比例低于 2021 年的 41.6%。

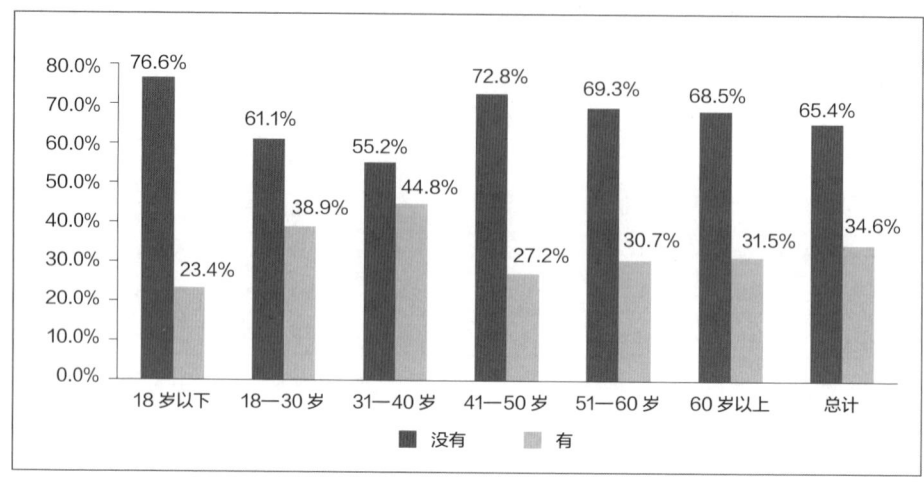

图 3-2 各年龄层是否曾为电子阅读付费

有电子阅读消费习惯的受访者中，22.9% 的受访者平均每月花费"10港币以下"，43.7% 的受访者花费"10—50 港币"，14.0% 的受访者花费"51—100 港币"，19.4% 的受访者花费"100 港币以上"。花费 51 港币以上的受访者合计 33.4%，较 2021 年的 44.8% 有所减少。然而，18 岁以下群组中，有 27.3% 的受访者花费"100 港币以上"，是比例最高的组别，相关比例随年龄上升而下降。

表 3-7 各年龄层每月在电子阅读上的花费

	10 港币以下	10 至 50 港币	51 至 100 港币	100 港币以上
18 岁以下	0.0%	54.5%	18.2%	27.3%
18—30 岁	25.7%	47.3%	5.4%	21.6%
31—40 岁	24.4%	41.0%	14.1%	20.5%
41—50 岁	20.5%	45.5%	15.9%	18.1%
51—60 岁	14.3%	45.2%	23.8%	16.7%
60 岁以上	34.3%	34.3%	17.1%	14.3%
总计	22.9%	43.7%	14.0%	19.4%

（五）70.0% 的受访者表示使用电子媒介会增加阅读时间

问及有电子阅读习惯的受访者，使用电子媒介阅读是否会增加他们的阅读时间，70.0% 的受访者表示使用电子媒介增加了他们的阅读时间，23.4% 的受访者表示使用电子媒介阅读和纸质印刷物的阅读时间差不多，6.6% 的受访者则表示电子阅读比纸质印刷物的阅读时间更少。

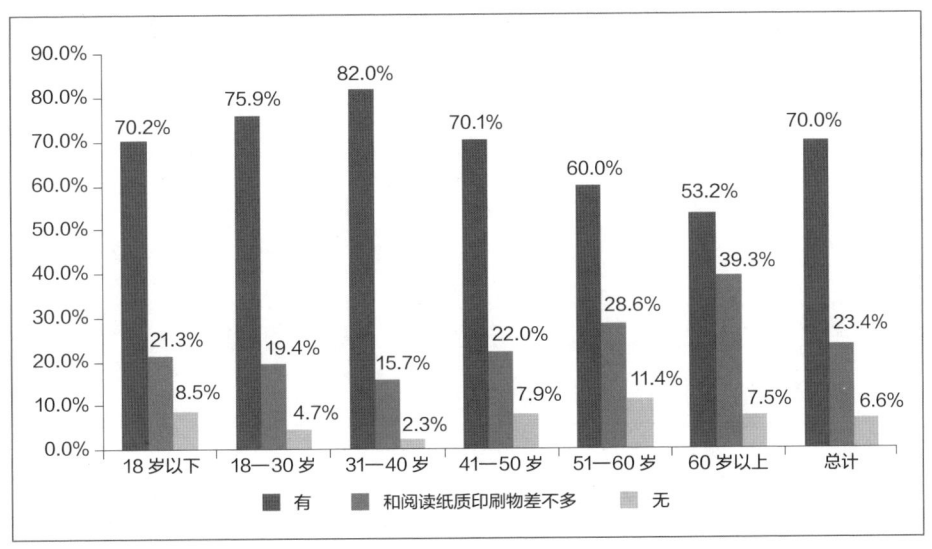

图 3-3　电子阅读对各年龄层阅读时间的影响

在年龄分析中，超过 70% 的 50 岁以下的受访者表示使用电子媒介增加了他们的阅读时间，其中，31—40 岁与 18—30 岁是比例较高的两个组别。

（六）56.7% 的受访者没使用过政府电子书借阅服务，31.7% 的受访者不知政府电子书借阅服务

问及有电子阅读习惯的受访者，是否使用过政府公共图书馆提供的电

子书借阅服务，56.7% 的受访者表示"完全没有"使用，43.3% 的受访者表示有使用，其中，只有 6.2% 的受访者表示"经常有"使用，11.4% 的受访者表示"偶尔有"使用，25.7% 表示"很少有"使用。

在年龄分析中，超过 50% 的 18 岁以下的受访者表示使用过政府公共图书馆提供的电子书借阅服务，是比例最高的组别。

表 3-8　有电子阅读习惯的各年龄层使用政府公共图书馆
提供的电子书借阅服务的情况

	经常有	偶尔有	很少有	完全没有
18 岁以下	12.8%	19.1%	25.5%	42.6%
18—30 岁	9.9%	8.9%	19.4%	61.8%
31—40 岁	4.6%	12.7%	30.1%	52.6%
41—50 岁	4.9%	12.9%	22.1%	60.1%
51—60 岁	2.9%	10.0%	25.7%	61.4%
60 岁以上	5.6%	10.2%	35.2%	49.0%
总计	6.2%	11.4%	25.7%	56.7%

问及受访者没有使用政府电子书借阅服务的原因，31.7% 的受访者表示"不知道可以借"，24.4% 的受访者表示"喜欢实体书"，19.6% 的受访者表示"不方便"，9.4% 的受访者表示"无合适的书"，14.9% 的受访者表示"其他原因"。

年龄分析中，18 岁以下的受访者中，只有 12.5% 表示"不知道可以借"，是比例最低的原因；40.6% 的受访者表示"喜欢实体书"，是比例最高的原因。

31—40 岁组别中，50.7% 的受访者表示"不知道可以借"，18—30 岁组别"不知道可以借"的比例达 38.7%，是比例较高的两个组别。

与 2021 年比较，2022 年有更多受访者知道有政府电子书借阅服务，也有更多人表示"不方便"。

表3-9　有电子阅读习惯的各年龄层没有使用政府公共图书馆
提供的电子书借阅服务的原因

	喜欢实体书	不知道可以借	不方便	无合适的书	其他原因
18 岁以下	40.6%	12.5%	12.5%	18.8%	15.%
18—30 岁	20.0%	38.7%	16.8%	11.6%	12.9%
31—40 岁	19.4%	50.7%	10.5%	6.9%	12.5%
41—50 岁	24.6%	20.9%	22.4%	12.7%	19.4%
51—60 岁	24.4%	24.4%	26.8%	8.9%	15.5%
60 岁以上	34.1%	22.0%	27.5%	2.2%	14.2%
总 计	24.4%	31.7%	19.6%	9.4%	14.9%

（七）70.7% 的受访者过去一年读过实体书

问及整体受访者在过去一年是否阅读过实体书，70.7% 的受访者表示有，29.3% 的受访者表示没有。

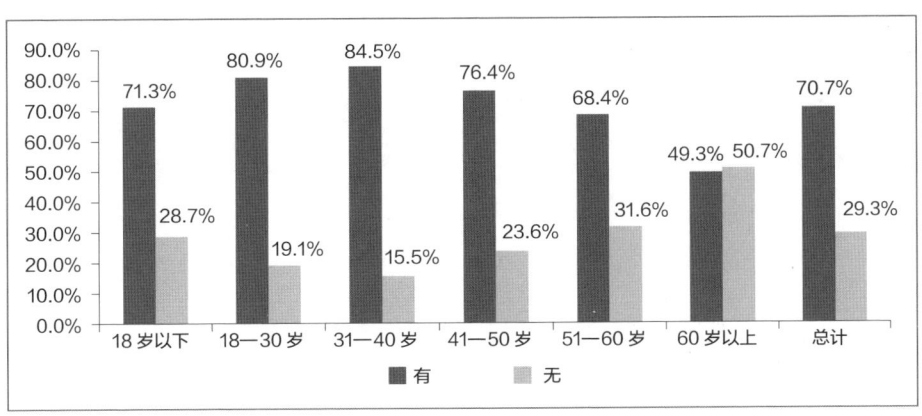

图 3-4　过去一年各年龄层阅读实体书的情况

与 2021 年的 74.5% 比较，读实体书的受访者比例稍有下降，但仍高于其余年份。

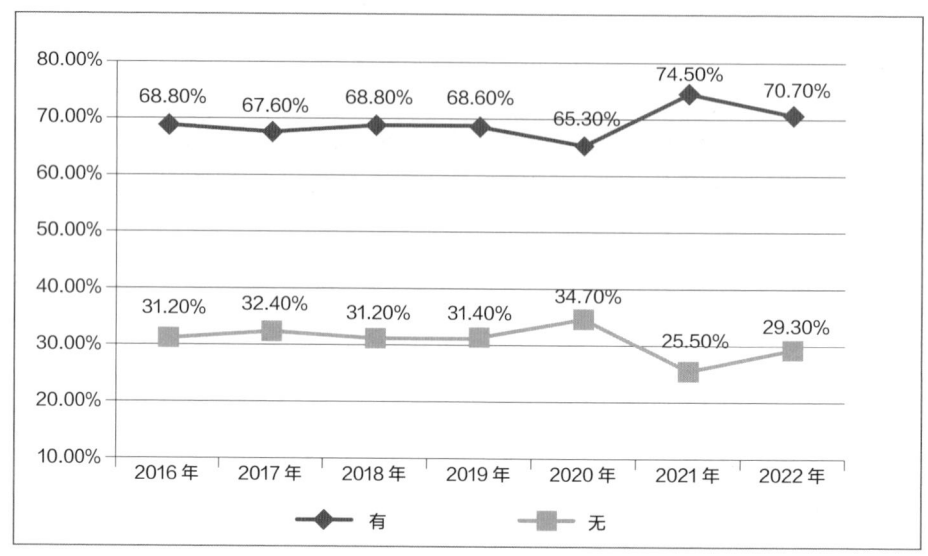

图 3-5　2016—2022 年受访者阅读实体书的情况

在年龄分析中，60 岁以上组别阅读实体书的比例最低，低于 50%，40 岁以下组别阅读实体书的比例都在 70% 以上，尤其是 18—30 岁和 31—40 岁组别，比例均超过 80%。

与 2021 年相比，值得关注的是 51—60 岁和 60 岁以上组别，阅读实体书的比例分别下降了 7.3% 和 8.2%。

（八）45.7% 的受访者没有阅读实体书的习惯

问及受访者没有阅读实体书的原因，45.7% 的受访者表示"没有阅读实体书的习惯"，22.1% 的受访者表示"没时间或工作太忙"，11.7% 的受访者表示想找"其他休闲娱乐"，7.1% 的受访者表示"找不到感兴趣的书"，13.4% 的受访者表示喜欢"上网阅读"。

表 3-10　各年龄层没有阅读实体书的原因

	没有阅读实体书的习惯	没时间或工作太忙	其他休闲娱乐	找不到感兴趣的书	上网阅读
18 岁以下	56.5%	26.2%	4.3%	4.3%	8.7%
18—30 岁	38.6%	25.0%	11.4%	13.6%	11.4%
31—40 岁	35.5%	19.4%	16.1%	0.0%	29.0%
41—50 岁	26.5%	32.7%	12.2%	8.2%	20.4%
51—60 岁	36.4%	25.8%	12.1%	9.1%	16.6%
60 岁以上	59.9%	15.3%	11.7%	5.8%	7.3%
总计	45.7%	22.1%	11.7%	7.1%	13.4%

在年龄分析中，表示"没有阅读实体书的习惯"的比例以 18 岁以下及 60 岁以上的受访者较高（50% 以上），比例较 2021 年均有增加。

表示喜欢"上网阅读"的比例也较 2021 年有增加，由 2021 年的 11.2% 增加至 13.4%，其中 31—40 岁组别最为明显，由 2021 年的 14.6% 增加至 29.0%，41—50 岁组别由 2021 年的 12.4% 增加至 20.4%；18 岁以下组别也由 2021 年的 3.7% 增加至 8.7%，值得关注。

（九）44.8% 的受访者一年读 1—5 本书，55.2% 的受访者一年读 6 本以上

问及有阅读实体书的受访者，过去一年阅读了多少本实体书，44.8% 的受访者读了"1—5 本"，22.0% 的受访者读了"6—10 本"，5.8% 的受访者读了"11—15 本"，7.8% 的受访者读了"16—20 本"，19.6% 的受访者读了"20 本以上"。

表 3-11 各年龄层过去一年阅读实体书的情况

	1—5 本	6—10 本	11—15 本	16—20 本	20 本以上
18 岁以下	25.5%	10.9%	3.6%	10.9%	49.1%
18—30 岁	53.8%	22.0%	1.6%	7.7%	14.9%
31—40 岁	42.9%	21.8%	9.4%	7.1%	18.8%
41—50 岁	42.8%	28.3%	5.7%	4.4%	18.8%
51—60 岁	47.9%	20.4%	4.2%	11.3%	16.2%
60 岁以上	41.8%	20.9%	9.7%	8.2%	19.4%
总计	44.8%	22.0%	5.8%	7.8%	19.6%

受访者过去一年平均阅读实体书的数量是 8 本，比 2021 年的 7 本更多。

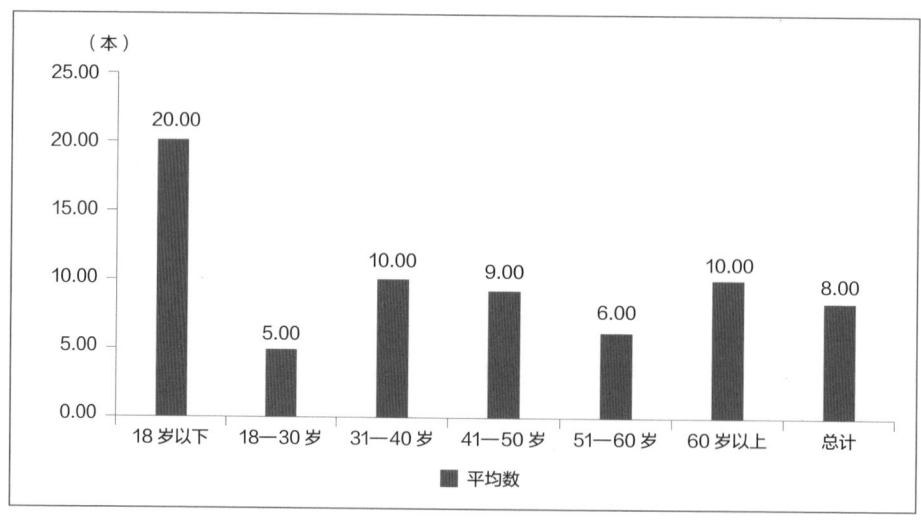

图 3-6 各年龄层过去一年阅读实体书的平均数

在年龄分析中，18 岁以下的受访者阅读实体书的平均数是 20 本，是总体平均阅读数的 2.5 倍，更比 2021 年的 12 本增加三分之二。31—40 岁群组的平均数是 10 本，较 2021 年的 5 本增加了一倍。

阅读量下跌的只有 41—50 岁和 51—60 岁两个组别，分别下跌 10% 和 21%。

（十）68.4% 的受访者购买过实体书，32.9% 的受访者每月至少花费百元港币购买实体书

问及有阅读纸质书习惯的受访者，平均每月花费多少港币购买实体书时，68.4% 的受访者表示购买过实体书。

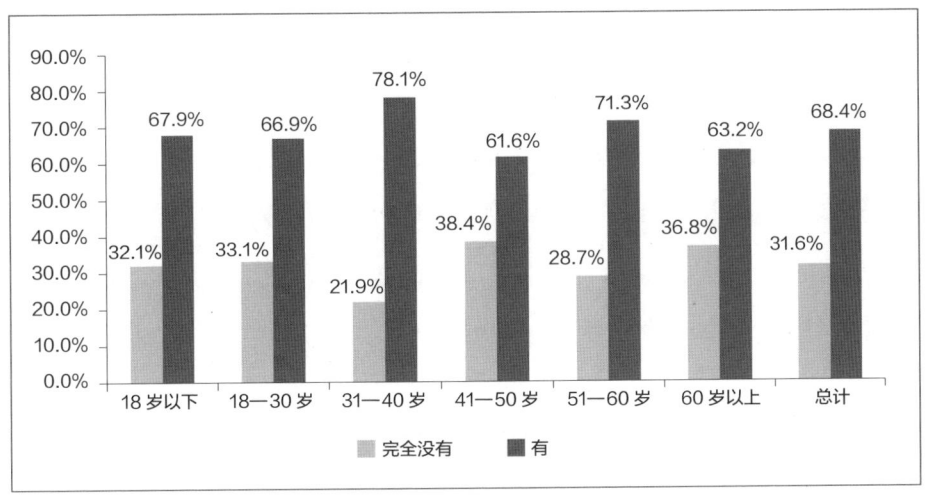

图 3-7 各年龄层是否购买过实体书

当中 12.4% 的受访者平均每月花费"10 港币以下"，35.3% 的受访者花费"10—50 港币"，19.4% 的受访者花费"51—100 港币"，32.9% 的受访者花费"100 港币以上"。

在年龄分析中，年轻读者平均每月花费 50 港币以上的比例较高，当中以 18 岁以下的读者为最高（71.1%），51 岁以上读者的比例则较低，不到 50%。

表 3-12 各年龄层每个月购买实体书的花费

	10 港币以下	10—50 港币	51—100 港币	100 港币以上
18 岁以下	5.2%	23.7%	23.7%	47.4%
18—30 岁	8.3%	38.0%	20.7%	33.0%
31—40 岁	12.8%	36.8%	19.5%	30.9%
41—50 岁	11.2%	30.6%	21.4%	36.8%
51—60 岁	15.7%	38.2%	16.7%	29.4%
60 岁以上	18.6%	36.0%	16.3%	29.1%
总计	12.4%	35.3%	19.4%	32.9%

（十一）28.6% 的有阅读实体书习惯的受访者不会考虑购买电子版，45.5% 的受访者要视情况而定

问及有阅读实体书习惯的受访者是否会考虑买其电子版本时，25.9% 的受访者表示"会考虑购买电子版"，30.1% 的受访者表示"视价格而定"，3.1% 的受访者表示"视书本厚度而定"，12.3% 的受访者表示"视图书类型而定"，另有 28.6% 的受访者则表示"不会考虑购买电子版"。

表 3-13 各年龄层有阅读实体书习惯的人购买电子版本的意愿

	会考虑购买电子版	视价格而定	视书本厚度而定	视图书类型而定	不会考虑购买电子版
18 岁以下	34.5%	25.9%	1.7%	13.8%	24.1%
18—30 岁	29.3%	27.6%	4.4%	16.6%	22.1%
31—40 岁	28.8%	34.1%	3.5%	18.8%	14.8%
41—50 岁	28.3%	37.1%	0.0%	10.7%	23.9%
51—60 岁	24.5%	25.2%	4.2%	7.0%	39.1%
60 岁以上	12.6%	27.4%	3.7%	5.2%	51.1%
总计	25.9%	30.1%	3.1%	12.3%	28.6%

在年龄分析中，"会考虑购买电子版"的比例在 18 岁以下组别最高，

达 34.5%，其次是 18—30 岁组别，有 29.3%。

60 岁以上表示"不会考虑买电子版"的比例则较高，有 51.1%，其次是 51—60 岁组别，但 18 岁以下组别中，亦有 24.1%。

在众多考虑因素之中，最重视价钱的受访者组别是 41—50 岁，达 37.1%，其次是 31—40 岁，为 34.1%。

综合往年调查统计结果，可见有阅读实体书习惯但不会考虑买电子版的比例正逐年下降，更多人不抗拒电子书，但会考虑各种因素再决定是否购买。

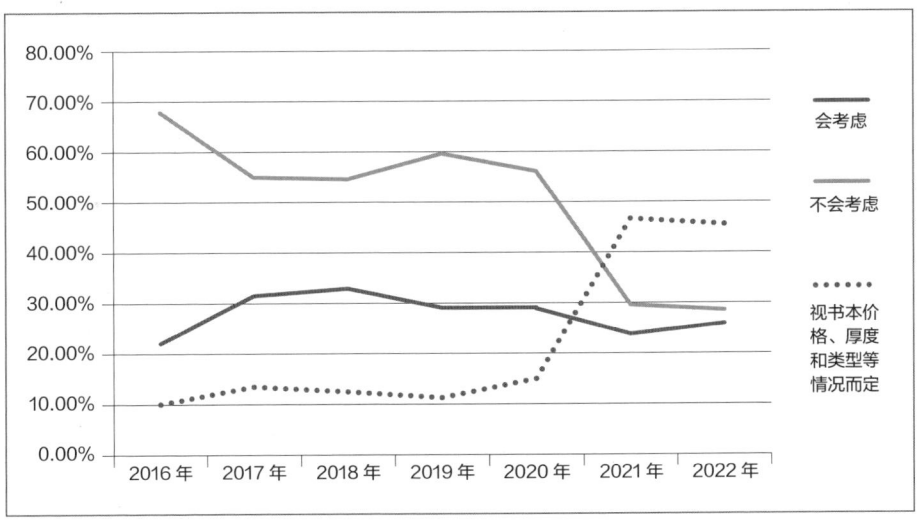

图 3-8 有阅读实体书习惯的人购买电子版的意愿

三、总结

（一）实体书阅读比例与电子阅读相差不大

2022 年调查结果显示，70.7% 的受访者过去一年阅读过实体书，有电子阅读习惯的受访者有 68.8%，两者比例相差不大。18—30 岁及 31—40 岁的实体书阅读和电子阅读习惯比例均是所有年龄组别中较高的，60 岁以上组别的实体书阅读和电子阅读习惯则较低。

（二）实体书阅读习惯

70.7% 受访者在过去一年阅读过实体书，比例略低于 2021 年的 74.5%；但整体受访者一年阅读平均数是 8 本书，高于 2021 年的 7 本；18 岁以下的受访者阅读平均数更达 20 本书，远高于 2021 年的 12 本。

有实体书阅读习惯的受访者当中，68.4% 的受访者表示购买过实体书，稍低于 2021 年的 72.8%。当中 52.3% 的受访者每月花费 50 港币以上，18 岁以下组别的比例最高，达到了 71.1%。如果有选择，25.9% 的受访者表示会考虑购买电子书，微高于 2021 年的 23.8%，45.5% 的受访者表示要视情况而定，价格是最主要考虑的因素，只有 28.6% 的受访者表示不会考虑购买电子书，略低于 2021 年的 29.6%。

没有实体书阅读习惯的受访者占整体受访者的 29.3%，当中 45.7% 的受访者表示最主要的原因是没有阅读实体书的习惯，22.1% 的受访者表示没时间或工作太忙，只有 13.4% 的受访者表示上网阅读已经足够。

（三）电子阅读习惯

有 68.8% 的受访者有电子阅读的习惯，其中 70% 更认为使用电子媒介增加了他们的阅读时间。

当中 50% 的受访者每天花费超过一个小时在电子阅读上，平均每天花费 5 小时以上在电子阅读上的比例，以 41—50 岁组别最高（15.3%），其次是 18 岁以下组别（12.8%）。

46.1% 的受访者表示经常阅读"新闻或杂志"，当中以 60 岁以上组别比例最高（58.7%）；表示经常读"小说、文章或评论"的受访者在 18—30 岁组别的比例最高（36.1%）。

34.6% 的受访者曾为电子阅读付费，略低于 2021 年的 41.6%，当中只有 33.4% 受访者月花费 51 港币以上，比例也略低于 2021 年的 44.8%；但在 18 岁以下组别中，月花费至少 100 港币的达 27.3%，是比例最高的组别。

56.7% 的受访者没有使用过政府电子书借阅服务，略低于 2021 年的 61.3%。当中有 31.7% 的受访者表示不知道有政府电子书借阅服务，24.4% 的受访者表示更喜欢阅读实体书。

四、建议

（一）关注青少年的阅读行为，提供优质阅读内容

疫情的持续影响令青少年不得不在线上学习，线上生活已是常态。在过去一年，有 59.5% 的青少年有电子阅读习惯，当中有 59.6% 的青少年表示每日的电子阅读时间在 1 小时之上，另有 21.3% 的青少年达到 3 小时以上；35.4% 的青少年最常阅读的内容是小说、文章或评论，其次为漫画、绘本等，阅读电子书的亦有 12.5%。

此外，有 71.3% 的青少年在过去一年有读过实体书，当中 49.1% 的青少年阅读 20 本以上，25.4% 的青少年读 6—20 本，25.5% 的青少年读 1—5 本，阅读平均数更达 20 本，高于 2021 年的 12 本，这可能反映疫情之下，青少年更乐于手捧实体书阅读，以舒缓或平衡长时间的线上学习生活；但

同时有 28.7% 的青少年表示完全没读过实体书，这比例仅低于 51 岁以上组别，没有阅读实体书的最主要原因是没有这个习惯，其次是没有时间，再次是表示上网阅读已经足够。以上数据显示在未成年人群体之中，实体书阅读量的差距逐渐拉开，甚至有两极化的趋向，这一情况值得持续关注。

香港出版学会认为青少年的电子阅读习惯将持续发展，而实体书阅读习惯亦不会消失，两者相辅相成，香港出版学会关注的重点是如何为青少年提供更多优质的阅读内容，让青少年无论以实体或电子模式阅读，都可得到好的滋养。

（二）关注年长者的阅读需要，提供更适合的协助和指导

疫情肆虐之下，年长者的人际交往减少，有更多时间留在家里，阅读书本应该是安顿身心的良方，但调查结果反映，在过去一年，49.3% 的 60 岁以上人士读过实体书，较 2021 年减少 8.2%，是跌幅最大的组别。这可能是由于在疫情下年长者减少外出，少到书店或公共图书馆，加上公共图书馆闭馆的时间增加，令年长者接触书本的机会减少。问及年长者的电子阅读习惯，只有 39.4% 的人有电子阅读习惯，最常阅读的是新闻或杂志，阅读过电子书的不足 3%；当中 84.2% 的人很少或完全没有使用政府公共图书馆提供的电子书借阅服务，最主要的原因是更喜欢实体书，其次是认为不方便，再次是不知道有此服务。

有外国研究显示，年长者阅读，除了可以激发想象力，更可有效帮助年长者改善孤独、认知退化等多种问题。在疫情之下，这一点更为重要。而电子书具备字体放大功能，更方便年长者使用。因此，香港出版学会认为在推广全民阅读的过程中，不应忽略向年长者推广阅读的重要性，并须

积极协助年长者解决使用电子书时所遇到的困难，未雨绸缪，迎接高龄化社会的来临。

（三）政府和出版业界携手协作，提供更多电子书品种，满足读者阅读需要

疫情之下，阅读仍是日常生活的重要部分。本次调查结果显示 68.4% 的受访者购买过实体书；34.6% 的受访者曾为电子阅读付费，当中 33.5% 的受访者每月花费 50 港币以上；如果有实体书和电子书选择，25.9% 的受访者表示会考虑购买电子版，略高于 2021 年的 23.8%，30.1% 的受访者表示要视价格而定，15.4% 的受访者表示要视书本类型和厚度而定，只有 28.6% 的受访者表示不会考虑买电子版，反映了电子阅读消费市场逐渐成形，有较大的发展潜力。

而按香港特区政府康文署公布的数据，图书馆电子书网上阅读及下载次数近年不断上升，2019 年 96 万次；踏入疫情肆虐的 2020 和 2021 年，更急增至约 340 万及 323 万次；2020 年电子图书馆藏量达 37.8 万种，当中本地出版物不及一万种。而根据本次调查数据，在有电子阅读习惯的受访者中，有 56.7% 的人表示完全没有使用过政府电子书借阅服务，稍低于 2021 年的 61.3%，但当中仍有 31.7% 的人不知道有电子书可借，19.6% 的人认为不大方便，9.4% 的人表示没有合适的电子书，反映受访者对政府电子书借阅服务的认知有所增加，同时亦有较多意见反馈。

针对上述情况，本会建议政府在提升实体书借阅服务时，须继续加强推广电子书借阅服务，有针对性地提高市民对电子书的认知与运用能力。而参考康文署公布的数据，本地出版的电子书最受读者欢迎，但书的品种数量明显偏低，为了解决本地电子书品种不足的问题，政府可提供引导和

帮助，例如增加书籍采购量、培训出版人才等，以协助业界转型，方可加快为广大市民提供最合适的电子书，打造可持续的全民阅读及终身学习的风气。

（四）要持续推动全民阅读风气，倡议订立"香港全民阅读日"

香港出版学会一直倡议全民阅读及终身学习，通过阅读提升人文素养，提升社会的软实力和竞争力。面对疫情对全球的冲击，2020 年开始，和香港出版总会推动"自家慢读"行动，鼓励市民留家，享受慢读减压。2022 年调查结果显示，70.7% 的受访者保持实体书阅读习惯，68.8% 的受访者有电子阅读的习惯，比例虽较 2021 年略低，但都高于 2020 年及之前的几年。这反映阅读习惯的培养不是一朝一夕的事，而是细水长流、久久为功的千秋大业。因此，本会建议社会各界携手，一同推动全民阅读风气，订立"香港全民阅读日"，让阅读成为市民日常生活中的必选项。

立足湾区 面向未来

——深圳书城湾区城对新时代大书城模式的探索

湾区书城筹建办公室

珠江接海，烟波水长；春潮微涨，朝霞烂漫。在习近平总书记的亲自谋划、亲自部署、亲自推动下，作为国家重点战略的粤港澳大湾区建设蓬勃发展，举世瞩目。作为粤港澳大湾区的核心引擎，为进一步提供高质量文化供给，助力大湾区宜居宜业宜游优质生活圈建设，深圳规划了湾区级的公共文化设施——深圳书城湾区城应运而生。

深圳书城湾区城作为深圳"新时代十大文化设施"之一，是深圳出版集团落实市委市政府"一区一书城"战略的重要举措，是建设"全球全民阅读典范城市"的重点项目，也是粤港澳大湾区标志性的公共文化设施和市重大文体惠民工程。

进入新时代，立足新发展阶段，人们对美好生活的向往越来越强烈，对精神文化生活更加看重，对物质生活与精神生活的共同富裕抱有更高期盼。深圳书城湾区城是深圳出版集团全力打造的新一代大书城，在6座已建书城经验的基础上，将进行革命性的迭代升级，在规划建设过程中始终以新发展理念为指导，力求通过融合创新的方式，探索新时代大书城模式，展现深圳在全民阅读领域的先行示范，为粤港澳大湾区发展凝聚精神力量。

一、立足湾区，建设全球地标级文化旅游目的地

（一）精心选址，树立前海文化生态核心

深圳书城湾区城位于粤港澳大湾区核心区前海城市新中心，宝安中心区中央绿轴东侧，与深圳地铁 5 号线宝华路站直接联通，形似双"玉盘"，被称为"湾区之眼"。建成后深圳书城湾区城将与"湾区之光"摩天轮、"湾区之声"演艺中心、欢乐港湾一起，成为深圳前海、宝安中心区中央绿轴上全新的文化生态群落，成为粤港澳大湾区重要的文旅融合目的地。

（二）立体谋划，构筑全国最大书城文化综合体

深圳书城湾区城项目面积占地 6.6 万平方米，建筑面积 13.1 万平方米（含湾区民俗馆 1 万平方米），地面高度 12 米，地上、地下各两层。地上建筑面积 3.5 万平方米，主要包括主题书店、湾区民俗馆、策展空间、文化交流平台等；地下建筑面积 9.6 万平方米，主要包括公共阅读、亲子活动体验、剧场、文化发布厅及服务配套等。项目整体以南北两区的格局呈现，通过地上广场平台、地下连通道和停车场相连通，保留了深圳书城标志性的"活动大台阶"设计。深圳书城湾区城项目建成后，将成为全国乃至全世界最大的书城文化综合体。

（三）紧密筹建，将于 2025 年精彩绽放

深圳书城湾区城项目于 2021 年 12 月 18 日正式开工，中国出版协会理事会理事长邬书林，深圳市委常委、常务副市长黄敏，市委常委、宣传部部长张玲，副市长张华等出席开工仪式，常务副市长黄敏宣布开工。

早在 2021 年初，基于运营前置的理念，深圳出版集团成立了深圳书

城湾区城项目筹建团队，专职开展深圳书城湾区城的项目规划、设计、工程协同及运营筹备工作，聘请国际一流的设计和商业顾问公司开展建筑设计、商业业态规划工作。

截至目前，深圳书城湾区城项目已完成项目定位、建筑初步设计和整体业态规划；基坑支护和桩基础工程完成 100%，土石方工程完成 55%，完成施工总承包单位招标；现正紧锣密鼓地开展室内精装修方案、民俗馆展陈方案设计和现场主体施工等工作。深圳书城湾区城计划于 2024 年底竣工，2025 年上半年正式开业。

二、鼎力创新，打造湾区文化原动力中心

（一）依托湾区前沿，打造世界级文化体验目的地

深圳书城湾区城将依托超大面积优势体量，依凭湾区中心——深圳前海的优势区位，拓展服务区间，强化辐射能力，目标在于服务粤港澳大湾区"9+2"城市群，乃至作为颇具影响力的文旅目的地吸引全世界游客。

深圳书城湾区城以世界一流、国际文化、湾区特色为定位，以推广全民阅读、凝聚大湾区文化认同为主旨，以知识服务为核心，打造集知识成长、文化发布、艺文展演、科创展示为一体的复合式多元文化交流平台，打造全球地标级文化体验目的地和粤港澳大湾区创新文化原动力中心。其中，湾区民俗馆作为深圳书城湾区城的重要组成部分，是以传承中华优秀传统文化，展示岭南、粤港澳大湾区民俗为特色，兼具展示与体验、研究与传承为一体的国际性活态化公益文化场馆。

（二）打造绿色书城，建筑与自然相融共生

深圳书城湾区城秉承绿色、生态的设计理念，与深圳宝安中心区中央绿轴相融合，形成了简约、开阔、大气的设计风格。

一是构建"天圆地方"格局。深圳书城湾区城项目以镶嵌在绿毯上的两个圆形"玉盘"为设计理念，与宝安中心区中央绿轴另一侧的方形建筑宝安区图书馆、宝安青少年宫相呼应，构成"天圆地方"的整体格局，构成一个有浓郁文化气息的生活空间，为市民提供多方位、多样化的文化体验。

二是打造"公园里的书城"。深圳书城湾区城采用"把建筑敞开"的设计策略，开敞式设计将地下地上空间相连，外有露天绿地铺展，内有绿植小景点缀，充分融合自然景观和人文体验，屋顶即是公园，逛书城的体验可以在室内外自由切换，是"公园里的书城"，又是"书城里的公园"。在这里，读者在绿色和书香中徜徉漫步，自然和人文相互亲近，人、建筑与自然和谐共生。

三是采用"曲水流觞"动线。深圳书城湾区城建筑内部空间借鉴"曲水流觞"的人文意境，采用流线型的动线设计，圆融、自然，将阅读路径串联，楼梯与坡道则被设计成"书山"与"玉带"，共同打造诗意文化体验。

（三）聚合创新业态，打造新一代文化综合体

深圳书城湾区城将以知识传播引领湾区文化发展为愿景，以知识服务为核心，延伸多元文化，契合深圳城市特质，创造一个不断自我迭代的文化更新场，全方位创新业态，打造沉浸式文化体验。

一是聚焦年轻客群。在优化家庭亲子客群文化消费体验的同时，着眼

年轻客群消费兴趣和消费习惯：置入文创潮玩、中古零售及文学 IP 沉浸式体验等受年轻客群欢迎的新兴业态；举办小剧场、脱口秀及艺术展等受年轻客群喜爱的演艺活动；打造独特的人文网红打卡景观以便利年轻客群的数字社交；建立具有高度黏性的会员系统以满足年轻客群的社群认同需要。深圳书城湾区城将成为年轻客群的重要文娱休闲聚集地。

二是打造文化主题融合空间。深圳书城湾区城将跳脱图书分类固有框架，转变单一陈列思维，以图书为核心提炼文化主题，统合相近文化业态和文化活动，目标在于打造图书、商业、活动无边界相织相融的复合式文化体验场。漫步在文化主题融合空间中，读者可以探索新潮吸睛的主力店，可以遇见创意独特的文化产品，可以参与独具特色的社群活动，还可以品尝美味丰盛的文化大餐，体验独一无二的文化探索之旅。深圳书城湾区城创新规划了艺术花园、人文万象、欢乐 META、湾区风物志等八大文化主题空间，通过沉浸式阅读场景的打造，为读者提供更加充实、更加丰富、更高质量的精神文化生活场。

三是构筑立体文化公园。深圳书城湾区城将充分利用核增通道、下沉广场和屋顶等空间，形成休闲社交、策展活动等多种功能的立体文化公园。富含艺术创意的展品将在此落地，构成别具特色的"网红画布"；带有自然气息的绿植将在此生长，增添宁静安谧的生命色彩。动与静，艺术与自然，多种元素在此流动、汇聚、转换，助推人们社交分享的自然发生，衔接起人与人以及人与空间的情感关联。多元素共同统合在文化景观的塑造和呈现中，文化公园将成为一个全天候开放而值得款款漫步的城市级社交游逛公园。

四是凸显中华优秀传统文化。深圳书城湾区城首创书城与民俗馆相结合模式，在南区地上两层，设置总面积 1 万平方米的湾区民俗馆。湾区民俗馆将通过全方位活态传习、沉浸式文化体验方式，将湾区民俗展示体验和世界民俗文化交流以直观的视觉传递、趣味的表达方式，激发传承兴趣，引领民俗迭代发展。

五是打造文化发声高地。深圳书城湾区城将采用"文化新生概念＋场所提供"的方式承担湾区文化发布功能，通过论坛、发布会等形式，成为粤港澳大湾区文化发布平台和文化发声高地。将打造多功能、高规格的艺文展演空间，于其中轮番举办演奏、戏剧、会议、讲座、放映等文化活动；将打造 7×24 小时全天候开放的综合策展平台；以文化研习为宗旨打造以文会友主题聚集空间。通过源源不断的社群碰撞和文化交流，缔造湾区文化盛景。

六是拓展夜间文化特色项目。深圳书城湾区城将突破书城集中于日间运营的经营模式，尝试植入多样夜间经济形态，充分挖掘夜间经济潜力。将以精致而富有格调的夜读、夜展、夜演、夜购等形式，充分满足年轻客群的夜间文娱需求，构建舒适雅致的文化氛围，缔造可供放松小憩的文化乐园。

（四）强化科技应用，数字化赋能运营管理

基于深圳"科技之都"的定位，深圳书城湾区城将全方位探索、立体实现智慧化与数字化，不仅让读者感受到"文化＋科技"的独特魅力，也将全面运用数字技术提升运营效率。

一是增加数字化业态与空间。深圳书城湾区城将推进空间场景与数字化技术深度融合，以文化内容＋科技展示的方式，打造全场景沉浸式的室内时空隧道；搭配数字化与多媒体展览、科技数码类零售、深圳科技企业科普互动与展销等创新业态；局部工业化及未来感场景营造数字化氛围，

动线节点处科技互动装置强化用户科技体验。打造趋向未来的数字化业态组合，助力文化数字化发展。

二是打造智慧化运营体系。深圳书城湾区城将通过智能化系统及大数据分析技术应用，基于人像识别摄像头、AI 互动屏、机器人等触点的数据采集，借助大数据分析中台，实现各业务子系统数据的互连互通，达到精准触达、顾客分层、精细化营运的目标，实现书业智能化、商管数字化、平台可视化，推进书城综合体管理向智慧化迈进，使项目的运营管理水平获得革命性突破。

（五）引领协调共享，实现可持续发展

深圳书城湾区城坚持把社会效益放在首位，力求社会效益与经济效益的协调发展。在通过高质量文化产品及服务供给丰富人民精神世界、增强人民精神力量的同时，力争通过自我造血实现商业上的良性循环。深圳书城湾区城将按照平台的逻辑设置深圳书城湾区城商业模式，实现文化传承、创新、展示、贸易、交流平台等功能。以优质出版物为基础，延伸产业链，出版、发行，将书籍内容 IP 化、活化；设置主旋律创新性展示，湾区文化动态展示，国际文化交流系列活动，构建文化交流平台；设置流动文化名家工作室、非遗传承工作室、文化创意工作坊等，构建创新创业平台。基于多元业态，深入探索多点盈利模式，通过 IP 运营、创意策展、数字产品、文化创投等渠道创造盈利新空间。

三、面向未来，塑造城市文明典范

（一）坚守国企担当，展现深圳先行示范

深圳出版集团是深圳市三大国有文化产业集团之一，一直坚持社会效益优先，忠实履行社会责任，积极举办品牌文化活动，助力开创全民阅读"深圳模式"，提升本土出版品牌，全力打造出版"深军"，大力发展文创产业，形成多元化经营格局。深圳出版集团积极贯彻落实市委市政府"一区一书城、一街道一书吧"战略，构建大书城和小书吧互为呼应的公共文化服务设施体系。目前深圳出版集团已在深圳建成 6 座面积超万平方米的大型书城、40 多家特色书吧，每年接待市民读者 2000 余万人次，已成为深圳重要的文化标识和精神符号。

深圳书城湾区城项目建成后，预计年举办文化活动超过 800 场次，年均接待读者超过 1000 万人次，将成为深圳推进全民阅读活动的重要平台和粤港澳大湾区标志性的现代公共文化生活空间，充分展现深圳在全民阅读推广上的先行示范形象，进一步满足深圳人民群众精神文化生活新期待。

（二）突出岭南特色，促进湾区文化认同

"中华文化积淀着中华民族最深沉的精神追求，是中华民族生生不息、发展壮大的丰厚滋养。"文化是身份的标识，是认同的根源。粤港澳地区地缘相近、人缘相亲，都拥有中华传统文化的共同根基。民俗文化是中华优秀传统文化的重要组成部分。在大湾区携手共进的今天，相近相融的民俗文化是联结大湾区各地的重要纽带，是大湾区发展进步的精神原动力。聚焦传统文化传承，湾区民俗馆将以活态化民俗展陈、民俗体验、非物质

文化遗产传习等多元形式，成为传承和弘扬中华优秀传统文化，促进粤港澳大湾区文化融合的重要载体，促进大湾区民俗产业的发展。

深圳书城湾区城（含湾区民俗馆）是展现大湾区文化事业发展风貌，推动大湾区文化交流和文化辐射的重要平台，其中的湾区民俗馆对凝聚大湾区文化认同，打造湾区精神家园，助力大湾区融合发展有着重要意义。

（三）深化文明互鉴，增强中华文化自信

正如习近平总书记所说："世界是丰富多彩的，多样性是人类文明的魅力所在，更是世界发展的活力和动力之源。"视域在交流中拓展，文化在交流中进步。当下，面向世界的粤港澳大湾区更需要同国际优秀文化相接触，以开放进取的姿态汲取国际优秀文化精华，从多样丰富的世界文化中获得不断发展进步的营养。

深圳书城湾区城位于改革开放前沿，定位为全球地标级文化体验目的地，将聚焦中外文化交流，打造多元包容的国际化文化交流平台。在持续引进国际知名文化品牌和文化项目、展示国际前沿文化艺术潮流的同时，遴选、打造并输出中国特色文化产品和品牌，打造国际化文化交流平台，提供国际化文化交流服务，全方位深化世界文明交流互鉴，推动中华文化走出去，扩大中华文化国际影响力，进一步增强中华文化自信自强。

在粤港澳大湾区、深圳先行示范区"双区"驱动，深圳经济特区、深圳先行示范区"双区"叠加，深圳综合改革试点、全面深化前海合作区改革开放"双改"示范的战略机遇下，深圳出版集团以"深入推进全民阅读，建设书香中国"为宗旨，积极探索新时代大书城的新型文化综合体模式，持续引领书城模式的发展，将深圳书城湾区城（含湾区民俗馆）打造

成粤港澳大湾区的文化高地，为深圳塑造城市文明典范，加快建设区域文化中心城市和彰显国家文化软实力的现代文明之城做出新的更大贡献。

深港共读：奇迹之城遇上东方之珠

徐平

2022 年 11 月 5 日，"从草木山水说起——深港自然地理对谈"活动在深圳书城中心城举办。

2022 年 11 月 5 日起，"当奇迹之城遇上东方之珠：深圳·香港的文化对视"系列活动在第二十三届深圳读书月上正式开启。活动由深圳读书月组委会和香港出版总会联合举办，以阅读为纽带，以名家对话和文化展览的形式，邀请来自新闻出版、文学、音乐、影视、博物馆、青年创业等领域的代表进行跨界对话，探索阅读与城市生活的融合，展现深港两地民心文化的互融共通。

一、共同传承历史文化

"从文献看香港——庆祝香港回归祖国二十五周年深圳图书馆馆藏香港文献展"以文献为载体，追寻了香港历史发展脉络，展现了香港经济文化面貌与城市魅力，以及深港两地在粤港澳大湾区建设的历史机遇下携手共进、共创辉煌的美好展望。

"深圳被誉为奇迹之城，香港被誉为东方之珠。双城不仅山水相依，更是文脉相通。多年来，两地交流频繁，关系密切。双城同样具备国际化、打拼创新的活力，又各有特色，一同成长、一同发展。"香港出版总会会长李家驹对《中国新闻出版广电报》记者说。

"每个人应将阅读视为生活的选项，享受阅读的自在，体会阅读的乐趣，从而养成阅读的习惯。"李家驹代表香港出版人从三方面表达了对阅读推广的希望：希望家长多鼓励儿童和青少年阅读，在阅读中成长；希望学校能提供更多阅读条件，营造更良好的阅读环境与氛围；希望政府投入更多资源，加强对阅读的重视，表现推广阅读的决心，打造书香城市。

二、共同推动互动交流

在深圳书城中心城南区艺术书店一楼及二楼展区，"合颜悦设——联合装帧设计分享展"吸引了不少读者前来观展。本次展览精选了香港联合出版集团旗下香港三联书店、香港中华书局、香港商务印书馆等主要成员机构在书籍装帧设计方面的优秀代表作品，带领读者了解香港书籍设计艺术与图书装帧特色。

"深港自然地理对谈""深港青年创业阅读对谈""深港电影音乐、流行文化对谈""深港两地艺术馆、博物馆发展对谈"4场对谈活动以阅读为媒介，从读书、读城、读人等角度，展开两座城市精神文化的双城对视，营造出浓厚的全民阅读氛围。在"深港自然地理对谈"中，《深圳自然博物百科》作者南兆旭等嘉宾从草木山水说起，通过对地理、历史、文化等方面的解读，让大家了解深港合作的历史背景、人文内涵和现实逻辑。

2022年，香港出版总会与80多家本港机构以及近300位学术、教育、文化等界别名人联合倡议将4月23日世界读书日定为"香港全民阅读日"，并发布了《香港阅读宣言》，加强香港全民阅读推广。宣言中提及，书籍象征知识和力量，阅读是永恒不变的传承。李家驹告诉记者："深圳读书月举办得非常成功，我们希望香港多借鉴、多效仿，也希望日后双城在阅读活动和出版交流上有更多合作，为推广全民阅读而努力。"

三、共同促进文化融合

"当奇迹之城遇上东方之珠：深圳·香港的文化对视"系列活动组织两地的专家学者，就自然地理、文学、艺术、流行文化、书籍设计、创业生活等领域，畅谈经验，分享心得，促进两地民心文化的深入交流，深度推进粤港澳大湾区的合作。

在"深港青年创业阅读对谈"中，香港在深创业代表陈升、麦栋培，深圳市第八届青联委员刘曦塔等嘉宾带领现场深港青年共读《春天的前海》《筑梦大湾区》等书籍的章节。他们从各自的经历出发，共谈在深圳工作、创业的故事，并分享两地青年文化交流的日常细节与阅读书单。对谈嘉宾纷纷表示，随着大湾区整体规划的发展，深圳湾区聚集了一批创业的香港青年，他们见证了香港青年以湾区为家、与内地热土共同成长、与内地发展融合共赢的历程，并身体力行共筑湾区文化融合。

"无论是个人或是香港社会，置身信息洪流，经历急速变化，面对不确定性，需要智慧和能量。阅读是一种自得生活的态度，是一种追求进步的方法，是一种提升社会素质的力量。"李家驹说，"身为出版人，我们希望通过阅读让人净化心灵、改变气质。同时，也希望通过深港两地读者的交流互动，推动两地文化互融互鉴。"

深圳市委宣传部副部长、市新闻出版局局长、深圳读书月组委会秘书长吴筠表示，2022 年恰逢香港回归祖国 25 周年，我们通过这样的文化对视，丰富体现了深港双城文化形象，续写更好、更精彩的故事，携手共同创造中华文化更美好、更崭新的辉煌。

徐平，中国新闻出版广电报记者

数字阅读

元宇宙时代的阅读与出版

徐升国

一、元宇宙时代的到来

2021 年 10 月，美国社交网络巨头"脸书"（Facebook）公司的创始人马克·扎克伯格宣布脸书公司更名为"Meta"，而 Meta 这一名称，是元宇宙 metaverse 的缩写，他通过将公司更名为 Meta，展示其向元宇宙 metaverse 进发的决心。正是这个更名事件，彻底引爆了"元宇宙"这一互联网世界的新概念，并宣告了互联网世界全新时代即"元宇宙时代"的到来。

仿佛就是在一夜之间，"万物皆可元宇宙"，无论是国际还是国内，几乎所有龙头科技公司，纷纷跑步入场，抢占元宇宙的船票。微软、苹果、特斯拉、英伟达、腾讯、阿里、百度、小米等，纷纷提出了自己的元宇宙战略。元宇宙这个陌生的概念挟裹着一股巨大的力量，向我们展示出了一个全新的虚拟世界。人们相信，这就是未来互联网的新形态。那么，究竟什么是元宇宙？所谓的新一代互联网，又新在何处？我们的生活究竟会在何种程度上被元宇宙所改变？元宇宙时代的阅读生活又将是什么样的？

"元宇宙"一词最初出现于科幻小说。美国科幻作家尼尔·斯蒂芬森在他 1992 年发表的科幻小说《雪崩》中首次创造了"元宇宙"一词。在这部小说里，所谓元宇宙指的是一种通过增强现实技术和虚拟现实技术创造出的现实世界与虚拟世界相混合的状态。

1999 年的电影《黑客帝国》、2009 年的科幻电影《阿凡达》，以及 2018 年的科幻电影《头号玩家》，让我们很多人体验到了元宇宙概念最为形象化的呈现。无论是黑客尼奥借助脑机接口、阿凡达借助太空舱，还是头号玩家韦德借助虚拟现实头盔，人们都可以在现实世界和虚拟世界之间实现自由穿梭。

元宇宙被称为是继 PC 互联网与移动互联网之后的第三代互联网。在 PC 互联网与移动互联网时代，人们主要通过电脑与手机屏幕去访问互联网，而元宇宙是一种以人为主体的互联网新形式。在元宇宙中，人们不再需要盯着电脑或是手机屏幕，而是通过虚拟现实设备，直接跳进互联网屏幕里边，与屏幕里的其他人毫无障碍地交流、互动，阅读彼此的眼神和动作，就像我们直接进入电影里边，与电影里的角色们互动、共享喜怒哀乐，而不是在影院里面隔着银幕旁观人们哭笑。这或许就是元宇宙最重要的特点，即进入一个与物理世界平行的虚拟网络世界，就像在现实世界一样与周边的人、事、物进行互动。

我们可以对比一下以前的互联网。在进行视频会议时，你坐在家里，看着电脑屏幕上排列着参会人员的脸孔，一群人分别通过话筒发言，你自己的形象也会通过电脑摄像头出现在其他与会人员的电脑屏幕上。而在元宇宙世界的会议体验则会完全不同，参会者将通过虚拟现实设备，置身于一个虚拟的会议室之中，你的身边坐满了你的同事，就像在物理世界的会议室里一样开会讨论各种问题。在会议结束之后，你仍然可能记得坐在自己身边的同事，以及他们的虚拟形象。通过这样一种高度仿真的网络空间，你既可以与朋友跨越空间距离"天涯若比邻"般在一起"真实地"见面开会，也可以跨越时间，自由地在过去世界与未来世界之间穿越。元宇宙把数字空间物化到了一个和现实空间几乎等同甚至超越的发展阶段。

进一步思考，元宇宙不仅仅包括虚拟现实技术和体验，还包括人工智能技术、数字孪生技术、区块链技术、物联网技术等各种新技术的组合，不仅构建一个虚拟世界的"全真互联网"，还能通过技术关联，实现虚拟现实与物理现实的全面关联。就像我们在网上下单即可点到一份真实的外卖、坐在中控室监控台前就能实现对一个小区的保安监控一样，我们通过在元宇宙中操作各种设施，就可以联动控制物理世界的各种自动机器，进行挖煤、种地，如同华为与神华集团合作开展的 5G 煤矿项目一样。我们同样可以通过元宇宙系统，控制全自动车间的各种生产设备和马路上的各种自动驾驶卡车，操纵各种工作软件开展从智能制造、自动快递到电商营销、时装设计和艺术创作的活动。

在现代战争中，也不乏元宇宙的身影。士兵在战场上，通过运行手提电脑上的各种软件，就可以远程操控各种无人机、卫星定位系统、自动跟踪单兵火炮等，对敌方飞机和阵地实施精准轰炸打击。从中我们可以预见：在未来的战争中，元宇宙将成为主要的战争阵地，以元宇宙为操控平台，操控各种数字孪生机器人、自动机器人、自动战车、自动舰艇、蜂群无人机列阵等各种人工智能战争武器，通过人脸识别叠加自动跟踪与锁定技术，进行打击对象的定点清除，实现虚拟现实与物理现实的全面融合，形成全新的战争模式，从而重新定义战场与战争。

从这个意义上说，元宇宙是一个时代，而不只是一项技术变革。当我们说 PC 互联网时代与移动互联网时代，并不只是指我们拥有的一台能上网的电脑或一部智能手机，而是指与之相关联的整套技术组合，并因之而实现了一种全新的工作方式与生活方式，标志着一个新时代的到来。互联网时代意味着信息时代的到来，移动互联网时代意味着智能时代的到来。而元宇宙时代则意味着全真网络时代的到来。

元宇宙的本质是信息宇宙。数字世界逐步从现实世界的镜像、孪生进化到物理世界的再造与超越，呈现出超时间、超空间、超物质、超能量等特征，光速不可超越等物质宇宙物理定律在元宇宙空间中都将失灵。这也将标志着信息文明时代的真正到来。如果说农业文明是"物质利用"文明，工业文明是"能量利用"文明的话，那么信息文明就是"信息利用"文明，信息超越物质与能量，成为文明的内核。

二、元宇宙时代的工作与生活

元宇宙这个概念的流行，首先是用于娱乐与游戏，现在无论是Meta，还是有"元宇宙第一股"之称的 Roblox 沙盒游戏公司，以及"Decentraland""第二人生"，都是以游戏为主要产品形态的。但元宇宙实际上除了游戏，在办公、交易等事务上也具备广阔的应用空间。

首先，元宇宙不再是屏幕里的三维动画，而是极度真实的"沉浸现实"，因此人们会戴上 VR 眼镜，身临其境地走入虚拟世界。我们可以在元宇宙网络空间中与人相遇，实现工作、学习、生活、娱乐、社交、购物，就像我们现在在互联网与手机上进行各种学习生活社交一样，未来人们将通过体验感、沉浸感更强的元宇宙进行学习、生活、工作等所有活动，其体验与我们在真实的物理空间进行学习、生活非常类似，既可以足不出户，又能走遍五湖四海。

元宇宙将在极大程度上替代我们在物理世界中的活动，整个世界将会向数字化推进。就像科幻电影《头号玩家》或《阿凡达》里的场景一样，人们的现实生活越来越简单，大部分时间都是戴上 VR 眼镜，进入虚拟现实中，在这里上学、工作、旅行、比赛、娱乐，结交志同道合的朋友。在这里，你的出身背景和容貌已经变得不再重要，起决定性作用的是你在虚拟世界里的想象能力和精神力量。

之前人们在虚拟世界里，主要是进行网络游戏。Facebook 启动"Meta"时，还提出了要在元宇宙里实现"工作场景"。他们第一步便是打造一个虚拟现实工作空间——Horizon Workrooms。这是一个用于远程协作的虚拟现实（VR）应用程序，通过 Oculus VR 设备，用户可以轻松访问网上的 3D 虚拟办公室。你只要佩戴上 VR 眼镜设备，就可以在虚拟办公室里开展工作。用户可以像在会议室一样与同事面对面交流讨论，甚至可以在虚拟白板上阐述自己的观点。

近两年来的新型冠状病毒感染疫情极大地刺激了"云端工作"的发展，大家开始习惯于在家工作、开展线上合作。但我们无论是办公还是进行视频会议，仍然有很多弊端，我们主要靠电脑屏幕进行沟通与交流，而这种隔着屏幕的交流却无法代替人们直接见面交流的效果，尤其是缺乏感情的深度交流，人们之间既隔着真实的屏幕，也隔着感情的屏障。而元宇宙里的"工作场景"，是一个更具现实感的地方，你会感觉和大家坐在同一个圆桌前，讨论的内容会以图像形式在空气中展现出来，人与人会有眼神交流，更像真实的工作空间。

在元宇宙空间，甚至可以模拟大自然的物理和生物环境，比如在不同的气候下，草的生长情况会有不同，还能够实时处理虚拟世界中所有的光线变化。人的动作动态和面部表情也非常逼真。在这样的高端技术下，我们真的能够创造一个与物理世界平行的、可以自我运行的、逼真的平行宇宙。

不仅是工作与娱乐，教育也正在移入虚拟世界，我们的孩子过几年就会在"元宇宙"中进行学习。在元宇宙课堂里，学生戴上眼镜就能漫步于5000年前的埃及，看到身边的古埃及人修建金字塔的场景。那种沉浸感体验，是和在黑板、书本、视频中学习的感受极为不同的。届时，世界上最好的学校都在"元宇宙"里，孩子可以不出家门，就像现实中那样和同学漫步校园、去图书馆阅读、进教室听课。

随着工作与教育系统在"元宇宙"里的完善，人们会花越来越多的时间在虚拟世界，随之而来的就是娱乐和社交，比如和元宇宙的朋友们一起去听音乐会、来一趟宇宙飞船旅行，都是轻而易举的事。

不仅如此，"元宇宙"中还会有自己的金融系统和数字货币，人们会发展"元宇宙经济"。虚拟世界中也会有数字资产NFT。NFT作为数字资产，它可以证明你的独一无二的拥有权，比如你可以购买数字艺术品、数字房地产、数字奢侈品。以后你也会在"元宇宙"里买属于自己的虚拟住宅、逛名牌店、穿品牌球鞋、开名牌跑车。不要以为这些情景似乎还是遥远的想象，它其实已经近在咫尺，就像二十年前互联网诞生的初期，谁也想不到我们会通过网络如此便利地购物、点餐、结账、叫车、开会、办公、健身、交友、恋爱，似乎我们所有的工作和生活都离不开网络和手机。互联网和移动互联网以仅仅二十年的时间，就如此迅速地改变了人们的工作和生活方式。互联网是一个加速发展的巨浪，而"元宇宙"则是互联网发展的"奇点"时刻，它将进一步全面颠覆人类生活的整个面貌。

在元宇宙时代，我们的工作方式完全不一样了。从农业生产、工业生产到医疗手术，甚至是新闻写作，目前由人类完成的工作中，超过50%

都将由机器人、人工智能等自动化技术替代。在元宇宙时代，凡是机器或者人工智能（AI）能够代替的工作，都将由机器替代；凡是机器能替代的能力，就不再值得花时间去学习与训练。

在元宇宙虚拟空间中，人们将以数字化身的方式存在。数字人也将由此引领人类从碳基人进化到硅基人。硅基人将从碳基人的衣食住行、生老病死进化为数字化生存，从生物进化发展为智能进化，人类将超越肉身，实现智能奇点、数字永生。

三、元宇宙时代的阅读

在元宇宙时代，信息的生产与阅读消费正在成为社会的主体。在元宇宙虚拟现实环境中，人们接触的一切，都是数字内容，而不是物理实体。可以说，人们主要通过阅读各种数字内容获得所有信息。在元宇宙世界，阅读即生活，生活即阅读，阅读将不再是一个专门的活动，而是全面泛在化，融入人们的一切行为之中。阅读将成为人们的日常生活方式，阅读也将成为人们在元宇宙中连接一切的接口。

在元宇宙中，人们的阅读行为也将发生重要变化。在互联网时代，我们的阅读已经从传统的纸质文字阅读扩展到了读电子书、听有声书、观看知识小视频、观看知识直播、在线听讲座，甚至参加线上讨论组进行交流，而不只是静静地阅读一页一页的静态文字内容。而到了元宇宙空间里，人们获得信息、知识和智慧的方式将进一步从文字阅读与思考转化成"目击"观看各类"全真信息"。我们在新闻发生"现场"目击"全真新闻"，在战争"现场"目击"全真战争"，一切信息都以"全真"方式呈现在我们眼前。

阅读从史前口头传播时代、史前石刻时代、文字时代、图文时代、视频时代进入三维信息时代，或者说"回到"了"现场"口头传播时代，一切都在现场化。但这个现场又不同于史前的现场，而是基于 3D 技术，包括虚拟现实（Virtual Reality，简称 VR）、增强现实（Augmented Reality，简称 AR）、混合现实（Mixed Reality，简称 MR）、扩展现实（Extended Reality，简称 XR），以及数字孪生技术而实现的虚拟现场。这种现场不必亲临真实现场，而是可以通过元宇宙穿越时间、穿越空间"君临"现场。你可以降临在雅典与苏格拉底进行对话；也可以端坐杏坛之下，亲聆孔夫子传授《论语》之道；你可以穿越太阳系甚至银河系，经过虫洞去目睹宇宙中心的神奇黑洞与超新星大爆炸；也可以以天神的视角，在半小时之内目击地球 46 亿年演化历程；甚至还可以钻进自己的心脏与大脑，细究心室、细胞与神经元的构造与功能。

在元宇宙世界里，"全真阅读"使阅读的形式发生了重要的变化。文字阅读进一步被"真实场景阅读"替代了。五千年文明史就是一部文字文明传播史。但在信息化、数字化、移动化的今天，图文信息、有声信息、短视频信息正在替代文字信息传播模式，与之对应，数字阅读、移动阅读、有声阅读载体也正在替代传统的纸质图书报刊阅读载体。随着元宇宙时代的到来，信息传播模式进一步从音视频模式推进到三维场景的元宇宙阅读模式。阅读载体也必将以"全真阅读"替代文字和音视频载体，沉浸式体验成为阅读的主要发展方向。随着阅读形式的改变、阅读模式的改变，阅读的定义也必将改变，阅读将从文字阅读时代发展到全真阅读时代。

虽然阅读的定义在发生变化，但阅读的本质仍然不变，这就是通过获得信息、掌握知识，形成智慧，提升我们的能力、素养、精神境界和生命品质，让我们从一个生物个体，发展成为一个精神充盈而丰富的大写的人，而不仅仅是为了用眼睛去识别文字。文字只是信息与知识封装、传播、接收的载体。几千年文明史就是信息传播载体及信息封装方式变革的历史，从甲骨文到简帛到纸书到电子书，从文字到图像到音频到视频。元宇宙时代，信息与知识传播将重新"回归"到史前的"现场目击"模式，而不是间接通过图文转码模式。当然这实际是一种更高级的"回归"，回归人类体验本身，回归生命直觉本身。

在元宇宙世界，凡是人工智能能做的都将被替代，凡是可以瞬间查询到的知识都不再需要背诵。我们将更进一步从追求生存、追求生活，到追求生命品质与灵魂提升。我们更重要的能力，将是我们的表达能力、组织能力、创意能力、创新能力、人格魅力和精神气场。在元宇宙世界中，我们既可能沉迷于各种娱乐刺激无法自拔，也可以借助现代科技实现生命的自我扬升，达到生命的极致超越与灵魂的极度升华。阅读超越纸张、超越文字、超越知识，直抵大成智慧（Meta-synthetic）。而让我们超越自我，正是阅读的本质。作为阅读工作者，所需要做的就是在积极拥抱元宇宙的同时，充分研究开发各类最适合元宇宙场景的阅读产品、阅读服务和阅读体验，以满足人们的全新阅读需求，满足人们对极致美好精神生活的追求。阅读越来越成为人的本质，通过阅读，每一个人都将成为更好的自己。这也将是元宇宙时代阅读的历史使命。未来已来，阅读的未来将照亮人类的未来。从这个角度讲，元宇宙时代，也必将是阅读的黄金时代、知识行业的黄金时代，必将使阅读在元宇宙时代迎来灿烂辉煌的明天。

四、元宇宙时代的出版变革

随着元宇宙时代的到来，人们的生产、生活和阅读方式的革命性变化，也必将更加深刻地改变出版业的基本模式与出版行业的整体格局。沉浸式体验获取知识模式，将使出版业不再以文字知识为主要知识封装模式，纸质媒体也将随之慢慢告别历史舞台，图文和音视频数字出版也将成为传统媒体。虚拟现实出版、增强现实出版、混合现实出版、扩展现实出版、数字孪生出版等全新的出版模式将成为主流。与沉浸式互动体验阅读相对应的沉浸式互动体验"知识元宇宙"将替代出版这一概念。

由于元宇宙是以信息、知识阅读与互动为主要模式的人类生活新时代，阅读的泛在化成为必然，使得一切行为都成为阅读，一切产业都成为元宇宙出版。传统的专业出版这种知识生产中介行业将逐步融合、消融，变成每一个企业与机构的日常行为，甚至成为每一个普通用户的日常行为。

在此过程中，知识生产将实现从专家生产到用户生产的转化。创作者经济将成为元宇宙的重要经济形态。而伴随区块链技术发展出来的数字货币及非同质化代币（Non-Fungible Token，简称 NFT）的普及，则使人人皆可生产、传播、交易与消费知识成为现实，知识生产与传播的去中心化成为必然，也必将使内容行业实现大爆炸。

出版与阅读还将与其他领域完全融合。生产、消费、金融、工业、数字孪生、智慧城市、智慧教育，一切行业都包含信息与知识生产与传播，就像 PC 互联网和移动互联网时代，出版业越来越与信息产业深度融合。在元宇宙时代，一切行业都是知识行业，都是信息行业，也都将成为出版行业，出版业将越来越泛在化。

而随着人工智能的进一步发展，知识生产与消费还将朝着智能化、自动化方向迅猛发展，海量知识与信息将由智能设备进行自动生产、传播，甚至是机器阅读、机器消费。现在的大数据、云计算、深度学习、神经网络、量子计算，已经初步实现了信息生产、传播、交互、解读、消费的自动化。机器学习成为人工智能的标配，机器写作和算法推荐正在成为今日头条等数字媒体的"大杀器"。元宇宙中的海量内容，都将由人工智能自动化生产、个性化定制。

个人化出版、泛在化出版、智能化出版，元宇宙时代的出版模式必将发生根本性变革。从时间线上看，元宇宙的发展，可以大致划分为三个阶段：2021—2030 年早期阶段，2031—2040 年中期阶段，2041—2050 年成熟阶段。这意味着未来十年之内，传统出版模式将被颠覆，出版业面临重启。

钱学森同志在 1990—1996 年间就曾预见基于虚拟现实的元宇宙革命这一历史时刻的到来。钱老在 1990 年将"Virtual Reality"翻译为"灵境"，他认为译为"灵境"比译为"虚拟现实"更有中国意境。他基于对虚拟现实技术的深入研究，在 1994 年就作出判断："灵境（Virtual Reality）技术是继计算机革命之后又一个技术革命，它将引发震惊世界的变革，一定是人类历史中的大事。"1996 年 3 月 1 日，在给汪成为的信中，钱老指出："从灵境系统开始的这种结合则是融合，是把人'神化'了，成为'超人'！'超人'的感受可以大到宇宙，小到微观，成'仙'了！这真是人类历史的一次大革命，就如人类有了语言、文字！这将是 21 世纪后半叶的事。"他进而提出，灵境技术将使人的创造能力大大提高，使人类的形象思维、灵感思维大大发展，大成智慧成为现实。并由此引发科学大发展、文艺大发展，最终导致科学革命、文化革命。"灵境技术及多媒体能大大拓展人脑的知觉，使人进入前所未有的新天地，新的历史时代要开始了！"

数字人使我们超越肉身，灵境使我们超越物质，大成智慧则使我们超越技术。这种阅读大爆炸、知识大爆炸引发的文化革命和科技革命，也将引领人类进入全新世、超人世、奇点世的全新时代。我们这一代出版人，也将见证历史、创造历史，共同参与这一伟大的进程。

徐升国，中国新闻出版研究院出版研究所所长

国民阅读研究与促进中心主任

场景五力视角下深圳数字阅读推广的创新路径

张晗　姚丽婷　吴洁　成果

2023 年，"全民阅读"第 10 次被写进政府工作报告。从以往"倡导全民阅读"到如今"深入推进全民阅读"，我国全民阅读工作不断向纵深方向推进。随着数字技术、网络技术和通信技术的迅猛发展，数字阅读日益成为人们的主流阅读方式，引领着全民阅读新风尚。《2021 中国数字阅读报告》显示，当年我国数字阅读用户规模已超过 5 亿，同比增长 2.43%，人均电子阅读数量达 11.58 本，有声阅读 7.08 本。数字阅读时间日益增长，覆盖人群日益拓宽，数字阅读行业发展势头迅猛，但如何将优质的数字出版内容高效地传递到广大受众身边，实现供需平衡；如何提升数字阅读质量，满足用户多元的文化消费需求，使得不同年龄、职业和文化程度的读者都能借助数字化设备参与到全民阅读中来；如何激活全体国民数字阅读的积极性，是当前数字出版业和全民阅读事业需要探讨的重要问题。

一、基于"场景五力"的城市数字阅读空间建构

"场景"一词原本为影视、文学用语，指空间中同质和异质的元素及其关系传递给受众信息和感觉。新芝加哥学派的特里·克拉克将场景引入

城市社会的研究中，形成了"场景理论"，认为"场景"蕴含着文化与价值观，不仅包含物理空间等客观物质基础设施的存在，同时也在强调个体基于场景的主观体验。在《即将到来的场景时代》一书中，罗伯特·斯考伯和谢尔·伊斯雷尔将场景描述为移动时空的新维度，创造性地用大数据、移动设备、社交媒体、传感器和定位系统的"场景五力"技术系统搭建虚拟时空单位，"场景"一词也不再囿于物理空间的范畴，而是拓展为包含时间、空间和个人行为活动，新的场景技术不仅可以实现人与人、人与信息的勾连，还可以实现虚拟与现实、人与物品的密切联系，从而形成人类社会运作的一个微观单元，连接成人们的日常生活。①

随着计算机技术、网络通信技术和人工智能技术的快速发展，城市的数字阅读场景也发生着深刻变革。数字阅读是传统内容行业与互联网展开深度融合后的全新产品形态②，通过场景分类、场景创设、场景赋权和场景分享，数字阅读的融合更加深入③，阅读活动的焦点转向交流、对话和共享④，数字阅读服务出现内容融合化、服务场景化、体验个性化、阅读社交化、定价机制灵活化等趋势。⑤在具体的城市数字阅读场景中，可依托移动设备，建设公共数字阅读平台，延展线上阅读空间；利用社交媒体的多元功能，搭建共在化的交互阅读场景；借助传感器采集读者数据，打造沉浸式的阅读场景；运用大数据技术和定位系统，描摹读者画像，实现阅读

---

① 夏蜀. 数字化时代的场景主义 [J]. 文化纵横，2019（05），88–97+143.
② 黄先蓉，张窈. 数字阅读研究热点与动向：伦理、行为与应用 [J]. 出版科学，2020，28（02）：5–16.
③ 刘果. 场景视域下数字阅读特征与发展策略研究 [J]. 湖南大学学报（社会科学版），2020，34（01）：148–154.
④ 李桂华. 复合阅读行为：全媒体时代的阅读行为新形态 [J]. 图书情报知识，2019，189（03）：17–24.
⑤ 李雅筝，周荣庭，郭璐. 后疫情时代数字阅读发展趋势展望 [J]. 出版广角，2020，378（24）：23–26.

内容的个性化推荐和智能阅读服务。场景技术的运用满足特定阅读场景下的适配性需求，推动数字阅读供给方式和服务模式的创新，为城市全民阅读的发展赋能。

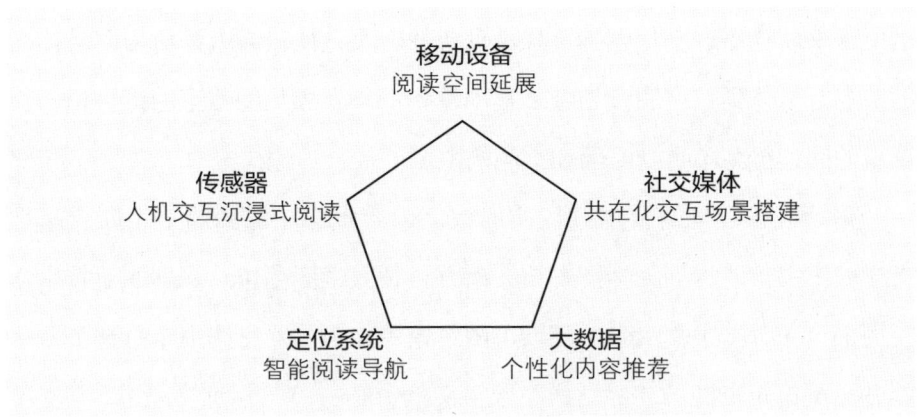

图 4-1 基于"场景五力"打造数字阅读空间

作为世界上第一个被授予"全球全民阅读典范城市"荣誉称号的城市，深圳始终致力于推动全民阅读事业，并率先倡导以数字化技术推广全民阅读。深圳以数字媒介、网络空间和智能设备为载体，打造数字阅读终端产品，搭建公共数字资源平台，积极开展形式多样的数字阅读活动，鼓励"阅读＋科技"的新业态，推动文化与科技深度融合，不断挖掘数字阅读的发展潜力，助力全民阅读事业的发展。2021 年深圳市民的数字阅读接触率已实现 100%，深圳连续五年被评为"数字阅读十佳城市"，数字阅读已成为深圳市民生活方式和城市公共文化服务的新常态。

二、上线优质资源实现移动化场景

场景时代，人机互动对接的移动设备不仅可以识别和采集读者的基本信息数据，还可以作为移动终端，为读者提供场景服务。[①] 智能手机、联网电子书阅读器、平板电脑等移动设备的普及，使得人人都成为网络传播的节点。具体到数字阅读领域，移动设备汇集多样化的数字阅读资源，使读者的阅读行为不再受时间和空间的限制。

移动设备首先需要加载优质的数字内容资源。深圳图书馆联合深圳大学城图书馆、深圳大学图书馆、南方科技大学图书馆、深圳职业技术学院图书馆、香港中文大学（深圳）图书馆等在内的八家图书馆打造了一个集各成员馆藏资源的"一站式"数字文献中心——"深圳文献港"，支持移动端实现馆际互借和文献传递。进入文献港，市民可以轻松访问包括 1186 万册（件）中外文纸本馆藏和 400 多个数据库在内的丰富数字资源。除了提供海量图书检索和全文阅读的在线功能，"深圳文献港"还提供图书资源下载和免费原文传递服务，便利市民离线阅读。

开发全民阅读 APP 也是行之有效的推广路径。最先开展移动化阅读场景建构的尝试当属深圳出版集团出品的深圳书城（掌上书城）APP。这是一款专门服务于实体书店的移动应用，使用"新零售"模式联动线上平台和线下实体书城，为读者提供全方位、高质量的"一站式"文化消费服务。深圳书城 APP 集书城导航、书城优惠、书单定制、文化活动资讯于一体，整合了在线阅读、在线购书等多种功能，提供在线购书、送书上门

---

① 周聪，刘双，张德林.场景五力视角下基于用户动态画像的精准推荐服务研究 [J].图书馆学研究，2021，510（19）：65—72.

服务及各类线上荐书讲读活动，将数字阅读融入市民的日常生活。

2016 年 5 月，深圳出版集团与"当当读书"共同推出全民阅读 APP，是《深圳文化创新发展 2020 实施方案》重点建设的全民阅读数字产品，被列入国家文产基金资助重点项目。在 50 万余数字资源背景下，以听书、影像、图文三重媒介承载全方位阅读资源，并整合深圳读书论坛、深圳晚八点、市民文化大讲堂、深圳讲书会等深圳品牌文化活动，联合国内大型电子书平台——当当数字阅读频道，共同开发，共建数据库，拥有 50 万本电子图书，涵盖各类畅销书、首发书等海量正版资源，包括青春文学、历史经管、流行小说、社科教育、投资理财、旅游等 40 多个图书品类，为市民提供看书、听书、视频阅读等多样化阅读形式。

深圳的民间公益组织也积极开发移动阅读终端。阅芽计划 APP 是深圳市政府与民间基金会为推动儿童早期阅读发展而创建的阅读服务项目，致力于为 0—6 岁儿童家长提供如亲子共读、优质图书推荐等科学的早期阅读内容和服务，助力幼童早期教育。深圳全市有 0—6 岁孩童的家庭，不限户籍，均可通过阅芽计划 APP 免费获取集适龄图画书和早期阅读指导手册在内的"阅芽包"。目前该 APP 已累计服务 10 万个家庭，帮助低龄儿童建立科学、专业的早期阅读规划。

三、借助社交媒体实现交互式场景

正如穆尔在《赛博空间的奥德赛》一书中指出，人类已经移居到赛博空间当中。赛博空间中的社交媒体不仅是人类拥有的新工具，甚至已成为当代人日常生活得以运转的环境和基底，①各类社交媒体逐渐成为市民参与社会生活不可或缺的重要工具。基于社交媒体的交互式阅读正成为一种新型阅读方式，读者可在阅读中实现与其他读者甚至智能机器的低延时或实时交流、对话，发表评论，在线分享阅读体验的互动式分享阅读。②与此同时，市民的阅读活动走向泛化，阅读动机和阅读行为表现出随机性和自主性。③"共读"的实现需要整合多种技术形式，开发类似游戏、问答、剧情等交互体验功能，搭建互动的阅读场景，形成立体、动态、智能的数字阅读活动和产品，以破解全民阅读推广活动参与率低的难题。

在数字阅读场景构建过程中，可以通过打造社交阅读账号，在内容推广中嵌入数字阅读入口。深圳图书馆则进驻微信公众平台，建立了"深圳图书馆 | 图书馆之城"公众号，嵌入 93 个数据库，共计 600 万册电子文献，为市民提供涵盖人文、经济等各个领域的资源，馆外访问许可资源达到 97%，真正解决"无法到馆，难以访问"的难题。2020 年，深圳图书馆再次依托微信小程序移动端建立线上数字阅读平台——深圳图书馆数字阅读图书馆，整合优质阅读资源，涵盖 MET 全民英语、QQ 阅读、云图有声数字图书馆等 13 个数据库，收录了 22 万余个音频和近 3 万个视频资源。该小程序集合看书、听书、期刊、视频、讲书等多类别功能，囊括了视频、音频等在内的多样阅读产品形态，市民仅需使用自身携带的移动设备，即可在移动端开展看书、听书等多样阅读活动，满足了差异化的

① 约斯·德·穆尔 . 赛博空间的奥赛德：走向虚拟本体论与人类学 [M]. 麦永雄，译 . 桂林：广西师范大学出版社，2007：245-250.

② 熊太纯，王晓刚 . 新媒体情境下公共图书馆互动阅读服务研究 [J]. 新世纪图书馆，2021，294（02）：56-61.

③ 梁士金 . 社交媒体视角的用户持续碎片化阅读意愿：基于 ECM-ISC 和主观规范的实证 [J]. 图书馆学研究，2020（09）：80-88.

阅读需求。

与市民的在线交往互动也可提升共在化的数字阅读体验。深圳图书馆进驻微博客户端，对阅读内容进行实时更新，并利用社交媒体的互动属性，发起了如"深小图荐书""爱阅读爱深图""寻找深图布克家族幸运儿"等微博抽奖话题，打造出"创建微博话题标签开启抽奖——粉丝积极评论参与抽奖——邮寄实体奖品——收到奖品粉丝回流增加曝光度"这样一条互动式阅读推广生态链，通过与用户展开互动，增强用户黏性。截至 2023 年 3 月，深圳图书馆同名微博账号粉丝量已达 57.7 万，在各大城市图书馆微博号中排名靠前。

数字媒介环境中，传统的作者签名售书、阅读交流分享会等类型已无法满足市民对阅读活动实时化、在线化和交互化的期待。2019 年深圳读书月组委会上线"深圳读书月"小程序，联合民间阅读组织、打造了"手机阅读季""阅芽计划"等数字阅读品牌活动，汇总读书月 700 余项活动预告、直播和线上打卡；设立"读书论坛"栏目，以时间轴形式整合读书月期间的读书论坛排期，方便市民查询。此外，小程序还以电子卡片的形式为用户推荐"十大好书""十大童书""重点推荐书目"等书单，给予用户更直观的视觉体验。读书月期间，市民通过参与线上阅读打卡活动，还有机会赢取读书月限定纪念徽章和价值 200 元的电子购书智慧卡。

四、综合技术优势打造沉浸式场景

沉浸化阅读场景通过综合移动设备、社交媒体等技术手段，为市民提供沉浸式阅读文本或活动，淡化虚拟与现实之间的物理隔阂和心理边界，使读者本身也成为阅读的内容之一，获得沉浸化的阅读体验。[①] 传感器是能输出测量和感受到的信息的检测装置，它的普及能够满足数据被实时捕捉、存储、传播、处理的需求，同时可以监测和控制相关参数，调整设备的工作状态。[②] 传感器作为人感官的延伸，对传感器的应用能够勾连人与机器，实现人与机器互联。目前传感器被广泛运用在图像信息识别、感知运动状态、识别指纹身份、守护安全等智能设备上。

沉浸化场景首先可以提升物理空间的阅读体验。比如大型书城和图书馆可通过传感器感知室内的温度、湿度，再与各类数字系统交互，从而控制馆内温度、湿度及灯光等要素，营造适宜阅读的场景。深圳书城中心城便通过智能终端感应器的连接，实时监控并展示智慧书城的能源态势，可以自动动态分配空调能量，动态调节灯光强弱，为读者营造舒适的阅读氛围。[③] 使用智能设备还可实现用户信息的搜集，综合算法判断用户特征，从而推荐书籍，VR、AR 等交互传感器设备可以帮助用户综合视觉和听觉感官从而实现沉浸式体验。深圳书城中心城借助传感器等技术打造了听书瀑布屏、体感互动屏、拍照互动屏和触摸互动屏，市民可以选择感兴趣的图书听书或与互动屏互动，获取沉浸式的阅读体验。

作为市民主要出行交通工具之一的地铁，因其高度的移动性和人群聚集性，成为打造沉浸化阅读场景的极佳载体。早在 2018 年，第十九届深圳读书月启动了深圳地铁阅读季，探索"扫码听书""地铁阅剧场""带本好书坐地铁"等主题地铁阅读活动。借助地铁无线网络和手机设备，地铁

---

① 覃芹，邵笔柳 . 融合传播中的沉浸式阅读：概念、价值和路径 [J]. 南昌大学学报（人文社会科学版），2021，52（01）：92–98.

② 过仕明 . 数字图书馆用户画像及场景重构研究 [J]. 情报科学，2019，37（12）：11–18.

③ 尹昌龙 . 智能化阅读空间与智慧书城建设——以深圳书城中心城的智能化实践为例 [J]. 新阅读，2021（05）：50–52.

引入数字有声图书馆，市民在地铁上可根据自己的需求与兴趣自主下载相关阅读资源。2019 年港铁（深圳）联合深圳市图书馆、QQ 阅读共同推出"M 地铁·图书馆"系列活动，汇集海量优质数字阅读资源。2020 年地铁阅读季期间，在书香专列上设置数字听书二维码，市民可以扫码即时免费听书，为市民沉浸式听书打造便利条件，推动阅读成为市民通勤时的一种生活方式。

深圳的数字阅读推广还借助网络直播、线上打卡、云书展等形式打造虚拟空间的沉浸式阅读场景。第二十二届深圳读书月上，深圳的 24 小时书吧、坪山区图书馆"星光书屋"、灯塔图书馆等开展了多场慢直播活动，如韩家英 × 毕飞宇、刘晓都 × 韩东等名家在线对谈，科技刻画人类读书论坛等，这一 24 小时亮灯的阅读盛宴，让市民在交互氛围中通过直播连线、实时弹幕等实现与名家、学者的交流对话。

为培养市民良好的阅读习惯，线上打卡也是一种有益的尝试。第二十三届深圳读书月期间，盐田区推出"书籍里的星辰大海"沉浸阅读打卡活动，紧扣盐田区海洋文化特色，招募亲子家庭、青少年和成人，通过阅读或系统讲书等方式拍照或录制视频在微信小程序打卡记录，挑战连续坚持 21 天。读书月主办方还创新推出了"名家荐书马拉松"直播活动，邀请各领域读书人、爱书人在线上 24 小时不间断推荐好书，让市民在线上品味阅读盛宴，并在深圳读书月小程序和深圳主流媒体的移动应用平台进行了同步推广。

"云书展"是第二十三届深圳读书月的重点项目。它依托"深圳书展"小程序，满足了市民对线上阅读一站式、沉浸化服务的新期待。这一空间集书展导航、线上购书、活动直播、书单推荐等多功能服务，使市民足不出户就能逛书展、听讲座、看直播。其中"云直播"以线上线下联动的模式展开，在主会场现场搭建直播间，联动中南博集天卷、磨铁图书、深圳出版社等线下参展出版机构，通过"全国新书首发中心"抖音号、视频号开展 5 天专场直播，与全国各地读者云上互动，让市民在线上品味阅读盛宴，使得更多市民能够在多样化的沉浸场景中开启数字阅读、悦纳数字阅读。

五、创新技术应用探索智能化场景

近年来，数字媒介呈现出数据驱动、人机协同等特征，大数据、定位系统等多种技术的叠加实现了全民阅读场景的便利化、个性化与智能化。大数据技术可以有效提高数字阅读推广的效率和质量，以海量数据支持智能阅读场景。数字阅读服务提供者可以有机结合用户个人数据和公共服务数据，通过文本挖掘等大数据技术对读者的借阅信息、搜索信息以及浏览轨迹进行记录并形成读者数据库，分析读者的兴趣偏好和行为指向，提供个性化的智能推荐服务。大型书城和数字阅读平台可收集不同时间段的阅读、浏览数据，探求线下和线上的阅读流量、阅读偏好和活跃规律，形成销售排行榜单，实现精准图书推广，优化馆藏资源配置。借助定位系统，还可以感知市民所处的物理位置与环境，记录其在某一区域停留的时间和经过的频率，为智能导航、智能咨询、智能座位预约等功能及定位打卡等互动活动提供技术支撑，实现虚拟数字阅读和传统实体阅读的勾连。

从"人找书"到"书找人"是全民阅读智能化的要义。智能大数据系统通过抓取检索历史、浏览轨迹、借阅情况等数据，提取读者阅读偏好，为读者量身打造个性化的推荐书目。在 2019 南国书香节暨深圳书展中，"人脸识别 AI 荐书"系统上线。这套智能系统可以从年龄、性别等维度展开个性化推演，进而在容量 300 种的精选书库中为体验者"量身"荐书，实现精准预测、个性荐书的智能服务。深圳的几款数字阅读 APP 也将智能阅读推荐纳入软件内置的重点板块。在全民阅读 APP 首页设有"全民阅读计划"入口，点击加入计划，市民可自行选择分众类型，从而挑选适合自身的阅读计划，按照预设的时间进度对计划书目进行有序阅读，在保证阅读科学高效的同时，也有利于培养数字阅读习惯。深圳读书月、深圳书城等 APP 和小程序均会在首页醒目位置发布个性化的最新好书榜单，将热门书籍推荐融入日常阅读实践中。此外，2023 年 2 月，科大讯飞青少年阅读器联合深圳少儿图书馆发起了一场"把图书馆借回家"活动，读者可以借阅讯飞青少年阅读器开启居家智能阅读。

智能阅读导航还可帮助市民实现图书馆借书和实体书店购书的便利化。早在 2006 年，深圳图书馆就在全国率先运用 RFID 无线射频技术实现读者到馆自助借还书籍。依托大数据和定位系统，书店、书城可实现"人—场—货—物"的连接。市民在深圳书城中心城公众号的留言板上，通过输入会员、交通、停车、查书等字样，即可获得相应的数据信息，阅读、出行、找书十分便利。在深圳政务服务移动端"i 深圳"APP 上线的"深圳图书馆"智能功能板块中，市民可以点击"发现"获取定位权限，从而知晓附近书城、书店的位置以及相应的图书资源，同时支持不同区位、不同图书馆类型的自助查询，精确定位图书馆地址和确定服务时间，方便借阅书籍，缩短寻馆、索书的时间。第二十八届全国图书交易博览会（简称"书博会"）的现场，深圳打造的 24 小时无人智能书店，可以实现 30 秒自助购物，市民仅需打开小程序就能第一时间搜寻到附近的书店资源。

深圳书城龙岗城改造阿布 e 智慧书店，成为全国第一座全方位、多维度的高端智能书城，以 AI 人脸识别互动、无感支付、智能水吧与门禁系统、无人值守的开放购书环境实现公共阅读空间智能阅读场景搭建。深圳书城中心城也进行了改造升级，设立大数据智慧屏，实时滚动更新书城场内客流量、人气图书榜单及实时停车位空余数量等数据，设立 AI 互动屏，结合人脸识别技术和大数据技术，根据读者特征、浏览记录及历史购书纪录为读者智能推荐合适书目等。除此之外，深圳本土 APP 掌阅科技与深圳像素人科技有限公司合作制作了阅读推广虚拟数字人"元壹梦"，在首期推荐中，"元壹梦"为市民带来了东方玄幻小说《武映三千道》。

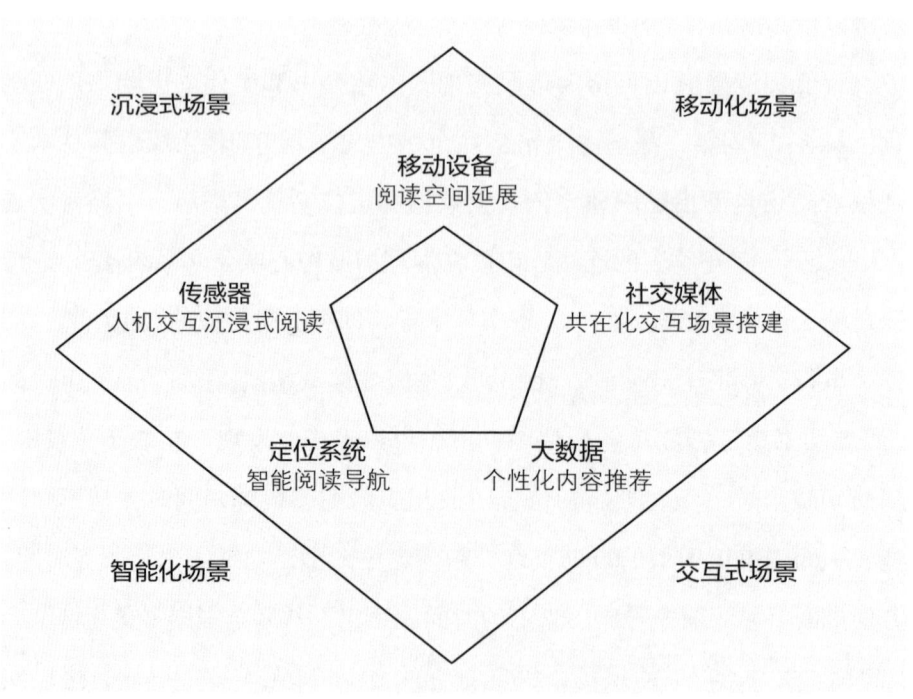

图 4-2　城市数字阅读推广的场景建设

六、场景时代全民阅读城市的发展愿景

社会主义建设进入新时期，深圳提出建设社会主义文明典范城市的新目标。中国特色社会主义全民阅读城市作为全民阅读的一种文明样态，体现了一种具有示范性和引领性的城市阅读推广活动体系。全民阅读城市的建设目的是希望阅读能成为市民的生活方式，培养市民对文化、知识的感知力，获得内在驱动力，实现个人进步；是希望阅读能成为城市的文化形象和气质，塑造城市精神，反映城市文明风貌；是希望阅读能成为国家发展中文化凝聚力、文化软实力的来源，建设社会主义文化强国。借助飞速发展的数字技术、网络技术和通信技术，在无远弗届的数字场景中实现真正意义上全民参与的文化活动，绘就"人人能读、人人皆读、时时可读、处处能读"的文化景观。

（一）加大阅读素养培训投入，实现"人人能读"

阅读素养是个人学习能力、文化素养和终身发展的重要基础。它不仅强调阅读知识和阅读能力的获得，更强调为未来社会生活做准备的综合素质的习得。纷繁复杂的数字阅读环境对市民的阅读素养提出了更高的要求，市民需要掌握数字技术，使用数字资源，判断信息真伪，区分价值对错，理性开展数字内容创作，培养全方位的数字阅读技能。家庭、学校应充分发挥引导作用，促使学生在不同阅读目的、阅读材料、阅读要求的阅读活动中选择合适的阅读方式。社区、图书馆、公共阅读场所等应提供优质的资源供给与充足的阅读空间，为培养阅读素养提供知识保障和环境支持。此外，还需要制定相应的引导方案和实施策略，对阅读素养培训主体提供阅读素养指导，制定相对完善的阅读素养培养纲要，促使个体阅读素

养的提高，打破"不能读、不善读"的能力壁垒，实现"人人能读"的社会愿景。

（二）扶持优质数字内容传播，鼓励"人人皆读"

"人人皆读"强调个体对阅读活动的参与。在数字媒介勃兴、数字阅读方式多样的背景下，营造"人人皆读"文化氛围，彰显崇尚知识、享受阅读的城市风貌，必须通过扶持优质数字内容及其传播来激励市民参与全民阅读、享受阅读的数字文化权利。出版社要发掘、培育优质内容生产者，积极打造数字阅读精品，推动内容生产差异化发展。媒体的推广辅助也必不可少，一方面，各单位主体要打造全媒体宣传矩阵，做大做强宣传阵地，以多元策划、多样呈现的方式对优质数字内容进行宣传；另一方面，需要借助主流媒体的力量扩大优质数字内容的传播力、影响力，以数字技术营造智慧阅读空间，加强与视频、音频、虚拟现实等技术的融合，实现阅读内容的可视化传播，建构阅读场景，丰富阅读体验。

（三）建设全民阅读移动平台，保障"时时可读"

"时时可读"强调突破阅读的时间限制，帮助市民实现想何时读就何时读的自由。目前的实体公共阅读空间很难满足市民"时时可读"的需求，而数字阅读场景可以为市民提供随时在线的阅读服务。全民阅读的公益性移动平台建设应以"场景五力"为技术支撑，在原有平台的基础上进行资源整合或打造全新的集资源整合、服务开发、交互使用为一体的移动平台，进一步丰富数字阅读的场景，并实现与微信、微博、QQ 等平台的账号互联，提升阅读的社交性和体验感。实体阅读空间和设施也可通过线上场景的打造起到吸引客流、实现转化、提高坪效的作用。

（四）创新阅读推广手段方式，达成"处处能读"

"处处能读"强调的是全民阅读服务提供的普惠化，市民因普及、便利的阅读服务而能随处可读。达成"处处能读"的目标，需要创新阅读推广手段方式，吸引市民积极参与。在掌握数字阅读行为关键节点和影响因素的基础上，通过设计形式新颖的数字阅读推广活动，吸引年轻群体。还可借鉴国内外先进经验，在原有的社区书吧、图书阅览室等基础上，改造或新建搭载互联网、计算机、电子屏幕等设备的"社区数字书屋"，使其成为主流意识形态传播、城市精神文明建设、社会主义书香城区建设的重要窗口。在加强传统媒体和户外广告宣传的同时，利用新媒体强化宣传效果，长期策划开展阅读活动宣传，做出全民阅读推广的爆款作品，进一步提高全民阅读活动的参与度、知名度和影响力。

阅读作为城市文明建设的基础工程，在提高市民文明素质、增强城市文化软实力上发挥着重要作用。丰富多样的阅读服务促进知识普及，丰富市民精神生活，潜移默化地提高市民文明素质，在社会形成崇尚阅读的文化氛围，彰显城市文明风貌。阅读凝聚社会共识、塑造城市精神、丰富城市文化底蕴、激发城市创造活力。在促进文化软实力提高的同时，提高城市竞争力、影响力与吸引力，为实现城市文明积累和创新发展注入不竭动力。未来如何结合自身城市的文化底蕴、市民需求和特色优势，推动建设阅读服务更精细、供给更平衡、内容更丰富、数字化转型稳步推进的阅读公共服务体系，开展全方位、多层次、个性化的数字阅读推广，还有广阔的发展空间。

张晗，深圳大学传媒与文化发展研究中心研究员、

传播学院副教授、硕士生导师

姚丽婷、吴洁、成果，深圳大学传播学院研究生

持续打造"全域互联"城市一体化智慧图书馆平台

蔡晖

一、案例背景

在智慧社会、智慧城市发展背景下，基于单馆构建的智慧图书馆已难以为继，走向区域化、体系化是大势所趋。从当前国内城市智慧图书馆体系建设情况来看，上海以智慧图书馆技术应用联盟为依托，建设基于 folio 思想的本土化图书馆服务平台，实现区域图书馆智慧化管理；广东采用异构系统互联模式，依托"粤省事"平台对接"粤读通"系统，实现广东省"9+1"地市馆的统一办证；浙江采用数据采集模式，集中存贮全省各馆数据，推进智慧图书馆互联及政务平台"浙里办"的对接融合。

二、主要内容

深圳图书馆依托有多年技术积淀的"图书馆之城"统一技术平台，采用一体化发展模式，在全城一个平台的基础上，与大型政务（"i 深圳"APP 等）或企业平台（如微信城市服务、支付宝城市服务等）用户互通互认，读者通过平台门户入口，一键办证即可获取各馆服务及访问数字资源，逐步形成了以包括资源互联、终端互联、城市互联、读者互联等在内的"全域互联"为主要特征的城市一体化智慧图书馆平台。

三、技术理念

（一）RFID（信息与文献图书馆射频识别）技术、物联网技术实现资源互联

"全源互联"指图书馆包括文献、空间、座位、设备等全部实体资源的互联。2006 年，面向全体市民开放的深圳图书馆中心馆成为全国首家全面应用 RFID 技术实现文献资源智能管理的图书馆。2009 年起，随着"图书馆之城"统一服务的推进，市、区图书馆全面应用 RFID 技术，遵循统一的标准规范，采用统一的交互模式，为读者带来了全新的服务体验。在深圳的任何一个图书馆，读者都能享受几乎一致的自助办证、自助借还服务。图书馆实现精密排架后，读者不仅可在 OPAC（联机公共书目查询系统）上直接看到文献的位置，还可根据导航图指引获取文献。

随着近年来智慧图书馆建设的兴起，深圳图书馆中心馆虽先后尝试建设了爱来吧、创客空间、讲读厅等智慧型、沉浸式阅读空间，以及快递到家、新书直通等创新服务，但受早期设计影响，未能实现馆舍内规模性物联网技术的全景应用。

预计于 2023 年 9 月正式开放服务的深圳图书馆北馆（原名深圳第二图书馆）规划设计了包括大型智能立体书库系统、智能分拣系统、文献调阅系统、播种墙系统等在内的大型专业设备，实现大型场馆专业化物联应用。文献调阅系统支持读者在馆内提出调阅文献申请后，将各楼层、各库

区的文献快速可视化地传送到指定楼层服务台，数十块电子信息屏实现全馆空间信息一体化揭示，基于物联网技术建设的智慧研究间，可为读者提供预约后使用的体验服务，基于二维码技术实现的座位管理，可有效解决座位资源紧缺的问题。"全源互联"将在深圳图书馆北馆初见雏形。

（二）移动技术拓展赋能用户与资源互感

智能手机的广泛使用让用户与图书馆资源的实时互感成为可能。

在读者服务感知方面，实时感知场馆在馆人数、场馆温湿度、活动现场、停车场车位等数据逐渐成为智慧图书馆的标配功能，而在碎片时间智能化推送个性化文献资源更在读者和公共图书馆之间搭建了一座跨越时空的智慧桥梁，将读者与资源紧密感知联系起来。

在馆员业务感知方面，不仅需要实时感知场馆在馆人数、服务运行状态，也需要随时感知包括借还人次、登录人次、数字资源利用人次等在内的各类服务数据，更加需要借助移动设备随时掌控服务状况。如在疫情趋紧时，紧急通过手机下调同时在馆人数上限，联动场馆预约系统与进出馆系统，实现场馆只出不进，在短时间内将场馆人数调整至规定区间。

（三）统一技术平台支撑城市公共图书馆互知

深圳"图书馆之城"统一服务依托统一技术平台，其核心和数字底座为"图书馆之城"中心管理系统（简称 ULAS），从 20 世纪 80 年代文化部下达给深圳图书馆自主研发的科研项目 ILAS 逐步迭代发展而来，目前深圳"图书馆之城"的基础借还服务仍采用完全自主研发的技术架构支撑，仅在线上服务方面为数据开放性需求采用开源框架等流行技术开发。智慧化建设不仅需要更广泛、更深入的信息化支持，也必然需要一个行业的数字底座，平台作用是互联，底座作用是互知，互联容易互知难，因此ULAS一直在持续升级、拓展和深化。持续升级过程中，深圳图书馆自有技术的价值不断显现，虽然技术并不流行，但高度的可控性、安全性、稳定性、高效性、行业契合度，是其他系统所不具备的。自有的专业化软件也会让未来向国产化操作系统、国产设备过渡，实现全信创更顺畅、互联更安全、互感更快速、互知更全面。

四、项目过程

（一）城市街区自助图书馆和"科技提升计划"奠定互联

2008年深圳图书馆在国内率先提出的"城市街区24小时自助图书馆"系统是在互联方向上的首次探索和实践，为图书馆带来新技术应用理念上的飞跃。如果说自助借还实现了读者与文献的智能互联，那么对于自助图书馆项目，则需要考虑众多子系统和模块的无缝联动、众多自助图书馆的无间断联网运行、所有设备在无人值守且在室外情况下的高效服务组织和运营管理，首次在全市范围实现互联。

文化部高度重视公共图书馆领域的现代科技应用，在2010年首批提升计划中就将《公共图书馆现代科技应用研究》列为三个设定课题之一，并下达给深圳图书馆。科技提升计划研究工作使深圳地区图书馆的科技应用骨干能够沉心总结梳理图书馆科技应用发展历程，剖析主要应用系统的构成，分析影响科技应用的主要因素，预测未来图书馆的基本形态。科技提升计划研究成果成为深圳地区推进科技应用的前瞻性规划和指导。研究结果表明，未来图书馆科技应用需要更完善的标准规范体系，未来图书馆应用系统会走向平台化，核心业务系统依然处于主导地位，大数据分析、可视化分析、监控和远程控制将成为图书馆科技应用的重要组成部分，物联网技术、AI 技术将赋能广泛互联。

（二）"图书馆之城"统一服务推进互通

2005 年，深圳市委宣传部和深圳市文化局提出《深圳市建设"图书馆之城"（2006—2010）五年规划》，将推进"图书馆之城"统一服务作为重点工作内容。2006 年，在深圳图书馆中心馆开放服务，率先在全国全面采用 RFID 技术实现文献智能化管理之后，深圳图书馆依托 dILAS（数字图书馆体系、结构与应用平台开发）系统，升级改造成为"图书馆之城"中心管理系统 ULAS，采用合库方式对馆藏、读者和流通数据集中运作和管理，同时全面应用 RFID 技术，在全城推行全自助服务。

2009 年起，随着"图书馆之城"统一服务的推进，市、区图书馆全面应用 RFID 技术，遵循统一的标准规范，采用统一的交互模式，为读者带来了全新的服务体验。2012 年，深圳"图书馆之城"统一服务基本建成，全市"一张读者证"已经实现，统一服务、统一规则、统一揭示成型，全市"一个图书馆"为广大读者带来了全新的图书馆体验。至此，图书馆智慧化建设也需要在更广泛、更深入的信息化支撑基础上拓展互联互通，因此 ULAS 一直在持续升级、拓展和深化，并依靠"图书馆之城"统一技术平台驱动全市图书馆的互联互通。

2012 年，ULAS 采编系统全面升级为联合采编系统，支持全市开展书目数据质量控制工作，为智慧采访、智能存储、智慧调配奠定基础；2015 年，构建大数据挖掘机制，为基于数据统计分析的管理与服务创新提供数据支撑；2017 年，推进移动服务平台全面建设，加强网站平台与移动平台的协同；2019 年，基于全城思维启动读者活动管理系统研发，将读者活动全面纳入信息化管理，进一步拓展智慧互联领域。

多年的快速发展，也暴露了早期设计中的一些不足，特别是信息化基础设施陈旧老化的问题日益突出，深圳图书馆新馆（北馆）将接力续写互联互通的深化故事。

（三）"图书馆之城"资源调度中心统筹互知

互联互通靠平台，互知靠底座，智慧城市建设靠城市数字底座，而图书馆行业的互知则需要依靠成熟完善的图书馆系统作为底座。深圳"图书馆之城"以深圳图书馆多年积淀的 ULAS 系统作为行业底座。计划于 2023 年开馆的深圳图书馆北馆，规划为"图书馆之城"的资源调度中心，实现 ULAS 系统信息化基础设备的全面更新升级。

深圳图书馆北馆以国际一流图书馆为建设目标，打造集文献收藏、全民阅读、社会教育、思想交流、文化传承与创意创造于一体的大型综合性、智慧型图书馆，努力建设成为与"全球区域文化中心城市""彰显国家文化软实力的现代文明之城""中国特色社会主义先行示范区"定位相匹配的重要文化阵地。承担"一馆一库三中心"功能，既是大型市级公共图书馆，也是全市文献调剂书库，还是深圳"图书馆之城"的文献采编中心、资源调度中心和文献调配中心。

未来的"图书馆之城"资源调度中心规划成为在全市一体化理念指导下的深圳智慧图书馆建设枢纽，由市、区图书馆合力共建，在推进全面信息化、平台化的同时，协同探索智慧领域，构建全城智慧体系，营造协同创新生态，致力于实现人书互知、人馆互感乃至万物互联，引导更多的读者从百味杂陈的"互联网生活"步入更加精致的"图书馆生活"。

五、"全域互联"城市一体化效果凸显

（一）全源互联深入揭示全市共建资源

1. 文献资源统一揭示

2012 年"图书馆之城"初步建成时，全市公共图书馆纸本资源就可通过"图书馆之城"OPAC 统一检索，但书目数据大量重复，检索烦冗不清。为解决书目质量问题，深圳图书馆 2015 年启动中文图书联合编目工作，一方面通过建立多种有效机制，堵住产生数据重复的主要源头，控制新数据的质量；另一方面清理重复数据和问题数据。至 2017 年，各区馆均已加入中文图书联合采编平台。截至 2020 年，深圳图书馆完成 52 万条中文图书重复数据的清理、合并工作，OPAC 检索结果清晰准确，读者体验良好。未来将进一步规范各馆中文图书编目权限，完善编目员后期核查反馈机制，形成季度报告，实现中文图书书目质量控制常态化。

2021 年，ULAS V 新版 OPAC 于 3 月 29 日在深圳图书馆官网正式上线。与旧版相比，新版 OPAC 不仅能更好地适应网络信息安全的要求，更重新基于"图书馆之城"理念设计了 UI。重点梳理了期刊的揭示，通过年、馆、辑、地点等维度深度揭示"图书馆之城"合库后在期刊数据清理方面的显著成果。

2. 场馆及空间智能互联

基于"图书馆之城"中心管理系统（ULAS）数字底座，实现加入"图书馆之城"统一技术平台的各类子系统间的联动和融合。2021 年，深圳图书馆打通进出馆管理系统、微信公众号系统、馆内智能导航系统、活动管理系统四个子系统间的数据壁垒，实现读者预约后，刷证进馆即发送微信通知提示读者打开馆内导航，导航至活动地点后联动实现活动签到的系列功能，为深圳图书馆北馆智慧图书馆建设提供了宝贵的先行先试经验。

深圳图书馆北馆规划设置移动端提交保障本文献调阅申请，通过智能取书车在密集架库取书，由文献调阅传输系统的智能小车将文献传送至取书柜，再微信通知读者取书的功能。读者可在提交申请后实时查看文献调阅申请流程进度，估算取书时间，实现场馆、空间、专用设备以及文献的透明揭示。

3. 活动及预约门户互联

为落实《深圳"图书馆之城"建设规划（2021—2025）》文件关于建设"读吧！深圳"阅读推广平台的相关精神，深圳图书馆自主设计研发的"读吧！深圳"读者活动管理平台，通过整合、汇集统一服务各成员馆的阅读推广活动，统一对接"i深圳"平台，实现全市图书馆"全量"文化活动预告信息和预约等相关数据的实时采集、开放共享和一键预约，打造集舒适阅读空间、丰富阅读资源、品质阅读活动、活跃阅读社群为一身的公益性、综合性阅读推广和文化交流平台。

（二）全端互联拓展线上线下延伸服务

1. 借大型公众平台用户黏性提升服务量

微信、支付宝是使用最为普遍的公众平台。2016年5月，深圳图书馆移动服务在支付宝—城市服务栏目上线。同年，"深圳图书馆 | 图书馆之城"微信公众服务号上线。移动服务平台先后推出文献转借、移动支付、二维码读者证、扫码登录等多项服务。

2016—2021年，"图书馆之城"统一服务先后与支付宝城市服务、微信公众服务号对接，全面走上服务移动化道路。2021年，全市统一服务市、区图书馆微信端访问量（非推文阅读量）5385.72 万页次，同比增长 17.36%，同期全市统一服务 PC 网站页面访问量 1596.29 万页次，来自微信端的访问量（非推文阅读量）是同期 PC 网站页面访问量的 3.37 倍。

2. 大型智慧数据屏引领场馆空间沉浸

深圳图书馆"大型智慧数据屏"是在"图书馆之城"中心管理系统数据中台的基础上，使用数据融合与数据可视化技术，充分展示了支撑"图书馆之城"统一服务的智慧平台系统。"智慧大屏"包含深圳图书馆、深圳"图书馆之城"统一服务及城市街区自助图书馆三个大数据展示页面，建设了实时数据监测（进馆人次、实时在馆人数、文献借还量等）、历史数据统计（借还文献总量、馆藏总量、新注册读者量、读者活动总场次等）、成员馆位置揭示（各级公共图书馆 / 室、自助图书馆）、文献资源推荐（新书直通车、借阅排行榜、南书房经典阅读书目）、读者活动预告等多个应用主题，为读者提供数据服务的同时展现深圳"图书馆之城"建设的累累硕果。

3. 电子阅览室系统创新全端上线

2021 年与厂商合作研发全端型电子阅览室系统，包括自助端子系统、移动端子系统、信息展示子系统、馆员工作站子系统以及读者用户终端控制子系统。

自助端服务和移动端子系统为读者提供更为便利的自助选座取号服务，读者可通过在自助取号机刷取读者证、身份证、二维码读者证或使用已绑定读者证的微信扫码进入选座页面，自助、自主选择用机座位。信息展示子系统以 ULAS V 系统为支撑，应用数据挖掘技术，通过高清智慧大屏实时动态揭示本区域电脑座位分配情况、使用状态等信息。馆员工作站子系统拥有规则设定、监控和综合管理功能，支持馆员对服务区电脑进行细颗粒度管理。读者用机终端控制子系统支持已取得机位号的读者在指定机位输入密码或扫描屏幕二维码登录电脑系统上机，在空闲座位充裕的情况下允许读者自主延时而无需再次申请座位。

（三）全城互联建设一体化图书馆

1. "虚拟读者证"办证全城推广

虚拟读者证申办（移动端线上实名注册）功能于 2018 年 11 月上线，并逐步拓展至各馆的移动服务平台，读者享受图书馆服务再无门槛。2020年新型冠状病毒感染疫情出现后，各馆根据防控要求采取预约入馆、凭证入馆方式，虚拟读者证得到广泛应用。

截至 2021 年底，全市统一服务体系共计注册虚拟读者证 58.08 万个，仅 2021 年新办虚拟读者证就达 34.55 万个，占统一服务体系全年注册读者数量的 57.65%，同比增长 10.11%。

2. 统一服务外借量及流转量稳步增长

2021 年，全市统一服务文献外借量 1607.19 万册次，同比增长79.63%，其中各类自助图书馆外借文献量 111.81 万册次，同比增长40.31%。

"文献跨馆外借"是统一服务便利性的显著标志之一，文献资源在全市范围内流动不断加大，进一步促进了文献共享与利用，助力全民阅读。

2021 年，全市统一服务体系文献跨馆外借量 36.93 万册次，同比增长 81.21%。全市统一服务成员馆馆际物流全年运送图书 68.28 万册，同比增长 59.31%，自助图书馆物流全年运送图书 288.79 万册，同比增长47.59%，全力保障读者"一卡通行、通借通还"。2017—2021 年，全市统一服务体系年均文献跨馆外借量 28.02 万册。

3. "图书馆之城"开放接口支持创新

为支持全市公共图书馆互联创新和智慧化发展，2015 年启动 ULAS 开放接口（API）平台建设工作。上线当年，其调用量即超过 330 万次，其后每年同比增幅均在 100% 以上。

2021 年第五代 ULAS 系统开放接口应用微服务架构搭建，采用了更加精准的管控和更加精确的统计方式，其总调用量超过 4.3 亿次。

（四）读者互联发展读者为城市图书馆员

1. 文献转借实现读者互联

文献转借是读者之间的互动，需要借入文献的读者只需要扫需要借出读者的文献二维码，即可一键完成还书和借书两步操作，省去了到馆办理借还手续的繁琐。为避免文献长期无法回馆，"图书馆之城"设定同一册文献最多只能在一年内转借 3 次的规定。

2018 年文献转借功能在深圳"图书馆之城"统一服务首次上线当年，就收获了 3.4 万册次的服务量。2019—2022 年的文献转借量分别为 11.7 万册次、17.7 万册次、15.5 万册次和 29.5 万册次，除 2020 年因新型冠状病毒感染疫情影响有所下降，其他年份均呈现大幅度增长趋势。截至 2022 年 10 月，"图书馆之城"文献转借量已逾 26.8 万册次。可以说，文献转借充分打通了读者之间的互联，让读者成为城市这个大图书馆的图书馆员。在疫情期间，更能助力疫情防控，起到降低人员流动的有益成效。

2. 家庭读者证让读者成为馆员

家庭读者证是文献转借功能的拓展，致力于利用文献转借功能将读者的家庭建设为一个小型公共图书馆，延伸至读者所在的社区，实现公共图书馆的最后一公里覆盖。2020 年，在宝安、龙岗两区馆的提议下，借鉴佛山图书馆"邻里图书馆"经验，深圳图书馆推出"家庭励读计划"项目，结合馆藏利用与读者活动，让阅读走进家庭，并以家庭为单位，办理可借阅 200 册文献的"家庭读者证"，可利用转借功能，将文献借阅给同社区读者，发展读者家庭成为简易图书馆。

2021 年 5 月宝安区图书馆启动"励读计划"家庭证签约仪式，截至 2022 年 10 月，已办理家庭读者证 112 张，即相当于 112 个小型家庭图书馆。受新型冠状病毒感染疫情影响，"家庭读者证"未能大规模推广，但其实践已经将读者、家庭通过图书馆紧紧联系在一起，公共图书馆在深圳也第一次走入了普通家庭。

（五）预借互联打造城市智慧书联网

1. 统一预借服务实现线上线下互联

"预借"服务是指读者通过人工或在线（如网站、微信公众号等）方式提交公共图书馆文献的借阅申请，可以选择送到附近的自助图书馆、服务点或"快递到家"等取书方式，文献申请受理后，按读者指定方式送到读者手中。

自 2011 年深圳图书馆推出图书预借服务后，全市统一服务市、区图书馆纷纷探索不同形式的预借服务。2021 年，《全城预借服务体系构建总体方案》出台，明确了统一资源揭示、统一提交申请、各馆分别受理下架的总体思路。2021 年，全市共有 8 家公共图书馆提供预借服务，可预借文献总量达 389.33 万册，全年预借文献 36.11 万册次，同比增长 59.53%，相对 2019 年增长 12.65%。2021 年，全市各类自助图书馆完成预借文献 28.63 万册次，占全市预借文献总量 79.29%，是预借服务的主要配送网点。

统一预借服务的规模性推广将读者线上下单与线下取书紧密互联起

来，基层图书馆、自助图书馆、快递物流都成为城市一体化智慧图书馆平台延伸服务的基础设施。

2.新书选借服务打通书城电商互联

新书选借服务是指图书馆与图书供应商联合，将读者选书作为图书馆采购的重要途径，为读者提供最新图书的快速外借服务。深圳"全域互联"的城市图书馆智慧平台开展新书选借的服务方式略有不同，但基本上涵盖了线下书城、书吧和线上选借等途径。读者选书后，线下可直接借走，线上可选择配送到自助图书馆或快递到家。

2021年，全市统一服务体系市、区图书馆共有8家图书馆提供新书选借服务。全年共服务读者5.17万人次，同比增长34.31%。选借图书15.73万册次，同比增长26.09%。

2017—2021年，全市统一服务市、区图书馆年均完成新书选借3.63万人次、12.14万册次。随着新书选借流程、图书编目、物流配送等环节的不断优化，新书选借服务以其"所见即所得"的快速借阅模式将图书馆、读者、书城、电商、物流互联在一起，为城市一体化图书馆智慧平台的"全域互联"再添一域。

（六）门户互联融入智慧城市一张网建设

不同于作为单一上游的平台式系统，适用于智慧城市建设的行业数字底座需要全面规划上下级联、左右互通的插拔式孔位。"图书馆之城"统一技术平台目前同时上联市级平台"i深圳"APP，以及省级平台粤读通小程序，下联远至新疆喀什分馆、近如富士康等直属分馆系统，左联微信、支付宝等大型头部企业平台，右联"图书馆之城"各兄弟公共图书馆。深圳在城市一体化智慧图书馆平台建设中，无论作为下游嵌入，还是作为上游门户，抑或是作为各种类型的同级对等的互联互通，都找到了合适位置，规划了适合方案。

其中，由广东省立中山图书馆牵头，广东省公共图书馆服务联盟启动的"粤读通"项目于 2021 年 4 月 23 日在深圳地区上线。市民可通过广东数字政府"粤省事"移动政务服务平台的"粤读通"入口或直接微信搜索"粤读通"小程序开通并领取"粤读通"证照，快速在广东省"9+1"各馆同步注册，实现"一馆注册，多馆通用"。

2022 年 9 月，为贯彻落实《深圳市文化场馆"一键预约"建设工作实施方案》《市"一网统管"文广旅体专题工作方案》等的相关精神，对接市"一键预约"平台实现场馆在馆人数、进馆人次、限制人数等数据在全市门户上的统一呈现，活动、场馆报名统一入口，并规划"图书馆之城"各成员馆使用"读吧！深圳"读者活动管理平台统一接入一键预约平台。

六、项目分析与总结

（一）共建、共享、共知是基石

深圳的智慧图书馆建设与统一服务相伴而行，与垂直总分馆建设体系建设相互促进，"全域互联"型城市图书馆一体化智慧平台不断推进服务智慧化、资源联合建设与智慧发现，市、区共同推进智慧图书馆体系建设。

区级图书馆智慧建设可以依靠"全域互联"型城市一体化智慧图书馆平台获得全面的技术支撑，共知本区和全市的业务数据，共享业务创新及推广创新成果；依托区级总分馆联入一体化智慧图书馆平台的数据，中心图书馆可获取基层图书馆网点的馆舍动态，呈现全城的综合数据，全面展现"图书馆之城"建设成果。

深圳图书馆每年均会牵头制定"图书馆之城"年度工作计划，与各馆协商形成年度专项工作方案，提交"深圳市公共图书馆馆长联席会议"或分发各馆讨论修订，确保重点工作项目有序推进。除馆长联席会议外，各专项工作群（如"统一服务平台群""技术交流群"等）也都发挥着诸如发布标准、规范、通知，分享 ULAS 更新升级和各馆创新项目等重要作用。

（二）标准驱动、规范实施是保障

深圳已制定《公共图书馆 RFID 技术应用业务规范》《公共图书馆统一服务技术平台应用规范》等多个市级标准及团体标准。同时，结合智慧图书馆的发展，也以发布规范的方式推进和指导市、区图书馆智慧化建设，如《OPAC 架位导航系统应用技术规范》《智能书架系统应用技术规范》等，或者以提出意见的方式，指出应注意的问题，如《关于人脸识别技术应用的若干意见》等。

表 4-1 深圳图书馆牵头及参与制定标准一览表

序号	标准名称	标准号	分类	参与方式
1	《信息与文献 图书馆射频识别（RFID）第 1 部分：数据元素及实施通用指南》	GB/T 35660.1—2017	国家标准	参与制定
2	《信息与文献 图书馆射频识别（RFID）第 2 部分：基于 ISO/IEC 15962 规则的 RFID 数据元素》	GB/T 35660.2—2017	国家标准	参与制定

续表

序号	标准名称	标准号	分类	参与方式
3	《信息与文献 图书馆射频识别（RFID）第 3 部分：分区存储 RFID 标签中基于 ISO/IEC 15962 规则的数据元素编码》	GB/T 35660.3—2021	国家标准	参与制定
4	《公共图书馆业务规范第 3 部分：县级公共图书馆》	WH/T 87.3—2019	行业标准	参与制定
5	《社区图书馆服务规范》	WH/T 73—2016	行业标准	参与制定
6	《图书馆射频识别数据模型第 1 部分：数据元素设置及应用规则》	WH/T 43—2012	行业标准	参与制定
7	《图书馆射频识别数据模型第 2 部分：基于 ISO/IEC 15962 的数据元素编码方案》	WH/T 44—2012	行业标准	参与制定
8	《公共图书馆统一服务技术平台应用规范》	SZDB/Z 168—2016	地方标准	牵头制定
9	《公共图书馆 RFID 技术应用业务规范》	SZDB/Z 169—2016	地方标准	牵头制定
10	《公共图书馆统一服务书目质量控制规范》	SZDB/Z 275—2017	地方标准	牵头制定
11	《公共图书馆统一服务业务统计数据规范》	DB4403/T 78—2020	地方标准	牵头制定
12	《24 小时自助图书馆通用服务要求》	T/SZS 4030—2020	团体标准	牵头制定

表 4-2　深圳图书馆牵头制定业务规范一览表

序号	规范名称	制定时间
1	《深圳市公共图书馆统一服务业务规范：网点建设与管理工作规范》	2015 年
2	《深圳市公共图书馆统一服务业务规范：读者事务管理工作规范》	2015 年
3	《深圳市公共图书馆统一服务业务规范：文献流通管理工作规范》	2015 年
4	《深圳市公共图书馆统一服务业务规范：统一技术平台管理工作规范》	2015 年

续表

序号	规范名称	制定时间
5	《深圳市公共图书馆统一服务业务规范：统一财经结算工作规范》	2015 年
6	《深圳市公共图书馆统一服务业务规范：流通文献典藏、交接工作规范》	2021 年
7	《深圳市公共图书馆统一服务技术规范：公共服务平台统一认证与协同建设技术规范》	2021 年
8	《深圳市公共图书馆统一服务技术规范：智能书架系统应用技术规范》	2021 年
9	《深圳市公共图书馆统一服务技术规范：OPAC 架位导航系统应用技术规范》	2021 年

深圳城市一体化智慧图书馆平台是建立在标准、规范基础上的，"全域互联"是实现"全面智慧化"的先决条件，必须坚持标准定方法，规范定细节，管理机制保实施和成效。

（三）研究交流、协同共建是路径

深圳城市一体化智慧图书馆平台建设的过程中，应注重研究、交流，在规划和实施中，注重协同共建。对每个制定的标准都会组织宣贯工作，而且有配套的项目同步推进，在学习、交流中形成针对性的工作方案。

如针对《公共图书馆统一服务业务统计数据规范》标准，推出配套的统计分析系统——"EasyLod"，强调全域互联的数据思维，共同实现统一服务统计分析的标准化；考虑到 2021 年全市公共图书馆（室）加入统一服务的比例虽持续上升，达到 63.09%，但统一服务的最后一公里仍未打通，推出"深圳市公共文化数据统计系统"，为尚未加入统一服务的公共图书馆（室）提供规范化的数据填报途径。

深圳图书馆每年均统筹组织全市各公共图书馆基于"Easylod""深圳市公共文化数据统计系统"两个系统研究编制"图书馆之城事业发展报

告"。"图书馆之城"各成员馆也在统一技术和平台的支撑下编制各自的专业化年报，以及各类专题研究报告等，共同探讨大数据环境下图书馆的智慧化发展路径。

蔡晖，深圳图书馆系统与网络部主任

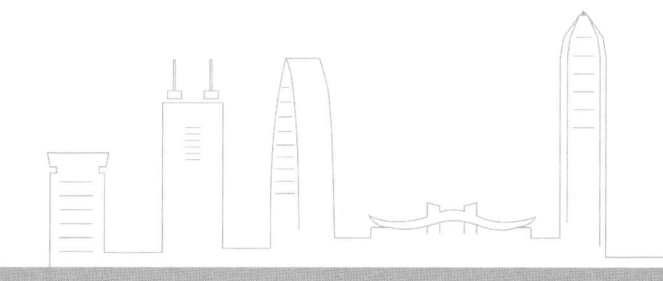

未成年人阅读

做好优质内容供给 助力文化强国建设

——新时代少儿出版的实践与思考

孙柱

少儿阅读是全民阅读的重要组成部分，深圳读书月从连续多年发布"年度十大童书"，到首届全民阅读推广（深圳）峰会设立少儿阅读主题分论坛，都体现出深圳这座创新之城对推动少儿阅读的充分重视和持续努力，引领着少儿阅读风尚。每年大量新品童书的参与，强化着深圳读书月的吸引力，而通过深圳读书月，更多优质童书也得以走近读者身边。深圳读书月影响力不断辐射，已经成为出版界十分熟悉的文化活动品牌，也成为少儿阅读与少儿出版携手共进、共同发展的生动例证。

党的十八大以来，少儿出版界坚持以习近平新时代中国特色社会主义思想为指导，围绕举旗帜、聚民心、育新人、兴文化、展形象的使命任务，进一步坚定文化自信、聚焦主责主业，取得了一系列发展成就：我国已成为全球最大的少儿图书市场，少儿图书已成为我国图书市场码洋占比最大、最具活力的门类，精品力作不断涌现，主题出版成为亮点，提质增效成效显著，融合发展纵深推进，"走出去"步伐不断加快……

内容供给是少儿出版的立身之本，做好内容供给是少儿出版担当职责使命、取得双效丰收的基石，推进供给侧结构性改革也是优化内容供给的必然要求。新时代以来，少儿出版在内容供给的数量、质量上都有显著提升。数量方面，据国家新闻出版署发布的年度全国新闻出版业基本情况，少儿图书 2021 年印数达 9.7 亿册，比 2012 年增加 4.92 亿册，2021 年品种数达 4.63 万种，比 2012 年增加 1.53 万种；全国国民阅读调查结果显示，2021 年我国 0—17 周岁未成年人的人均图书阅读量为 10.93 本，比 2012 年增加 5.44 本。质量方面，我想浅谈以下几点。

一、大力出版原创精品，少儿出版结构进一步优化

近年来，少儿出版界普遍重视夯实原创能力、加强内容建设。2012 年，全国出版新版少年儿童读物 1.9 万种，到 2016 年达到 2.5 万种，此后少儿新书品种呈现减少趋势，到 2021 年与 2012 年基本持平。同时，近年来少儿图书单品种平均印数呈增长趋势，据开卷数据，2022 年少儿类销量前 100 的图书，超过 60% 为原创图书。这体现出少儿出版已由高速增长进入高质量发展阶段，出版单位的原创精品意识、向单品种要效益的意识不断增强。中国少年儿童新闻出版总社（以下简称"中少总社"）近几年新书原创选题达到 90% 以上，新书品种持续减少，单品贡献度明显提高。

少儿出版重点围绕以下方面做好原创精品：

一是聚焦重大主题，做好儿童化表达。少儿主题出版主要是围绕重大主题，面向少年儿童做好宣传阐释；讲好"四史"故事、新时代的故事，厚植少年儿童的爱党爱国情感；引导少年儿童践行社会主义核心价值观，系好人生第一粒扣子。近年来，中少总社的《习近平讲故事》（少年版）、"伟大也要有人懂"系列、"美丽中国·从家乡出发"系列，接力出版社的

《中华先锋人物故事汇》，江苏凤凰少年儿童出版社的"童心向党·百年辉煌"系列，浙江少年儿童出版社的《中国有了一条船》，青岛出版社的《写给青少年的党史》等，都获得过国内权威奖项，少儿主题图书欣欣向荣，形式多样，类型丰富，适读年龄不断拓展。

二是扎根中华优秀传统文化沃土，做好创造性转化、创新性发展。近年来，中国传统文学艺术、传统节日、博物考古、非物质文化遗产、二十四节气等成为少儿图书深度挖掘、开花结果的沃土，近年来的代表性作品有《陪孩子读古诗文》《故宫里的大怪兽》《这就是二十四节气》等，进一步增强了少年儿童的文化自信和文化认同。

三是不断优化少儿出版结构。站在新的时代背景下，少儿出版正以供给侧结构性改革为主线，探索高质量发展的新路径。在品类结构上，少儿出版注重强基础、补短板，促进均衡发展，把满足少年儿童多方面的阅读需求和成长需要作为工作的出发点和落脚点。在原创图画书、原创历史、原创科普、原创动漫等原来的薄弱方面，近年有很多出版单位都有佳作问世，打造了多个有知名度和影响力的原创品牌。

二、重视发掘培养作者，少儿出版人才队伍进一步壮大

党的二十大报告强调，人才是第一资源。繁荣的少儿出版界需要百花齐放，优秀的作品来自一大批为孩子创作的优秀作家与画家。从中国少儿出版发轫之初，叶圣陶、冰心等儿童文学创作的先行者，到今天更多作家、画家投身创作童书，作者队伍的壮大不仅能为当下的小读者提供更加丰富的选择，更能为少儿出版的未来输送新鲜血液和不竭动力。因而，少

儿出版界始终重视发掘作者、帮助作者成长，近年来中少总社的主要做法有以下几点。

一是提供广阔平台空间。出版社通过书刊互动、产品线设计、推出丛书、设立奖项等方式，为作者打造舞台，为作品提供园地。例如，中少总社《儿童文学》杂志 2023 年将迎来创刊 60 周年，近 60 年来发掘培养了一大批优秀作者，他们中很多人已经成为少儿文学大家和中坚力量；杂志重视书刊互动，打造了"金牌作家书系""淘·乐·酷书系"等多条产品线，推出"中国童话新势力"等丛书，设立《儿童文学》金近奖，举办《儿童文学》擂台赛，评选青年金作家等，不遗余力地鼓励创作。

二是注重挖掘作者特质。作者的学科背景、职业经历、生活故事，往往能成为童书创作的独特优势。出版社为作者提供专业编辑团队的支持，使人的鲜明特质转化为作品的显著特色。例如，中少总社荣获"中国好书"的《红唇美猴传奇》，作者赵序茅和李明是中国科学院滇金丝猴研究团队的成员；儿童文学作家刘虎是地质勘探高级工程师，在中少总社出版了多部西北动物小说；《独步南极》作者温旭是一名青年探险家，他把徒步抵达南极点、创造世界纪录的精彩故事凝结在了这本书中。

三是给年轻作者以机会。年轻作者潜力无限，出版社努力将他们的作品推向市场、推向世界，被更多人看见。例如，《盘中餐》作者于虹呈是一名"85 后"，这部作品荣获博洛尼亚插画展优秀作品奖、文津图书奖等多项国内外大奖；《我爸爸是军人》《爸爸的火车》《爸爸的秘密》出自三位年轻作者，她们把真实童年经历、父亲的职业故事融入文字和图画，广受好评；《儿童文学》杂志近年来也发表了数十位少年作者的作品。

四是建设高水平编辑队伍。少儿出版界进一步统筹加强人才队伍建设，提高从业人员思想政治素质、专业技术能力，培养更多年轻编辑在出版实践中成长为行家里手，为内容供给把好关、尽好责。

通过多种方式，少儿出版汇聚多方智慧为童书创作贡献力量，为孩子们提供更多优质内容。

三、创新开发产品服务，少儿阅读体验进一步升级

党的二十大报告强调，创新是第一动力。时代在发展，少年儿童的阅读需求呈现多样化、个性化趋势，阅读产品与服务同样需要创新升级。十年来，少儿出版界深入推进融合发展，借助运用新技术，强化互联网思维，对内容资源进行多维度立体开发，除传统图书形式外，立体书、互动书、有声书、电子书等产品形态得到长足发展。同时，随书开展的阅读服务，提高了图书附加值，丰富了读者的阅读体验。例如，中少总社做好《林汉达中国历史故事集》品牌维护，丰富产品线，陆续推出了精装典藏版、全彩美绘版、悦读本、大字彩图版、注音成语故事等，还增加有声配套内容，适应不同年龄读者的阅读需求、阅读场景；《少年特种兵》系列推出漫画，为精彩的故事增强视觉体验；还有《儿童文学》"M 书系"提供互动式写作、《一条大河》配套读写手册、"植物大战僵尸"系列推出拼插玩具，等等。以上创新举措，让少儿阅读不仅仅是读文字，也可以是动脑与动手结合、视觉与听觉同步、吸收与创作相得益彰的过程，让阅读在更多维度上激发孩子的兴趣，促进孩子的成长。

四、加强文明交流互鉴，中国童书更具国际影响力

党的二十大报告强调，增强中华文明传播力影响力。近年来，少儿出版界自觉服务国家外宣工作大局，树立全球眼光，发挥桥梁纽带作用，用好两种资源、两个市场，进一步做好版权输出，加快"走出去"，完善国际合作模式，高标准"引进来"，增强出版人文交流，向世界讲好中国故事、传播好中国声音。中国少儿出版日益走近世界舞台中央，国际影响力不断提升，儿童文学作家曹文轩 2016 年荣获世界儿童文学最高奖——国际安徒生奖，成为首位获此奖项的中国人；阅读推广人张明舟 2018 年当选国际儿童读物联盟主席，并于 2020 年实现连任，成为担任该组织最高领导岗位的首位中国人。

一本本优质的中国童书，为版权输出提供了坚实的基础，不仅滋养了国内小读者的心灵，也受到海外少年儿童的喜爱和欢迎。例如，中少总社目前版权输出总量超过 3000 种，版权常备书目超过 2000 种，已经与世界 50 多个国家和地区的 200 多家出版机构建立了合作关系，项目入选各个国家级出版"走出去"工程，版权输出品类、语种、形态都呈现多样活跃的态势。

以我为主的立场、开放包容的态度，促使国际出版合作谱写新篇章。例如，中少总社通过与世界知名作家、插画家等合作，近年来打造了《熊猫勇士》《羽毛》《柠檬蝶》《我是花木兰》等精品佳作，让中国故事更具国际表达。

高水准的引进工作，让世界经典陪伴中国孩子成长。中少总社遴选了一大批文学艺术性强、思想健康向上、体现全人类共同价值的世界优秀童书，并精心做好内容编校、翻译出版工作，比如近年引进的《猫武士》

已成为现象级爆款童书，《丁丁历险记》持续热销，与世界知名出版人巴瑞·坎宁安联袂推出"巴瑞的书屋"系列图书，用世界优秀童书帮助孩子们开阔阅读视野，在阅读中收获成长和进步的力量。

新时代十年，少儿出版与党和人民一同奋进，做优做强内容供给，迈上新的发展台阶。中少总社两度获评全国未成年人思想道德建设工作先进单位，连续三届荣获中国出版政府奖并获评先进出版单位，连续八年四次入选国家文化出口重点企业。新征程上，中少总社将深入贯彻党的二十大精神，进一步提高政治站位，强化使命担当，走高质量发展之路，一是要继续深化供给侧结构性改革，加强渠道能力建设，打造更多精品新书；二是继续发挥培根铸魂的育人作用，聚焦少年儿童政治启蒙和价值观塑造，持续推进融合向纵深发展，实现全媒体出版；三是继续做好转型升级，在做好纸质出版的同时布局新业态。我们愿与各方一道努力，通过多种方式，为少年儿童奉献更多优质的精神食粮，为全民阅读提供有品质的内容支撑，为文化强国建设做出新的更大贡献。

孙柱，中国少年儿童新闻出版总社有限公司党委书记、董事长

创新活动形式　培养阅读习惯

魏玉山

　　党中央历来高度重视全民阅读工作，特别是十八大以来，全民阅读更是两次写入党代会的报告。党的十八大报告提出，开展全民阅读活动；党的二十大报告在此基础上提出，深化全民阅读活动。这为下一步全民阅读工作指明了方向，明确了重点。

　　全民阅读工作包括方方面面，组织开展阅读活动是一个重要的方面，从中央到地方各级党委宣传部门、新闻出版部门、教育文化部门，以及工会、共青团、妇联等社会团体等每年都会组织形式多样的阅读活动，许多图书馆、出版单位、学校、乡村厂矿等企事业单位也依托各自的优势与特点，开展临时的或长期的阅读活动，为全民阅读深入开展提供了平台、营造了氛围，成为推动阅读工作的重要抓手。

　　但是，我们也要看到，在遍布全国、轰轰烈烈的全民阅读活动中，还存在一些短板与弱项，比如在点与面的结合上，如何更加关注一个个点。出版业"十四五"规划提出，推动全民阅读进农村、进社区、进家庭、进学校、进机关、进企业、进军营、进网络，但是在进农村、进企业、进社区上还有盲点，在进家庭、进机关上还有白点。再比如，在集中活动与常态化活动的结合上，如何提供更多的常态化的活动，使阅读成为日常生活的一部分。

在深化全民阅读活动中，我们要特别关注儿童阅读活动的开展。

2022 年 4 月 23 日，习近平总书记在致首届全民阅读大会举办的贺信中指出："希望孩子们养成阅读习惯，快乐阅读，健康成长。"这是对儿童的殷切希望，也是对儿童阅读推工作的期待，如何让孩子们养成阅读习惯，如何让孩子们在阅读中享受快乐，是需要我们认真研究的课题，也是全社会应当关注的课题。

儿童阅读推广是功德无量的善事，于国于家于民都有大益，全社会都有责任。阅读是学习的重要方式，是儿童成长、成人、成才的重要陪伴。阅读是儿童成长的重要能力之一，不具备阅读能力的儿童是有缺陷的。人的阅读能力的养成是在童年，准确地说是 15 岁之前，因此家长、教师、文化工作者、出版工作者等都要关心儿童阅读，服务于儿童的阅读需求。有个美国作家曾经讲过，"教会孩子们如何阅读是全社会的责任"。我觉得很有道理，教会儿童学会阅读、爱上阅读，就等于给孩子打开知识宝库大门的金钥匙，比传授具体的知识更为重要，就像授之以渔与授之以鱼的关系。让孩子们学会阅读、喜爱阅读并让阅读习惯陪伴其终身，善莫大焉。

儿童阅读推广既要重视分级阅读，又要重视分众阅读。分级阅读主要解决不同年龄、不同识字水平的儿童读什么书的问题，旨在为儿童提供更加精准、更加科学的阅读服务和购书指导，这是必要的。现在市场上已经有多套儿童分级阅读图书出版，有的出版的时间也不短，得到了众多儿童及家长的认可。儿童分级阅读研究也在不断推进，新的研究成果陆续公布。儿童分级阅读的标准研制得到了有关方面的重视。总之，分级阅读的发展向好。分众阅读主要解决不同地区、不同收入水平、不同家庭背景的儿童阅读资源不均衡不充分的问题，特别是城乡儿童阅读资源差距问题，旨在为农村儿童特别是不发达地区的农村儿童提供更好的阅读条件，补齐农村阅读设施、阅读资源匮乏的短板。现在的阅读推广活动包括儿童阅读推广活动，面向城市的多，面向农村的少，面向大众的多，面向分众的少，面向面上的多，面向点上的少。儿童阅读推广活动要下沉，要让广大农村儿童也能广泛参与进来。

儿童阅读推广既要重视亲子阅读，又要阅读志愿者的陪伴式阅读。在城市特别是大城市，儿童家长对阅读重要性的认识比较高，一般家长也具备陪同儿童阅读的文化知识，具备陪同儿童读书的物质条件，所以亲子阅读在城市的普及率很高，这是好现象。但是也有一些家庭，特别是一些农村家庭，家长对亲子阅读的重要性认识不足，还有即使认识到重要性但自身文化水平不高、陪伴儿童阅读的物质条件欠缺，家庭亲子阅读难以实现。农村的亲子阅读靠提倡是不够的，需要有必要的外力介入。组织阅读志愿者深入农村、深入基层，为乡村儿童阅读提供指导，陪伴乡村儿童阅读是一种重要的方式。发动城市的阅读志愿者，利用节假日深入农村，或利用网络与农村儿童结成对子，陪伴农村儿童阅读。

儿童阅读推广既要重视绘本阅读，又要重视文本的阅读。绘本以其丰富的色彩、生动的图像为广大儿童所喜爱，在培养儿童的阅读兴趣方面发挥了重要的作用，是儿童特别是婴幼儿的重要读物。但是我们也要高度重视儿童的文本阅读、文字阅读，要及早引导儿童接触文字、阅读文本。由于图画、绘本等的流行，再加上短视频大行其道，一些孩子疏离了文字，孩子们的阅读理解能力受到很大影响。须知文字阅读对儿童的学习能力、理解能力、写作能力、语言表达能力、逻辑思维能力等的培养是必不可少的，因此必须高度重视文字阅读。日本早在 2005 年即制定了《文字及印刷品文化振兴法》，并设立了"文字及印刷品文化日"，以确保国民"都能平等享受丰富的文字及印刷品文化的环境"，其目的也是让人们阅读文字、亲近文字。这是可以借鉴的。

总之，全民阅读活动需要不断创新，全民族的阅读习惯需要不断培养与引导，让阅读真正成为每一个人的生活方式。

魏玉山，中国新闻出版研究院院长、党委副书记

儿童阅读推广人要为儿童代言

袁晓峰

　　儿童阅读对于儿童成长的种种好处已经有很多阐述了，故此不再赘述。我从二十余年的儿童阅读推广工作中，从四十余年与孩子们的朝夕相处中，看到了孩子们真实的需要——被看见、被尊重、被肯定和鼓励。所以，希望阅读推广人不必把我们认为的好书，以我们认为的好方法"逼"儿童被动接受，不要想当然地认为儿童由我们的"教导"或"指导"便可以爱上阅读、学会阅读。作为儿童阅读推广人，眼中看到的第一位应该是人，是真实的儿童，是一个个秉性各异的孩子，是一个个需求不同的孩子，而不是书里的概念。如果从小就被各种阅读规则或阅读程式约束，被要求读各种必读书，被轰炸式地教导如果不读这些书，那么你的成长是多么的不堪。教条而缺乏对儿童真实性的尊重和理性的考量的阅读推广，有可能会产生一些我们不希望看到的后果——扼杀了孩子与生俱来的渴望和独特性，削弱了孩子对阅读乃至对学习、生活发自内心的热爱，导致五感不灵敏、情感不流畅、思想被固化、选择力被弱化。更有甚者，会为自己真的对阅读不感兴趣而自责、焦虑到抑郁。

　　著名数学家丘成桐先生说："中国奥数很好，学生把这些方法都搞懂了，但是这些问题是别人提出来的，这样对科学、对数学有什么大的贡献呢？只是跟着人家后头走，解决人家提出的问题，而且是些小问题。我们考得好，却没有能真正解决问题的学者，出不了大数学家，因为他们没有真正的兴趣。"

数学也好，阅读也好，真正的兴趣才是最重要的。脑神经科学的研究证实，所谓的决策过程不过是感情和感情在打架，打赢的那个，呼唤理性出来发言做出合理化的解释而已。我热爱阅读，也热爱与孩子们分享我喜欢的书，但我喜欢基于尊重的平等分享，而不是高高在上地对孩子指手画脚；我期待唤起孩子们如我一样热爱，但绝不强求。

在联合国《儿童权利公约》中有一条是：儿童有权对影响到其本人的一切事项自由表达自己的意见的权利。而对于孩子的自由表达，我们应该尊重，而不是否定或诱惑他们去附和成人的意见。在一次儿童阅读推广人考核时，我作为评委问一位参考者，为什么把《我要收拾安东尼》这本书里那个"我"讲成是妹妹？书里那个小孩是穿着短裤的，而不是裙子，一般人都会认为那是弟弟。那位参考者告诉我，这本书他已经在阅读活动中跟孩子们讲了三次，每次孩子们都要把"我"讲成妹妹。我没有执着于我的认知，而是肯定了这位参考者对儿童的尊重。

法国当代著名作家达尼埃尔·佩纳克的《宛如一部小说》是一本关于阅读的随笔集。他曾经是中学教师，许多学生不愿意阅读，他非常了解其中的原因。强制他们阅读是没有用的，他找到了某些方法，如任由学生跳读，让他们自由地享受阅读的乐趣，而不是要求他们得出什么结果或完成阅读学习单。达尼埃尔·佩纳克在这本关于阅读的随笔集中告诉了我们"儿童阅读的十大权利"。他在实践中发现，尊重儿童阅读这十大权利后，孩子们爱上阅读指日可待：

（1）不读的权利；

（2）跳读的权利；

（3）不读完的权利；

（4）重读的权利；

（5）读任何书的权利；

（6）包法利式幻想的权利；

（7）随时随地读的权利；

（8）翻读的权利；

（9）大声朗读的权利；

（10）沉默的权利。

他说，动词"读"承受不了命令式（《宛如一部小说》第一句话）。我们唯有尊重孩子阅读的这些权利，他们才有可能对阅读产生兴趣，爱上阅读！

儿童阅读推广人要为儿童代言，就要以对儿童的尊重为前提，再来讨论读什么和怎么读的问题。

儿童有读任何书的权利，也就是说，让儿童有自主选择要读的书的权利，而不必读大人主张的必读书。阅读是非常个性化的行为，除了因教学或某些活动的要求外，我们应该尊重孩子们自由选择阅读材料的权利。但是，作为师长，我们是应该做好儿童阅读的守门人的。我们尊重孩子的选择，但我们必须根据儿童发展的需要把不利于儿童成长的书挡在门外。一般人可能马上会想到色情和暴力的书，但除了这些明显不利于未成年人的书，还要注意那些对儿童有强烈不良心理暗示的书。比如，引导孩子追寻天堂里的亲人而去的，或引导儿童为追寻更加完美而放弃当下不完美的生命的，或强化偏执认知和负性情绪的，等等。也许孩子们读到的不是最优秀的书，但是，在我们守好的这道门里，孩子们读到的书至少无毒无害，书中蕴含的深层意义是符合现代儿童观、教育观的，能够让孩子感受到足够的爱与心灵的自由，能够帮助儿童自信、从容、有尊严地成长为最好的自己。

要让儿童能够自主选择那一本本书，首先，无论是学校还是家庭，一定要为儿童提供丰富的可供孩子选择的书（家庭可选择购书和去图书馆借书相结合），而儿童阅读推广人在给这些人购书或借书提供指导和建议时，一定要本着儿童本位的原则，去推荐那些理解儿童也是儿童能够理解的书，是儿童真实的表达，不矫揉造作，不说教，有儿童的愿望、儿童的呼吸和儿童的情感的书。有些书抒发的是成人的情感，有些书是为了训诫孩子，这些都不是儿童真实的表达，不能用这些书败了孩子阅读的胃口。表现形式应该是孩子们喜闻乐见的，少数的"艺术绘本"，带有试验和探索性的属于小众的绘本，有兴趣的孩子可以看，但不必一定要孩子接受。有些书可以等到孩子有一定阅历了，心智发展更成熟了，他们自己再选择去读。

儿童最不喜欢枯燥的故事和乏味的叙述，他们需要有趣的东西。因此，相对于为成人选书，给儿童的书更应该洋溢着浓郁的趣味性、欢愉性、幽默感和游戏性，应该紧紧抓住儿童的心理特点，张扬积极的、愉快的情绪情感，带给儿童积极、快乐的情绪体验，愉悦儿童的身心。比如，很多图书馆对儿童借阅数据的统计分析发现，很多漫画系列的书总是高居榜首，儿童的喜爱是挡都挡不住的。

在李欧·李奥尼的《鱼就是鱼》里，那条米诺鱼听完青蛙的介绍后想象出的鸟、牛、人，实际上是鱼自己理解中的以鱼为想象主体的鸟、牛、人，因为鱼的想象离不开本身的知识经验。鱼从鱼的角度看问题，儿童从儿童的角度看问题。尊重儿童，就要允许儿童跟我们的想法不一样，就要允许儿童根据自己的经验和兴趣自主选择，甚至允许儿童试错。被这样尊重对待的孩子会充满自信地成长，会在探索未知的途中大胆前行。

评奖和选书不一样，作为儿童阅读推广人，眼里第一位的是人，是儿童，是儿童喜欢和认可的书。那些书应该能让孩子感受更多的美好情感，感受亲情的连接和未来的希望，能够给孩子成长的力量！

著名儿童文学研究学者朱自强老师说："儿童文学是解放儿童，教育成人的。"

著名儿童文学研究学者方卫平老师在《法国儿童文学史论》写道："教育性是儿童文学的文化天性之一。伤害儿童文学的不是教育性，而是无视儿童文学艺术性的暴力主义教育观。"

作为儿童阅读推广人，在做推广活动时，也要做到充分尊重儿童，不要利用书本来说教。要充分相信书籍的力量，相信故事的力量。就像《只讲故事不讲理》里所说："擅长讲故事的人往往会用故事唤醒对方的情感，说别人希望听到的内容，在潜移默化中巧妙地表达自己的观点。"

《阅读的力量》的作者斯蒂芬·克拉生教授用了一整本书的研究数据和资料证明，无压力的自由自主阅读是最有益的阅读方法。自由自主阅读是指纯粹因为想阅读而阅读，不需要写读书报告，也不用回答章节后面的问题。若是不喜欢这本书了，也不必勉强读完它，要为孩子提供足够的书选读。我曾在一次聆听斯蒂芬·克拉生教授的演讲后，希望克拉生教授能指点提高儿童阅读能力的具体方法，克拉生教授的回答是："持续默读，自由自主地阅读。"回到学校后的第二天，我们就启动了全校每天下午课前 20 分钟的持续默读活动。当广播的提示开始后，每一间教室里的老师和学生都拿起自己心仪的书静静地阅读。在这段时间里，老师不再站在讲台上滔滔不绝地讲来讲去，也不再像警察似的走来走去巡查；学生不再打打闹闹，也不再不耐烦地做着不喜欢的作业。此时，学校洋溢着的是被尊重的自由自主阅读带来的陶醉、专注和幸福。

　　作为儿童阅读推广人，当你充分尊重儿童，信任儿童，心里眼里都是儿童时，你就会发现，阅读指导的头等大事其实就是让孩子能够兴致勃勃地打开书，读起来。是的，不追求完美，不要求多多，只求先打开书，读起来。那种乐趣，会激起儿童禁不住要读书的强烈动机，会激发他们持续读下去。这种在自由自主阅读中所获得的，又会支持孩子持续阅读的兴趣，会将阅读到的东西内化成自己的东西，会带给他们成长的各种智慧和源源不断的动力。

　　儿童阅读推广人一定要为儿童代言，看儿童所看，想儿童所想，眼中有儿童，心中有儿童阅读。尊重儿童，平等地与他们分享你对阅读和所读的书的喜爱，永葆一颗赤子之心，真诚而实在地为儿童代言，并与他们一起在阅读中成长。

　　　　袁晓峰，深圳市爱阅公益基金会教育发展委员会主席

阅读建言

全民阅读与城市文明典范建设

王京生

深圳经济特区成立四十周年之际，中共中央、国务院下达《关于支持深圳建设中国特色社会主义先行示范区的意见》，该文件明确将"城市文明典范"列为深圳五个战略定位之一，要求深圳"践行社会主义核心价值观，构建高水平的公共文化服务体系和现代文化产业体系，成为新时代举旗帜、聚民心、育新人、兴文化、展形象的引领者"。"城市文明典范"定位之高，远远超越了一般意义上的"文化中心城市"的内涵，是对深圳的城市发展的综合性要求，也可以说是最高要求。我们必须认识这一定位的重要性和实现的途径，完成深圳城市文明发展的新跨越。为了筑牢城市文明典范根基，深圳的城市建设需紧紧围绕"六个典范"，即成为市民文明举止的典范；成为实现市民文化权利的典范；成为彰显国家文化主权的典范；成为世界城市文明互鉴交流的典范；成为时代文化、时代精神、时代观念发展的典范；成为强大文化产业创新发展的典范。"六个典范"着重从个人、城市、国家、民族、世界等多层次多维度阐释深圳所能发挥的先行作用，而阅读则是示范作用背后强大的支柱性力量。

2022年，首届全民阅读大会在北京举行。习近平总书记致信祝贺，鼓舞全社会参与到阅读中来。阅读对于个人、对于城市、对于民族和国家都是最基础、最重要、最有远大前途的事情。当前，深圳要开辟城市文明典范建设之路，必须通过阅读蓄能强化文化积淀、提升文化存量，通过阅读交流助推文化联动、提升文化增量，着重围绕"六个典范"筑牢根基，致力打造市民素质极大提升的城市文明新样式和精神文明极大丰富的人类文明新形态。

一、阅读塑造市民文明举止，培养时代新人

阅读提升市民素质。市民的文明举止最为直观地体现出一座城市的形象。市民的文明举止，就是"其言谈举止"既要合乎现代文明守则，也要合乎"仁义礼智信"的传统价值要求。言，就是说话谦和；谈，就是平等友善；举，就是举手投足都能既展示自己的形象和人格，又能让人看出文雅的修养；止，就是对于一切不符合道德规范和法律规范的，坚决不为。城市文明典范要从市民的一言一行抓起，而全民阅读则是提高城市居民素养最直接、最根本的途径和抓手。

读书是提升气质、塑造三观的途径。"文质彬彬，然后君子。"在中国古代，读书最基本的目的和作用在于"修身"，以无限接近"君子""完人"的方向推行教化。屈原看重的"内美""修能"，涵盖人性天然的善与德、丰富的知识、内政外交才能、文艺创作才华等。这些都是古代知识分子希望通过读书获得、培育的。我们党提出以人为本，人以什么为本？人以"仁义礼智信"为本。那怎么获得"仁义礼智信"呢？说到底，就是要好好学习，要读好书。

阅读涵养城市风度。城市崇尚阅读，阅读改变城市。对个人而言，阅读培养强大的好奇心、想象力、自主思考能力和独特个性，有助于完善自

身发展；对城市而言，阅读提升城市的文化品位，塑造着城市的精气神。"在浸润了书香的土地上栖居，才能享受诗意盎然、和谐雅致的心灵之乐"，这是深圳人在深圳生活的最大感受。因此，在深圳建设城市文明典范的工作中，阅读占据举足轻重的地位。

"文化深圳，从阅读开始"，自阅读推广工作开展以来，读书成为深圳市民必不可少的生活习惯与城市文化，既滋养了城市生活，又引领深圳走出了书香馥郁的先行路。改革开放 40 多年，深圳从一个边陲小镇蜕变为国际化大都市，阅读对城市文化的孕育、对城市发展的赋能功不可没。在深圳未来的发展中，要建成"城市文明典范"，离不开长年累月的全民阅读为城市建设厚植的根基。

二、阅读实现市民文化权利，凝聚奋进力量

"实现市民文化权利"被评选为深圳"十大观念"之一。读书是实现市民文化权利最重要、最基本的载体。不同于唱歌、跳舞，读书是每个人都可以也都需要享有的，是最基本、最普遍的文化权利。所以，要以人民为中心，满足人民的文化需求，增强人民的精神力量，实现市民的文化权利，必须从保障市民的阅读权利做起。

文化权利包括享有的权利、参与的权利、创造的权利和创造成果被保护的权利，这些权利无一不和读书有关，而且关涉每一个人。为保障市民的阅读权利，深圳率先为阅读立法，于 2016 年实施《深圳经济特区全民阅读促进条例》。这是国内阅读推广领域第一部条例形式的城市法规，明确和规范了政府在全民阅读推广中的作用和行为，从战略高度肯定了全民

阅读对城市未来发展的意义，标志着深圳全民阅读建设正式进入依法促进、有法可依的法治化新阶段。该《条例》着重以下述几方面为抓手，致力实现市民的阅读权利，切实保障市民的文化权利。

保障市民文化享有的权利。20 世纪 80 年代，深圳"勒紧裤带"兴建八大文化设施，其中就有深圳图书馆，并在全国率先实行免证进馆。1996年，深圳建成全国第一家以"书城"命名的新华书店——深圳书城。开业当天即创下参观购书市民达 10 万人次的纪录。2006 年，深圳建成全国第一家 24 小时书吧，每个白天黑夜，这里都不乏市民伏案读书学习的身影。2021 年元旦，中央电视台捕捉到深圳市民在 24 小时书吧与书相伴、共度美好跨年夜的情形。著名评论员白岩松在直播间赞叹道："深圳近乎是全国阅读推广最好的城市，可以不加之一。"

保障市民文化参与的权利。2000 年首创的阅读文化品牌"深圳读书月"，至今已成功举办了 23 届。近年来，每届深圳读书月均吸引超千万人次参与。以"世界读书日"为契机、以"深圳读书月"为平台，深圳在全民阅读事业上长期深耕，不断创新阅读推广活动的内容和形式，满足市民读者日益高涨的文化需求，更让读书成为一种习惯，贯穿于深圳人的日常生活中，由此发展形成这座新兴城市独特的阅读文化和书香氛围。中国出版协会理事长邬书林评价道："深圳是全国全民阅读活动开展最早、效果最好、影响力最大的代表性城市，书香建设始终走在全国前列。"

保障市民文化创造及创造成果被保护的权利。2015 年，国务院印发《关于大力推进大众创业万众创新若干政策措施的意见》，要让"人人创新"成为新浪潮、新态势。"在深圳，只要你有创意，72 小时就能让你梦想成真。"这句话在深圳创客群体中广为流传，深圳"创新之城"的定位深入人心。连续多年发布的《"大众创业万众创新"研究报告》显示，深

圳在双创综合指数、注重双创环境综合提升、双创资源开发配置力度、双
创价值与社会成本平衡等方面全国领先。深圳"双创"之强和深圳市政府
的自觉、民企的活跃、高科技的优势密不可分，也较大程度归功于深圳市
民"以读书为荣、以读书为乐、以读书为用"的价值观念和生活方式。在
文学领域，深圳建市 40 多年来，从早期移民文学、打工文学，到蔚为大
观的城市文学书写，见证了深圳文学的发展历程。由海天出版社（现深
圳出版社）出版的《花季·雨季》被誉为 20 世纪 90 年代的"青春之歌"，
曾获中央"五个一工程"奖和国家图书奖；严凌君主编的《青春读书课》
系列丛书，致力于改善学生的读书方法和审美意识，在全国语文教育界产
生了积极的影响。深圳青年作家群的崛起标志着深圳本土文学和作家群体
的崛起，标志着深圳城市书写进入多元化时代。

阅读是文明传承的基本形式，是城市文明建设的基石。深圳以阅读
为抓手，打造切实保障市民文化权利的城市文明典范，致力建设学习型城
市、推进城市高质量发展。

三、阅读彰显国家文化主权，坚定文化自信

一个国家的文化主权，往往需要通过这个国家的超大型城市和有文化
代表意义的城市去实现和体现，比如：纽约之于美国、伦敦之于英国、东
京之于日本等等。中国文化主权的彰显也不例外。深圳作为改革开放的
先锋，义不容辞地肩负起维护国家文化主权、弘扬国家文化主权的责任。
"深圳学派"主张"全球视野、民族立场、时代精神、深圳表达"，这本
身就蕴含着弘扬国家文化主权的精神和意义。

阅读让深圳讲好中国故事。作为唯一的"全球全民阅读典范城市"，深圳用了短短 30 多年时间，不光"让城市因读书而受人尊重"，还让阅读成为讲好深圳故事、讲好中国故事的桥梁。深圳全民阅读发展实现了一系列全国"第一""率先""首次"，探索了一系列"先行"。

第一个在全国开展大型群众读书文化活动，2000 年创立"深圳读书月"，被业界称为全国全民阅读的"起因"和"品牌"。

第一个将全民阅读提升到市委、市政府决策规划范畴与城市战略选择高度。2010 年发布《关于深入开展全民阅读活动，加快学习型城市建设的若干意见》，产生广泛影响。

第一个为阅读立法，2015 年出台的《深圳经济特区全民阅读促进条例》，是国内阅读推广领域第一部条例形式的城市法规。

第一个在全国提出建设"图书馆之城"，自 2003 年启动至今，已建成图书馆"千馆之城"。

第一个提出建设"一区一书城，一街道一书吧"战略布局，现拥有 6 座超大型书城，数量居全国第一。

建成全国第一座以"书城"命名的新华书店——深圳书城，于 1996 年正式开业。

建成全国第一家 24 小时书吧，自 2006 年开业至今，已连续亮灯超 15 万个小时。

成立国内第一家阅读联合组织——深圳市阅读联合会，自 2012 年以来培育了众多高水平的民间阅读组织。

成立国内第一个专事全民阅读理论研究及成果推广的事业单位——深圳市全民阅读研究与推广中心，率先开展系统科学的阅读研究。

成立我国南方地区第一个面向全国、覆盖行业、贯穿全年的阅读品牌与文化平台——"全国新书首发中心"。

开展全国第一个由群团组织与社会组织联合推动的儿童早期阅读项目——"阅芽计划"。

开创全国第一个由政府牵头组织的"阅读推广人"培育计划。

自 2014 年发布《深圳阅读指数研究报告》以来，成为第一个持续发布阅读指数的城市。

发布国内第一个城市阅读年度报告——《深圳全民阅读发展报告》，自 2016 年至今，连续 7 年在世界读书日期间发布。

1989 年人均购书量（购书金额）居全国第一，如今已连续 32 年保持领先。

2019 年，第十六次全国国民阅读调查报告首次发布城市阅读指数排行榜，深圳的城市阅读指数、城市个人阅读指数、城市公共阅读服务指数排名均居全国第一。

…………

深圳已用实际行动证明，一座城市确实能够"因热爱读书而受人尊重"。全民阅读绝不仅是可有可无的文化事件或是文化现象，我们之所以持之以恒地倡导阅读，是因为阅读是中华民族走向复兴、彰显国家文化主权的基础工程。今年，"全民阅读"第九次被写进政府工作报告，更首次出现"深入推进全民阅读"的提法，标志着中国全民阅读事业进入新阶段。在这样的语境下，深圳将继续发挥"全球全民阅读典范城市"的先行引领作用，坚持"以书为媒"讲好深圳故事、中国故事，并进一步将中华文明的故事书写下去、传播开去、传颂全球、生生不息。

阅读让中华文化世代相传。中华民族曾是世界上最热爱读书的民族之一，究其原因主要有三：哲人提倡；技术支撑；科举制度。正是由于中国源远流长的读书传统，中华文明几千年来从未中断。在人类文明的灿烂星河里，中华文明一直闪烁着独特且耀眼的光辉。

《论语》开篇第一章第一句就是劝学："学而时习之，不亦说乎？"这看似偶然，绝非偶然。《论语》一书提到"学习"的内容有近50次，可见《论语》将"学习的重要性"置于空前重要的位置。

中国历代圣人先贤无一不提倡读书。荀子《劝学篇》说"学不可以已"，朱熹在《性理精义·行宫便殿奏札二》中说："为学之道，莫先于穷理；穷理之要，必先于读书。"正因读书好学，中国的知识分子群体在当时的世界上，是最强大的。

印刷术是中国古代四大发明之一。它开始于唐朝的雕版印刷术，经北宋毕昇的发展、完善，产生了活字印刷术。中国活字印刷术的发明是印刷史上的一次伟大革命，比德国古腾堡早了约400年。当欧洲还沉浸在中世纪的"黑暗"时，中国凭借印刷技术革命让读书从达官贵族走向平民百姓，让贫寒子弟也能有条件读书并改变命运，对文化传播与阶层流动作用显著。因此，在当时，中国的知识普及程度独步于世界。

"学而优则仕"，科举制是中国古代选拔人才、打破阶层固化、促进人才流动最为公平有效的途径。回望历史长河，相关的典故、诗文比比皆是：形容"寒窗苦读"的如"宝剑锋从磨砺出，梅花香自苦寒来""读书不觉春已深，一寸光阴一寸金"；形容苦读多年、金榜题名的如"春风得意马蹄疾，一日看尽长安花""御笔封题墨未乾，君恩重许拜金銮"。读书、科举、及第，是古代读书人实现人生抱负的有效途径，由此催生出与之相关的阅读文化传统。

阅读让中华文明走向复兴。《礼记·大学》对整个民族的教化"格物、致知、诚意、正心、修身、齐家、治国、平天下"，正是从个人、国家、民族层层递进的纵向逻辑来阐释"学与思"对国家、民族与文明传承的长远意义。

阅读对于中国文化之传续、发达有不可低估的作用，对中华民族的民族性格亦有重要的塑造作用。从深圳在文化发展上创造的成绩来看，阅读、学习让深圳通往未来，其价值意义涵盖了对中华民族阅读传统的追溯和致敬。另一方面，深圳的学习态度、求知精神、阅读氛围，更直接回应了近年来知识经济快速发展所提出的新要求，成为驱动深圳发展的动力、活力。

深圳是中国改革开放的窗口门户，改革开放从某种意义上看，就是一场伟大的全民族学习运动，是一场世界文明的对接和学习。全民阅读是这场全民族学习运动的基本方式。改革开放以来，国家经济社会的发展，制度体系的创新，科学知识的进步，扩大发展的空间，拓宽民族的视野，这一切，都与阅读有着直接和密切的关系。

"问渠那得清如许？为有源头活水来。"创新是中华民族复兴的最大动力，而阅读为创新的全过程注入源头活水。今天，中国正在走向复兴的关键点上，提倡阅读就有了更加迫切和重要的意义。无论是创建新城市，还是国家要创新，没有阅读作为基础，一切都是空谈。

四、阅读促进世界城市文明互鉴交流，展现城市风采

"文明典范城市"必须面向世界，深圳致力建成世界城市文明互鉴交流的典范。具体到全民阅读领域，深圳以阅读为媒，促成跨越城际、国界、语言、肤色的城市文明对话、交流与互鉴。

阅读提升城市形象。深圳阅读文化品牌以传播城市形象为己任。深圳读书月发挥"全球全民阅读典范城市"示范作用，助力城市文明典范建设。适逢建党百年，第二十二届深圳读书月围绕"打开一个新视界"年度主题，推出"献礼建党百年"年度特别策划，将党史学习教育的宏观叙事与深圳改革开放、社会发展、城市形象相结合，体现了深圳全民阅读与城市发展的相互推动、相得益彰。以阅读赋能发展、以阅读赋能城市、以阅读赋能人生，深圳读书月进一步展示鲜明的人文追求和阅读引领，成为讲好中国故事，展现城市形象的新型文化传播平台。

阅读深化区域共建。深耕全民阅读事业，为深圳打造城市文明典范、加快建设全球区域文化中心城市和彰显国家文化软实力的现代文明之城，贡献重要且独特的力量。2021 南国书香节暨第三届深圳书展展销来自国内外 500 多家优秀出版机构约 22.3 万种、120 万册精品图书，致力打造具有一流水准和国际影响力的城市书展。邀请众多知名出版机构展示高质量的外版图书资源，集中打造国际精品图书展，加强并深化粤港澳大湾区及境内外联动。

阅读激活跨国联动。围绕"阅读"开展跨国联动，是深圳全民阅读推广工作的一大特色亮点。2015 年第十六届深圳读书月开启首届"阅读双城记"品牌活动，与英国爱丁堡开展阅读文化交流；2019 年"深圳·维也纳双城文学论坛暨国际城际阅读联盟"亮相，中外作家、翻译家、学者畅谈国际文学与阅读；"第二届阅读双城记 2020 深圳·柏林城际交流活动"，邀请德国诗人汤姆·布雷塞曼，与知名作家、广东省小说创作委员会副主任王威廉，知名诗人、深圳龙岗区作协副主席阮雪芳交流中德文学与阅读。

自 2008 年加入联合国教科文组织"创意城市网络"以来，深圳更加坚定地走自主创新道路，推进落实"文化立市""文化强市"战略，在促进世界城市创意、文化交流与合作方面发挥着更加积极且重要的作用。

五、阅读激扬时代精神，高举先锋旗帜

特区精神扛起时代使命。深圳是改革开放后党和人民一手缔造的崭新城市，深圳观念、深圳精神不是普通的城市精神，它和红船精神、井冈山精神、延安精神一脉相承，是改革开放的精神代表。"时间就是金钱，效率就是生命""空谈误国，实干兴邦""城市因热爱读书而受人尊重""来了就是深圳人"等十大观念，石破天惊、独树一帜，从深圳传遍大江南北，辐射到全国各地，影响并推动了中国的思想解放、实事求是、改革开放进程。

深圳的使命是建设中国特色社会主义的现代化城市。深圳现代化的高速发展不仅体现在城市面貌与硬件设施的日新月异之上。"没有社会主义文化繁荣发展，就没有社会主义现代化"，深圳在现代化建设进程中始终笃行党中央"物质文明和精神文明两手抓"的重要指示精神。

深圳的起点是经济特区，为何如此重视读书，更与读书结下不解之缘？这和深圳城市建设者、领导者对"阅读、文化与城市"关系的独立思考与真知灼见分不开，也和改革开放的伟大时代分不开。刘易斯·芒福德说"城市是文化的容器"，而文化最基本的载体之一就是阅读。"文化深圳，从阅读开始""城市推崇阅读，阅读改变城市"，作为一座新兴城市，深圳获取并积淀城市文化，离不开城市阅读与终身学习的长期作用。

阅读赋能"文化立市"。深圳市委、市政府高度重视全民阅读工作，

坚持把全民阅读作为推进"文化立市""文化强市"战略的基础工程，在全国率先把全民阅读提升到市委、市政府决策规划范畴，作为城市重要的战略选择。2010 年，深圳市委、市政府发布了《关于深入开展全民阅读活动，加快学习型城市建设的若干意见》（以下简称《意见》），随后深圳读书月组委会根据《意见》制定了《深圳读书月发展规划（2011—2020）》，为推动全民阅读尤其是深圳读书月的全面、深入、可持续发展提供了指导和保障。"政府倡导、专家指导、社会参与、企业运作、媒体支持"的运作机制被誉为我国全民阅读活动的"深圳模式"，能科学高效地联动政府和民间力量，调动企业、媒体、社会机构、阅读组织和广大市民的积极性、能动性。

"让城市因读书而受人尊重"也是"深圳十大观念"之一，由深圳市民以投票的方式高票选出。由此可见，推动全民阅读是深圳市民共同的需要。读书表明了这座新兴城市的高尚追求、高贵品质和从容不迫的远大精神。全民阅读的长期推广与蓬勃发展，让深圳挥别"文化沙漠"谑称，"因为读书而受人尊重"，被联合国教科文组织授予"全球全民阅读典范城市"称号就是莫大的肯定。

用读书压制浮躁，用读书祛除粗俗。截至目前，深圳已 6 次荣膺"全国文明城市"称号，浓郁的书香氛围涵养城市文化，让城市更加文明、更有温度。阅读为城市创新与持续发展提供价值观念的支撑，城市、国家、民族要保持活泼的生命力，往往从思想观念的创新开始。

六、阅读驱动产业创新，赋能高质量发展

阅读是创新的发动机。创新是发展的第一动力，而创新的动力来源于读书，阅读是整个创新过程中最重要的组成部分之一。创新力是城市的核心竞争力，是城市可持续、高质量发展的关键。从全球范围来看，阅读指数和创新指数成正比，创新力强劲的城市、国家往往是爱读书的城市、国家。阅读能培养出与创新息息相关的科学精神、理性精神、人文精神，能进一步锤炼人们精益求精的创新精神、孜孜以求的学习精神。阅读推动城市发展，是城市乃至国家创新力、竞争力的关键来源。

深圳在阅读推广领域的长期努力，取得显著成效，在居民阅读率、阅读量、阅读时长、数字化阅读等指标上，长期高于全国平均水平。2019年"第十六次国民阅读调查"对全国50个城市进行了阅读指数测算，结果显示，深圳的城市阅读指数值位列全国第一。深圳自2014年首次发布城市阅读指数以来，长期动态监测本市全民阅读推广情况及成效。据最新测算结果显示，2021年度深圳成年居民的综合阅读率为85.4%，比国民综合阅读率（81.3%）高出4.1个百分点；深圳成年居民数字化阅读方式（网络在线阅读、手机阅读、电子阅读器阅读、平板电脑阅读等）的接触率为100%，比国民数字化阅读方式的接触率（79.4%）高出20多个百分点；深圳居民人均年度阅读纸质图书9.15本，比全国水平（4.70本）多了近一倍；深圳居民人均年度阅读电子图书11.70本，是全国水平（3.29本）的3.56倍。[①]

深圳既是"全球全民阅读典范城市"，又是当之无愧的"创新之城"。

---

① 数据来源：《2021年"书香深圳"测评结果报告》。

2021 年我国 PCT 国际专利申请数量第三次位居全球第一，共 13 家中国企业进入申请人排行榜 50 强，其中包括 7 家深圳企业，深圳的华为技术有限公司更以 6952 件登顶榜首，这是华为连续第 5 年独占鳌头。据科技部中国科技信息研究所发布的《国家创新型城市创新能力评价报告 2021》显示，深圳创新能力指数在 72 个创新城市中排名蝉联第一，其中，深圳的创新治理力、成果转化力、技术创新力、创新驱动力均居全国第一。

通过全民阅读推广，深圳市民的文化水平、创新能力得到全面提升，城市阅读与学习的成效直接作用于城市建设，不但充分体现在深圳经济特区 40 多年来的飞速发展上，还将持续为城市创新与高质量发展强力赋能。

阅读实现文化大繁荣。中国儒家很早就提出"学以致用"的读书方法。教育部数据显示，高考恢复 40 多年来，我国普通本专科招生数累计 1.4 亿，高等教育毛入学率由 1977 年的 2.6% 增长到 2021 年的 57.8%。据世界知识产权组织（WIPO）发布的年度数据显示，中国通过《专利合作条约》（PCT）提交的国际专利申请量，于 2019—2021 年连续 3 年位居世界第一。其中，在全球教育机构中，深圳大学 PCT 专利申请公开量 2018—2020 年连续 3 年进入前三，仅次于加利福尼亚大学和麻省理工学院。

深圳是改革开放的产物，其定位是"先行示范"与"创新之城"。只有建成具备强大创新能力的文化产业，才可能代表先进文化的前进方向。"文化 +"是深圳文化产业创造的发展模式，在全国产生了广泛而深刻的影响，对于推进文化大发展、大繁荣意义显著。深圳文化创意产业增加值占据全市 GDP 的 8%—10%，已成为重要的战略性新兴产业和支柱产业。深圳制造的文化产品出口量占全国的六分之一。《深圳市文化产业高质量规划（2021—2025）》进一步指明"文化 +"规划的发展方向，即通过增强两大核心动能、强化五大发展支撑、实施四大行动、打造十大增长极，形成深圳文化产业高质量发展体系。

从社会、国家层面视之，公民的受教育程度与整体的创新能力关系密切。正如邬书林所言："你看世界各国，凡是那些善于读书的民族，会读书的民族，重视读书的民族，都是经济科技文化发达的国家。"当前，打造文明典范城市，建设创新型城市、创新型国家，实现中华民族伟大复兴和社会主义文化大繁荣，不可忽视全民阅读与创新的密切关联。

阅读是城市文明建设和民族伟大复兴的基础工程。通过阅读，可以传承文明、博古通今；通过阅读，可以思考问题、破解难题；通过阅读，可以提升创造力和文化品位，而这些都需要政府从城市、国家战略发展的高度进行长期推动才最为高效。

对于城市、国家、民族而言，阅读是一项长久的文化工作，绝不是一时的热潮。当前，深圳奋力向创新引领型全球城市迈进，致力建成具有世界影响力的文明典范城市，这是新时代赋予深圳的新使命、新目标。根据市委、市政府以及深圳城市发展的新要求，立足粤港澳大湾区、面向世界开拓进取，不断增强深圳的核心竞争力和国际影响力，提升深圳的国际知名度和文化软实力，必须锲而不舍、上下一心，把全民阅读深入推进、持久开展下去。

王京生，国务院参事，深圳读书月组委会总顾问

夯实阅读文化产业，助推高质量发展

——深入推进全民阅读的实践与思考

深版

党的二十大报告强调，中国式现代化是物质文明和精神文明相协调的现代化。2023 年，"全民阅读"作为国家战略第 10 次被写进政府工作报告，更延续 2022 年"深入推进全民阅读"的提法，标志着中国全民阅读事业稳步迈向新阶段。深圳市委市政府在城市文化建设上高瞻远瞩、先行示范，早在 2003 年率先确立"文化立市"发展战略，提出把文化产业打造成支柱产业，并不遗余力地推动全民阅读事业发展。2013 年，深圳被授予"全球全民阅读典范城市"荣誉称号，被誉为"全国全民阅读活动开展最早、效果最好、影响力最大的代表性城市"。

在"繁荣发展文化事业和文化产业"的新语境下，阅读产业随着人民群众精神文化需求的日益增长应运而生，并成为公共文化服务的重要组成部分，是文化事业和产业发展的重要内容。阅读产业以图书为媒介，以读者为中心，通过商品化、市场化运作，为人民群众的阅读文化生活提供产品和服务，涵盖创作、编辑、出版、发行、销售、阅读等多个环节，分布于出版、发行、培训、知识服务、广播影视等多个行业，市场需求大、附加值高，在提高文化产业占比、促进旅游产业发展、提高市民文化素质等方面均发挥着重要作用。本文立足深圳出版和全民阅读发展的业务实践，着重从内容生产、公共文化设施建设、阅读文化空间运营、深化全民阅读活动等方面总结深圳实践经验，对高质量发展阅读产业、深入推进全民阅读提出思考建议。

一、坚持"内容为王"，推动出版深度融合发展

随着信息技术的发展，数字阅读、电子书籍等新兴业态的兴起，为阅读产业提供了新的增长点。据统计，深圳成年居民数字化阅读方式的接触率高达 100%，远高于全国 79.4% 的平均水平，同时在阅读行为上保持了纸质阅读和"深阅读"习惯，在阅读媒介选择上的一个突出特点是，"拿着一本书阅读"和"抱着数字媒介阅读"并举。融合出版将出版业务与新兴技术和管理创新融为一体，是传统出版业转型重要的"破局"之道。深圳出版行业坚持把社会效益放在首位，社会效益和经济效益相统一，从内容供给侧持续发力，推动出版产业蓬勃创新，进而为阅读产业及全民阅读事业走上高质量发展道路引领方向、保驾护航。

作为深圳唯一的综合类出版社，深圳出版集团旗下的深圳出版社（原海天出版社）坚持以人民为中心的出版导向，立足深圳，面向全国，不断推出增强人民精神力量的优秀出版作品，从阅读产业的内容供给侧发力，为推动全民阅读高质量发展提供坚实保障。出版了《书都·走读深圳》《遇见深圳》《深圳春秋》《深圳自然博物百科》《这里是深圳》等系列城市文化读物，打造了《为什么是深圳》《春天的前海》《荆棘中绽放：深圳 40 个历史时刻》等一批具有"深圳符号"和"深圳记忆"的原创主题出版精品。2023 年 3 月，《为什么是深圳》荣获第八届中华优秀出版物

（图书）奖，这也是继《关山月全集》《中国花文化史》之后，深圳第三次荣获此项殊荣。"十四五"期间，还将陆续推出《中国式现代化的深圳实践》《高质量发展深圳样本》等记录时代发展、讲述深圳故事的主题出版物，助推学习贯彻党的二十大精神走深走实。

为进一步推动出版深度融合发展，落实国家文化数字化战略，深圳出版集团全力推进数字出版转型升级，以技术推动出版业务流程再造。深圳出版社打造了首部大型融合出版物《中国传统村落文化抢救与研究·非物质文化系列（融合出版含视频）》，入选"十三五"国家重点出版物出版规划、2022 年国家出版基金项目。2023 年策划出版《大国创新：从专精特新到隐形冠军的深圳经验》等一系列融合出版物，进一步推进"深圳百科"数据库的全媒体平台联动互通，将其打造成认识深圳、了解深圳、服务深圳的权威窗口，开辟出版竞争新赛道、新优势。

从公共文化服务层面，深圳坚持以读者为中心，以"融合出版"为抓手，满足市民读者高质量、多元化阅读文化需求，为阅读资源的全民触达提供支持与保障。深圳出版社采用数字资源与纸质图书同步出版模式，结合纸书出版，同步推出电子书、有声书等，通过多种形式将优质图书内容进行音视频加工制作。与亚马逊 Kindle、当当、喜马拉雅、懒人听书等国内外知名电子书、有声书平台合作，进行图书资源展示与销售，提升阅读文化服务附加值。

二、优化公共阅读设施，升级地标性城市文化空间

深圳被誉为"书店之都"，市委市政府持续推进"大书城，小书吧"

战略布局，现已拥有 6 座超大型书城和 700 余家各类实体书店，第 7 座书城——深圳书城湾区城正在高标准建设中，致力为市民打造"十分钟文化服务圈"。在 2023 年深圳两会上，多位代表委员为推动文化事业产业发展提出真知灼见。其中，深圳市政协新闻出版界在集体提案中提出，加强城市"第三空间"建设，在生活"第一空间"、工作学习"第二空间"的周边甚至其中，加入文化休闲"第三空间"，让普通民众的精神文化需求能随时随地获得回应与满足。

书店是一座城市的文化景观，具有文化地标意义。深圳书城作为全国最早的大书城品牌，不断探索迭代升级，从书城大卖场、书城 mall 到体验式书城、文化创意书城，再到智能化书城、美学书城，以打造全国领先的书城文化综合体新型业态为目标，不断创新谋划新型文化商业业态和数字化服务模式，在推动全民阅读、完善公共文化服务、实现市民文化权利方面发挥了不可替代的重要作用，成为市民读者喜爱的文化消费目的地。深圳书城中心城单日接待读者数量高达 15 万人次。作为深圳"新时代十大文化设施"之一，深圳书城湾区城是深圳出版集团全力打造的新一代大书城，在已建 6 座书城的经验基础上，将进行革命性的迭代升级，实现书业智能化、商管数字化、平台可视化，推进书城综合体模式向智慧化迈进，推动倡导"阅读 +"跨界体验的"第三空间"持续更新迭代。

以新型公共文化空间为载体，为人民群众提供更加优质、便捷的公共文化服务，是新时期促进公共文化服务高质量发展的重要举措。深圳出版集团积极探索"阅读 +"文化阵地，探索文化空间创新运营，促进公共文化服务高质量发展。深圳出版集团与深圳地铁集团、深圳巴士集团合作打造的地铁书吧、"爱阅号"移动书巴、"地铁阅读季"书香专列，开创了"全民阅读 + 绿色出行"新模式，让"书香深圳"形象焕然一新。其中，"爱阅号"移动书巴带领市民畅行深圳建筑设计、自然探索、科技创新、人文艺术等漫游路线，让市民进一步认识深圳、爱上深圳。有序推进的"校园书吧""公园书吧""地铁书栈""机场书吧"等阅读空间开发项目，将持续为市民读者带来惊喜体验，加快建设城市公共文化服务体系，推进公共文化服务均等化发展。

三、提升专业化运营水平，打造城市文化服务品牌

阅读产业不仅具有公共文化服务属性，还兼有市场化、商品化运作特性，对经济发展做出积极贡献。出版发行行业主体应深耕本土市场，时刻关注并及时掌握市场消费升级趋势，为读者提供围绕阅读场景价值衍生的文化、生活关联产品和服务，持续打造全国领先的文化服务品牌。深圳坚持全面深化改革，推动组建出版文化产业集团，以深圳出版集团为基础，整合全市优质文化资源，打造市级文化产业国有投资平台，投资培育、创新发展文化产业新业态。

做深做实调查研究，打造文化消费大数据发布平台。由出版发行企业联合第三方专业机构开展调研，形成产研结合机制，对本市文化消费进行全方位研究和分析，全面掌握并紧跟人民群众文化消费需求，定期发布深圳文化消费市场发展年度报告，为提升深圳文化空间运营能力、优化文化服务质量、促进文化业态创新提供科学指引，增强深圳阅读文化产业的社会影响力和经济辐射力。

加强专业化运营管理，打造全国领先的文化空间运营平台。深圳出版集团筹备组建文化空间运营管理公司，依托大型书城文化综合体等城

市"第三空间",构建集定位、规划、设计、建设、招商、运营等贯通全价值链的一体化、标准化文化空间运营管理服务体系。深入实施"三品书店"建设,秉持"品质、品位、品格"原则优化书店等阅读场所的空间布局和业态组合,增强选品和阅读服务指引的专业化能力,提升阅读空间精细化管理、服务水平,增强"书店+科技"智能化发展能力,积极开拓旅行胶囊、国潮、剧场等"文化+"新业态。

深圳出版发行从业人员要时刻关注市民阅读行为习惯及精神生活需求变化,通过专业运营阅读文化空间,提供优质阅读文化服务,打造覆盖全年的文化惠民"菜单",持续扩大阅读服务品牌影响力,提升线上线下专业化、标准化服务水平,全方位立体化擦亮城市文化服务品牌、提升阅读文化产业效益效能。

四、树立全民阅读品牌标杆,讲好中国阅读故事

为推进"书香中国"建设,各具特色的城市阅读活动品牌在全国范围遍地开花,如"书香中国·北京阅读季""书香中国·上海周""南国书香节"等。其中,创办于 2000 年的"深圳读书月"被业界公认为我国全民阅读的"起因"和"品牌"。深化全民阅读活动,是贯彻落实党的二十大精神、推动阅读文化事业产业行稳致远的重要抓手,是"两个文明"相协调的"中国式现代化"的突出体现,更是讲好中国故事、传播好中国声音的重要切口。

深圳成功打造深圳读书月、深圳书展等城市阅读活动品牌,形成了由文化国企承办运作的"深圳模式",在全国打造了全民阅读的"深圳样

本"。"企业运作"不仅是全民阅读运作模式的重要一环，也体现了现代文化国企勇担时代使命的社会责任和文化担当。深圳出版集团立足于"品质文化生活引领者、全民阅读推广主力军、新型文化国企示范者"的发展定位，多年来大力投入，深耕阅读文化沃土，聚合全社会优质阅读资源力量，持续而广泛地开展各种阅读活动，努力推动阅读文化事业产业发展壮大。

深圳读书月在实践中不断推陈出新，为市民读者搭建"文明的阶梯"，敲响"文化的闹钟"，营造"城市的雅集"，奉上"阅读的节日"，充分发挥城市外宣窗口和城际联通桥梁的作用，以"全域、全景、全民、全媒"活动特色，让更多人在书香中全面、立体品读深圳，更致力通过讲好深圳阅读故事、传播好"中国式现代化"声音。

深圳书展的创办是文化国企实施文化惠民工程、助力全民阅读纵深发展的重要举措，为阅读资源的聚合、流通、交互和延展创设平台契机，是彰显阅读文化产业蓬勃发展的典型例证。2022 年第四届深圳书展以造福读者为出发点，联动 212 家出版社推出全年最优惠的文化福利，在全市掀起了一波火热的全民购书狂潮，首个周末接待读者近 20 万人次，整体销售码洋超 450 万元，销售较去年同比增长 16%，呈现出"超人气、高销量、夜经济"的特点，大大提振了图书消费市场活力。

此外，在深圳市委宣传部的指导支持下，全国新书首发中心于 2021年正式成立，构建首个面向全国、覆盖行业、贯穿全年的阅读品牌与文化平台。该品牌提出"重磅新书，首看深圳"，与中国出版协会及全国 30余家头部出版机构建立战略合作关系，成功举办王蒙、刘慈欣、星球研究所、曹文轩、竹内亮等名家大咖的新书首发活动，屡屡带动新书热销断货，被出版机构称作"图书爆品孵化器"，被中央媒体赞为"深圳又一张城市名片",树立了"书香先行,引领风尚"的阅读标杆。

五、阅读产业发展趋势及建议

当前,出版业的快速发展已成为我国阅读产业发展的突出特征。数据显示,2021 年全国共出版新版图书 22.5 万种,较前一年增长 5.4%;图书出版实现营业收入 1082.2 亿元,增长 12.3%;利润总额 190.1 亿元,增长 16.0%[①];数字出版产业整体规模全年达 12762.64 亿元,较前一年增加 8.33%[②]。中国出版业规模不断扩大的同时,也在不断推进自身向数字化、网络化和智能化方向发展。2021 年中国数字阅读市场规模达到 415.7 亿元,数字阅读用户规模达 5.06 亿[③]。从全球范围来看,阅读产业正朝着数字化、网络化、多元化方向发展。数字出版、数字阅读作为阅读产业的重要组成部分,其便捷性与低成本等诸多优势吸引用户不断参与,数字化已成为阅读产业发展的主要趋势。

未来,阅读产业发展特征将愈加鲜明。一是算法推荐与数据挖掘等技术在阅读产业中的运用,使阅读产业更注重个性化服务,个性化程度更加提高。二是随着市场规模的扩大,为满足不同消费者的多样化需求,阅读产业内容更加多元。三是虚拟现实、增强现实等技术大大提高阅读趣味性和吸引力,实体书店、图书馆等线下阅读场所氛围的营造也会以增强用户阅读体验为方向,阅读产业体验感增强。四是随着全球化进程的不断加

---

① 数据来源:国家新闻出版署发布的《2021 年新闻出版产业分析报告》。
② 数据来源:中国新闻出版研究院发布的《2021—2022 年中国数字出版产业年度报告》。
③ 数据来源:中国音像与数字出版协会发布的《2021 年度中国数字阅读报告》。

快，国际文化交流与合作吸收国外阅读产业的发展经验，改善我国阅读市场，开拓国外阅读市场，国际化特征更加明显。

在互联网时代，面对海量信息，统摄并甄别阅读领域的优质资源、产品与服务，实现阅读场域中高质量阅读要素的整合与融通，是阅读文化产业主体的重要职能，也对政府和社会提出更高要求。

一是支持阅读产业的健康发展，要求政府制定更加有针对性的政策，对阅读产业加以引导，加大对阅读产业的资金、税收等方面的支持力度，激发企业的创新活力。

二是加大对图书馆、阅览室、书店等场所的建设和改善，营造良好阅读环境。加大对阅读教育和推广的投入，培养更多的阅读爱好者。鼓励越来越多的科技创新应用于阅读领域，如人工智能、大数据、虚拟现实等，为读者提供更多的阅读选择和更优质的阅读体验。

三是顺应阅读产业发展趋势，健全阅读产业生态系统，加强技术创新，提高数字化阅读、文化内容创作等方面的技术水平，加大对数字阅读平台、数字图书馆等的投资，支持数字阅读技术的发展和应用，为数字阅读提供更好的发展环境。

四是建设具有中国特色的阅读产业体系，打造具有地区特色的阅读品牌，推动文化创意产业和旅游产业融合发展，鼓励阅读活动策划、影视改编、文创产品开发等，增强阅读产业的文化影响力。

习近平总书记强调："要提倡多读书，建设书香社会，不断提升人民思想境界、增强人民精神力量，中华民族的精神世界就能更加厚重深邃。"阅读产业"以读者为中心"，与"以人为本""以人民为中心"的发展思想高度一致。不论科技如何发展、媒介如何迭代，立足"服务人民"

之根本，推动媒介融合、资源融通与可持续发展，有助于激发民族文化创新创造活力，凝聚中华民族伟大复兴的精神力量。深圳出版发行从业者将以满足市民日益增长的阅读、文化、精神需求为依归，以阅读产业高质量发展深入推进全民阅读，为深圳加快建成社会主义现代化强国的城市范例注入书香智慧，以深圳全民阅读的高质量发展为"两个文明"相协调的中国式现代化持续贡献经验、方案和力量。

公共图书馆与其他基本公共服务均衡发展路径

张岩

2021 年，我国脱贫攻坚战取得了全面胜利，开启全面建设社会主义现代化国家新征程。"仓廪实则知礼节，衣食足则知荣辱"，文化建设对国家、民族和人民的重要作用会更加凸显。正如习近平总书记指出的："没有先进文化的积极引领，没有人民精神世界的极大丰富，没有民族精神力量的不断增强，一个国家、一个民族不可能屹立于世界民族之林。"[①]中华人民共和国国民经济和社会发展第十四个五年规划则明确提出"坚定文化自信，推进社会主义文化强国建设"的战略目标，"保障人民文化权益""提升公共文化服务体系"成为文化强国建设的重要支撑。

2021 年 7 月，国家发展改革委发文，推广党的十八大以来深圳经济特区的创新举措和经验做法，共 5 方面 47 条，"推进'图书馆之城'建设"在特区 40 年各行各业众多范例中脱颖而出，作为"创新优质均衡的公共服务供给体制"的代表入选。这既体现了国家对深圳地区公共图书馆事业发展水平的认可，又反映公共图书馆事业作为均等普惠体系的文化先锋已成为基本公共服务体系的重要组成部分。

---

① 社科评论|满足人民文化需求增强人民精神力量 [EB/OL].[2022-01-19].http：//news.cri.cn/20210414/841e3b7c-35c2-4802-f481-575be25125e7.html.

但整体来看，我国公共图书馆事业发展不均衡、不充分问题还比较突出，与教育、医疗等其他基本公共服务相比，政府投入、社会认知都还比较薄弱。即使在经济较发达地区，公共图书馆事业进程与人民群众对美好生活的向往也还有不小差距。实现公共图书馆与其他基本公共服务的均衡发展，尚须在以下几个方面着力推进。

一、政府忠实履职

保障公民基本文化权利是政府的责任，各地公共图书馆事业发展状况并不完全是地方经济状况的必然产物，但与地方政府的思想观念、发展理念息息相关。应采取有效措施促进各级政府忠实履职。

（一）理念先行

文化自强与文化自信必须先有文化自觉。先进、先行的理念是文化高质量发展的秘密。深圳 2000 年在全国率先开展"深圳读书月"等全民阅读推广活动，背后正是基于"实现市民文化权利是政府的责任"的先进理念[①]。政府主管部门把实现市民文化权利作为自己重要的工作理念，"围绕满足人的文化需要、维护和发展人的文化权利"来开展工作，顶层设计就具有了很强的前瞻性。2003 年，在"文化立市"战略指导下，深圳又在全国率先提出打造"图书馆之城"的宏伟蓝图，务实规划、稳步推进，促使公共图书馆事业与其他公共服务实现比较均衡的发展，较好保障了市民

---

① 王京生.论文化治理与文化权利 [N].中国文化报，2014–11–19（007）.

文化权利。纵观国际更是如此，越是文明的国家和地区，越重视民众文化权利保障，有着越成熟完善的公共图书馆体系，国际图联《公共图书馆宣言》中众多使命目标越能得到较好实现。

新发展阶段，不少地方政府在关注经济发展的同时应更加重视和支持文化事业发展，充分认识到图书馆等公共文化机构是提高人民生活品质的必需品而不是装饰品，发挥我国"举国体制"下地方政府的统筹主导能力，予以大力支持和保障。

（二）执法检查

2017 年 3 月 1 日、2018 年 1 月 1 日，《中华人民共和国公共文化服务保障法》《中华人民共和国公共图书馆法》先后正式实施，明确了设立、保障公共图书馆发展是政府的法律责任，但"有法不依"的现象在不少地方仍然存在。《中华人民共和国各级人民代表大会常务委员会监督法》规定，各级人民代表大会常务委员会每年应对有关法律、法规实施情况组织执法检查[①]。2020 年 8 月，十三届全国人大常委会首次启动了文化方面法律——公共文化服务保障法的执法检查，并公布了存在问题和意见建议[②]。地方人大也应及时严格地开展对《中华人民共和国公共图书馆法》实施情况的执法检查，督查地方政府严格贯彻落实法律内容，向人大提交情况报告，有违反行为的要及时纠正并依法追究责任。

---

① 法律释义之中华人民共和国各级人民代表大会常务委员会监督法 [EB/OL].[2022-01-19].http://www.npc.gov.cn/zgrdw/npc/flsyywd/xianfa/node_22995.htm.

② 全国人民代表大会常务委员会执法检查组关于检查《中华人民共和国公共文化服务保障法》实施情况的报告 [EB/OL].[2022-01-19].http://www.npc.gov.cn/npc/c30834/202012/7ed12481a99c43d985edd1bca34c2afd.shtml.

（三）以评促建

公共图书馆评估定级的目的是"以评促建"。评估不仅是对基础设施、业务建设、保障条件等方面的衡量，更反映出一个地区的文化发展水平。公共图书馆评估在设施建设、人员队伍建设、经费保障等方面突出强调了政府的责任和作用，应促使地方政府重视公共图书馆评估定级工作，进一步提高关注度与支持力度，通过评估促进公共图书馆事业条件改善与繁荣发展[①]。

二、行业专业引领

系统、深入的专业能力是一个行业服务社会需求、助力社会进步的核心竞争力。与教育、医疗等其他公共服务均衡发展，图书馆人需要不断强化专业能力，充分展示行业对社会的贡献和价值。

（一）文化铸魂

作为人类智慧成果的汇聚之地，公共图书馆的根本使命在于"传承文明，服务社会"，在于通过人类文明成果的传播提升公民素养，达到"化成天下"的文明之境。新时期应充分彰显其文化积累、传承、传播与驱动创新创造的能力。2015 年，深圳图书馆在"服务立馆、技术强馆"基础上增加了"文化新馆"的办馆理念，就是希望在文化上深耕厚植，以海量

---

① 柯平，刘旭青，邹金汇. 以评促建、以评促管、以评促用：第六次全国公共图书馆评估定级回顾与思考 [J]. 图书与情报，2018（1）：37–48.

资源为依托进行持续、系统、深入的文化建设，使图书馆通过文化的推陈出新与时代共振，永葆青春。这一理念在实践中收获丰富，如 2014 年启动"南书房家庭经典阅读书目"10 年推荐推广计划，陆续改造近 20 个新型文化空间，打造 4 大类别 12 个系列的多级品牌体系，年举办各类阅读活动 1700 余场，通过"空间 + 资源 + 品牌 + 活动"的复合型模式弘扬优秀文化，培育人文精神，实现全民阅读高质量发展。"文化新馆"理念也使图书馆难以被其他机构取代的文化属性更加鲜明，图书馆人自信自强，充满生机活力。

（二）科技赋能

随着科技的快速发展，大数据、云计算、人工智能等新技术被不断引入图书馆，给原有的图书馆业态带来机遇与挑战。"人工智能技术的确将改变图书馆员的工作，但是绝不是使图书馆员的工作变得无关紧要，而是使图书馆员的工作变得更加重要"[1]，作为科技强馆的深圳地区图书馆，我们对此论断深以为然。近 20 年来，深圳图书馆界凝聚"全城一个图书馆"共识，以专业视野和创新精神，开展"文化 + 科技"领域探索研究与实践，自主研发"图书馆之城"统一技术平台，实现全市公共图书馆统一检索、一卡通行、通借通还；合作研发城市街区 24 小时自助图书馆模式，探索全城规范化、标准化管理与服务，城市图书馆一体化、智能化建设成效显著，促进了智慧城市的发展和图书馆行业业务模式、服务方式的变革[2]。科技是手段，是助力，而非目的本身。认清行业宗旨与初心使命，就

---

① 程焕文，钟远薪. 智慧图书馆的三维解析 [J]. 图书馆论坛，2021（6）：53.
② 张岩，蔡箐. 试论公共图书馆专业能力的重要领域 [J]. 图书馆建设，2021（6）：15.

不会本末倒置，在科技发展的洪流中望洋兴叹甚至迷失方向。

（三）体系普惠

市、区、街道、社区图书馆以及城市街区 24 小时自助图书馆、城市书房、服务点等构成的庞大网络体系是公共图书馆区别于其他文化机构的显著特征和优势，也是国家保障公民文化权利最有力的举措之一。联合国《经济、社会及文化权利国际公约》《世界文化多样性宣言》等，将文化权利界定为获取、参与、享受文化生活，进行文化创作及创作成果被保护的权利。因此，发达国家和地区一般"将国民文化参与水平作为衡量公共文化服务质量的主要指标"[①]。目前深圳已构建以"中心馆+区级总分馆"为架构的超大城市公共图书馆管理机制，深圳图书馆作为中心馆、龙头馆，充分发挥专业优势，全面推进"图书馆之城"规范化、标准化、体系化建设，牵头和参与制定多项行业规范和标准，持续进行体制机制创新，推进一体化、专业化管理的区级垂直总分馆制，基层图书馆普惠、均等的辐射效能得到有效激发。若兄弟省市条件具备，此种模式值得推广借鉴。

（四）服务育人

图书馆是"没有围墙的学校"。《国家教育事业发展"十三五"规划》指出：社会教育是指除课堂、家庭之外的一切教育活动和教育事业，包括图书馆等公共文化机构所组织的文化教育活动[②]。社会教育、开启民智也是民国时期知识精英将图书馆事业引入中国的根本原因。当前，图书馆依

---

① 魏勇.居民文化参与的个体动因和社区调节 [J].图书馆论坛，2021（6）：57.
② 中华人民共和国国务院.国务院关于印发国家教育事业发展"十三五"规划的通知 [EB/OL].[2017-01-19].http://www.gov.cn/zhengce/content/2017-01-19/content_5161341.htm.

托馆藏文献、公共空间、公益平台、文化活动等吸引公众主动参与学习交流，潜移默化、开放式地进行思想互动与创造，致力于先进思想文化的建设与传播，让大量市民读者收获知识的滋养、精神的富足与事业的成功①。在社会教育目标下，图书馆主动与一切有意愿的机构与人士广泛开展合作与协同创新，细分人群实现全覆盖、精准化服务，根据不同群体需求充分发挥专业馆员优势，量身定制专项服务，提升全民文化素养，在此领域还有着广阔的空间。

三、体系跨界融合

从业务类别、社会分工的角度而言，图书馆与公众健康、社会福利、创新创业等分属于不同领域，但对于整个公共服务体系构建而言，各主体之间又联系密切、相辅相成，图书馆顺势而为，积极主动与其他基本公共服务体系跨界融合，有望成为高质量发展新的增长点。

（一）图书馆与健康素养教育

近两年来，新型冠状病毒感染疫情的暴发使公众健康信息意识大大加强。不少图书馆积极作为，搜集传播抗疫知识与信息，发挥了信息门户的作用。英国一项关于公共图书馆健康教育经济价值的研究表明，利用图书

---

① 韩文嘉.坚持阅读写作始终热爱校园：深圳 90 后保安为学校写赋 [N]. 深圳特区报，2021–10–21（A12）.

馆与总体健康水平具有正相关关系[①]。图书馆广泛与卫生、疾控、医院、体育运动等管理部门和单位合作，提供多维度的健康教育与实践活动，将全民阅读与全民健康有机结合，可以帮助公众掌握更多基本健康知识，高效预防疾病，助力建设"健康中国"。

（二）图书馆与文化福利

强化"图书馆是文化福利"的认识，鼓励大众更多享受身边的各级各类图书馆。同时，图书馆应主动作为，重点关注未成年人、中老年人、残障群体、特殊儿童、务工群体等阅读弱势群体，为其提供更具针对性、更加便捷、无障碍的服务，保障文献资源和相关服务供给，引导其融入社区社群，营造稳定和谐的社会氛围。

（三）图书馆与创新创业

公共图书馆面向公众平等开放，任何个人、企业、团体组织均可自由地利用图书馆提供的馆舍、文献资源、行业信息、知识专题和技术设备等服务，实现创新创业。半个世纪前国外就有公共图书馆承担起服务小微企业个体创业者的职责[②]，2016年美国图书馆协会也发布了《人民的孵化器——图书馆推动创业》白皮书，指出图书馆可在商业计划、市场研究、资本投资、社群联系、知识产权、数字成型、企业运营等方面为创业者提

---

① Fujiwara D，Lawton R N，Mourato S. The Health and Wellbeing Benefits of Public Libraries[J]. Economia Della Cultura，2017，27（2）：203-212.
② 周卿，金红亚. 公共图书馆服务创新创业人群新模式探索 [J]. 图书馆杂志，2018，37（5）：62-66，97.

供知识、技术及人力资源援助，协助创业者实现创业抱负 ①。

此外，公共图书馆还可将服务延伸至四点半学校、社区老人学习中心、历史文化遗产保护等领域，从服务社会到融入社会，成为市民生活中不可或缺的部分。

四、营销多元创新

近年来，公共图书馆越来越重视阅读推广活动并通过各类新媒体平台开展宣传推广，在提高社会影响力方面取得了较好效果。为实现公共图书馆与其他公共服务均衡发展，在做精做实基础业务的前提下，需进一步创新传播方式，推广优秀文化，及时响应社会需求，充分挖掘与展示公共图书馆丰富的社会价值。

（一）内容创新

近年出现的网红卫视——河南卫视，通过短视频等策划思路，将传统文化元素编排成一部部具有生动情节、唯美画面、形式新颖的"晚会连续剧"，别出心裁地创新展示了中华传统文化的魅力，被称为"十年寒窗无人问，一朝成名天下知"，一举成为近年来最出圈的地方卫视。河南卫视的成功不仅是由于传播方式放下了身段，最重要的还是由于其回归到优质内容本身，深度挖掘、惊艳呈现，成功实现内涵丰沛的文化输出。

---

① Wapner C. The People's Incubator: Libraries Propel Entrepreneurship[EB/OL]. [2021-07-15]. http://www.ala.org/advocacy/sites/ala.org.advocacy/files/content/AL.

纯公益的图书馆与卫视体系当然有很大不同。但"内容为王"的特点是一致的。当前听书领域不少知识付费企业提供的内容受到读者欢迎的原因也在于此。深入挖掘馆藏和自建资源，加强揭示与推送，持之以恒给读者以知识、文化的滋养，图书馆在扩大影响力、提升读者参与度与美誉度等方面必将有长足进步。

（二）快速应变

图书馆界近年在新型冠状病毒感染疫情、暴雨大考中出现"读者留言东莞图书馆"和"郑图不闭馆，为您温情守候"等快速应变的网红事件[①]，这些看似偶然的事件深刻揭示了图书馆多元丰富的社会功能，在社会上树立了图书馆及工作人员专业、温暖、包容的良好形象。

前不久，范并思教授在他的微信公众号发布文章《图书馆员成为最受信任的职业之一》，介绍了 2021 年英国公众职业信任度的调查报告。报告显示英国图书馆员已超过医生，成为 2021 年受信任的亚军职业，原因就在于许多图书馆在疫情期间努力与最脆弱的社区保持联系，超过 130 名图书馆员向其会员打了超过 13 万个电话，以缓解会员的社会孤立和孤独感。相比之下，我国图书馆员在此领域还涉足较少。

（三）深入基层

随着图书馆总分馆体系的不断深入，基层图书馆有望成为加强基层社会治理的新生力量。例如，近两年春节期间，为响应政府"留深过年"号召，深圳地区图书馆联合市委组织部在全市街道、社区图书馆和党群服务

---

① 《图书馆论坛》2020 年 9 月、2021 年 9 月曾专题策划业界讨论。

中心开展"喜迎新春，全城共读"活动。2021 年，深圳图书情报学会向 2000 多名图书馆员发出倡议，倡导馆员春节期间深入所在社区图书馆和党群服务中心，发挥专业优势带领社区群众开展亲子共读等阅读活动，为不能回老家过年的居民营造浓厚书香氛围。2021 年春节期间，全市累计开展线下阅读活动 684 场，直接参与群众 5.8 万多人次[①]。2022 年以"读吧！深圳"为主题，通过举办新春诵读会、发布专题书单、线上云共读、新媒体平台话题互动等形式，邀请市民读者全城云共读，线上参与共读互动人次 16.4 万人[②]。利用贴近群众的优势，不断加强基层图书馆的活动与宣传，必将"对于居民文化生活公共性和私人性的交相融合、文化事业和文化市场的共同繁荣、文化发展和文化治理的同步推进具有积极意义"[③]。随着居民参与社区文化活动意愿的增加，图书馆在其他基本公共服务中的能见度和好口碑也将得到有效增强。

张岩，深圳图书馆党委书记、馆长

---

① 活动被人民网、文旅中国、南方 PLUS、读创、《深圳特区报》、《晶报》、《广州日报》、《香港商报》等媒体广泛报道。

② 活动被中国新闻网、腾讯网、南方 PLUS、读特、壹深圳、《人民日报》、《深圳特区报》、《晶报》等媒体广泛报道。

③ 魏勇. 居民文化参与的个体动因和社区调节 [J]. 图书馆论坛，2021（6）：65.

SHENZHEN
QUANMINYUEDU FAZHANBAOGAO 2023

阅见世界

国外阅读组织发展简介

黄晓新

阅读组织是人们为了实现阅读目标而有意识地组合起来的社会团体，其实质是阅读活动中的人际联系共同体。随着社会的发展进步，人们为了实现某种阅读目标而有意识地组合起来，形成了面对不同人群、不同功能和不同类型的阅读组织，它们通过组织的有效载体和合力，培养阅读能力和习惯、满足各种阅读需求、倡导和推广社会阅读、提高阅读能力和功效，促进人的全面发展和社会进步。

一、古代的阅读组织

国外阅读组织发轫较早。据考古发掘和史料记载，古巴比伦文字起源最早，已发现早在公元前 4000 年前后，两河平原（也称"美索不达米亚平原"）有大量的文献收藏，当时的苏美尔人的文献形态主要是书写在泥版上的楔形文字，人称"泥版文书"，这些泥版文书的阅读者主要是当时的特殊社会阶层如贵族和"书记员"（或称苏美尔书吏），拥有"受人敬重的权力"，他们不只是公证速记员、会计、档案员、秘书和官吏，还是主动阅读者。当时有专门的"书记员学校"教授阅读方法，阅读是通过书写学习的。"书记员学校"毕业的学生会成为簿记员和会计，为商人或王室服务。"书记员学校"可以说是史上有记载的最早的阅读教育组织。

1973 年，考古学家在叙利亚阿勒颇附近出土了公元前 2400—公元前 2250 年的埃卜拉王宫遗址，共挖掘出当时称为"皇家档案馆"的泥版文书 17000 块，泥版内容包括经济、金融、历史、文学、农业、语言等。据研究，这些泥版主要供官吏、会计和书记员阅读。两河平原的中心城市一般都有这样的"图书馆"和"档案馆"，这样的信息库对当时的城邦管理至关重要，也是已发现的人类早期的阅读组织。

据考古发掘证实，亚述帝国时期，规模宏大的尼尼微图书馆是一座楔形文字图书馆，是现今已发掘的古文明遗址中保存最完整、规模最宏大、书籍最齐全的图书馆，已经发现 25000 块刻字泥版，可见其规模之大。正是泥版图书的特殊性，使其没有毁于战火，大部分都被保存了下来。当时的国王巴尼拔积聚泥版的目的是"研读"，其时的苏美尔人对阅读能力十分崇拜，他们甚至把图书馆组织藏书的分类编目人员称为"宇宙之授命者"，意味分类编目能解构人类经验。

与两河平原一样，古埃及的宫殿、庙宇、行政中心，甚至识字的富人区也有图书馆这类阅读组织。在伊得福（EDFU）考古发现的、始于公元前 2000 年的图书分类总目显示，古埃及图书管理员曾尝试以分类方式定义经验世界，如"木刻文本目录""地名和物名目录""庙宇文物目录"等。

古希腊时期的教育目的是培养口才，兼及获取知识，因希腊语当时对阅读的核心定义仍然是代表演讲、辩论的口头交流才能。最早的古希腊和罗马人开始广泛使用书面文字，但在日常生活中仍然以使用口头文字为主，他们"口授信函""听人背诵""听新鲜事儿"，或聆听、阅读文学作品和来往信函。随着书写骤然增多，不同级别、不同阶层的希腊、罗马人才开始阅读莎草纸书卷。

公元前 7 世纪前后，众多来来往往的希腊商贾把埃及的诺克拉提斯建成繁华的商业中心，莎草纸作为一种造价低廉的书写材料进入人们的日常生活，从而促进地中海东部沿岸的阅读书写活动，以交易莎草纸图书为主的书市在罗马发展起来，随之出现了数十家出版商，雇佣着成百上千的书记员和绘图员，这可能是西方较早的阅读产业组织。即便如此，因从埃及进口的莎草纸反复加价，比较贵，能买得起这类书的人还是寥寥无几，主要还是服务于有钱的贵族和图书馆。

公元前 5 世纪，雅典出现最早的书市。公元前 4 世纪的著名学者亚里士多德是个酷爱读书之人，他专门为自己积累了一座图书馆，其"学园图书馆"名噪一时，可以教授弟子，研究学问。这之后，亚历山大的托勒密诸王让希腊大规模进口莎草纸，文学在希腊繁荣起来，一部作品抄有多个副本，供私人和公共图书馆收藏，形成了一定的书写文化，雅典、罗马等大城市出现了对少部分市民开放的公共图书馆。

亚历山大大帝接管埃及后，实行希腊化，通过基础教育给社会注入活力，少数城邦在私人慈善家的资助下，允许自由的少男少女可以到公立学校学习希腊语的阅读和写作，私人教师则教育有钱有势人家的子弟。

据史料记载，希腊人最早开始公共聚众阅读。公元前 5 世纪，被称为"历史之父"的古希腊历史学家希罗多德在奥林匹亚节日上把自己的作品读给聚在一起的人们听。从中可知，希腊和罗马的早期公众阅读依然保持着口头文学和书面文学之间的密切联系，即作者在一个小团体内朗诵自己的作品，团体里的每个人对作者的作品也十分熟悉。每个人既是作者，又是读者。公众阅读总是以听读为主，具有娱乐的性质。比起文本的内容，听众更关注朗诵者的声音、激情、外貌和气质，这是一个口头演讲、表演的场景。这应该是西方国家比较早期的读书会组织。

古埃及人的用莎草纸书写，亚历山大图书馆馆藏的图书也大都是莎草纸制作的。亚历山大图书馆始建于亚历山大的继承人托勒密一世（约公元前 367—前 283）时期，由皇家资助筹建，当初唯一的目的是"收集全世界的书"，实现"世界知识总汇"的梦想，托勒密一世还想将其与教育、研究相结合。托勒密二世（公元前 308—前 246）系统地实施了汇集图书的计划，下令搜查每一艘进入亚历山大港口的船只，只要发现图书，不论国籍，马上归入亚历山大图书馆。他还要求全国所有书卷送来亚历山大图书馆供誊抄，亚里士多德的"学园图书馆"的收藏也被送到亚历山大图书馆。亚历山大图书馆馆藏鼎盛时期的莎草纸书达到 50 多万部。

北非出生的作家、诗人卡利马科斯（约公元前 305—前 240）作为亚历山大图书馆馆员，为该馆制定了已知世界上最早的分类体系，藏书按主题分为戏剧、讲演、抒情诗、立法、医学、历史、哲学、其他，按希腊字母顺序编目图书。亚历山大图书馆成为当时地中海一带一流的学术和阅读中心，后来的图书馆都沿袭其模式。可惜 150 年后，亚历山大图书馆毁于托勒密三世时期的战火。

公元前 2 世纪之初，罗马出现了与古希腊相似的阅读社团。已知最早的社团是以著名将军大西庇阿（公元前 235—前 183）为核心组织起来的，这个社团扶持非贵族阶级出身的作家，推广希腊的语言和文化，与成员之间保持频繁的书信往来。公元前 1 世纪的罗马共和国和罗马帝国时代，文学被国家权力所掌握，作家作为知识分子在社会上的地位得到提高，个人主义占上风，公众朗诵会和文学社团较为活跃，拉丁文坛上举足轻重的人物组建了三个文学社团，其中维吉尔、贺拉斯和普洛提乌斯的保护人被认为是三个文学社团的组建者中最出色的一个，为后人提供了组建社团的成功范例，受到人们的普遍尊重。这些文学社团给当时的作家提供了物质资助，更对艺术、哲学起到引导作用。

1 世纪的"黄金时代"，文学组织重新繁荣，各种文学形态在各个社团中焕发出勃勃生机。西方古代文学社团的成员一般都出身于社会最富有、最有教养的阶层，他们给出身贫寒的作家提供经济上的帮助，以此换取贫寒作家的作品。文学社团的最大贡献就是建立了作家之间的合作，这不同于今天作家相对独立的工作状态，即公众朗读让许多作家在得到同行的点评之后可以"润色"自己的作品，作家也有相互交换作品的习惯，通过相互修改作品帮助彼此提高。

地中海沿岸的柯林斯、亚历山大和耶路撒冷等城市的教堂中很早就有基督教图书馆，公元 231 年，奥里金（约 185 年—253 年）被逐出亚历山大，随后在巴勒斯坦的塞撒雷建立了一座图书馆，凭借其 3 万册的藏书，成为基督教最初几个世纪里的主要知识中心。

中世纪的阅读更多的是一项集体活动，在阳光明媚的花园和人群聚集的大厅，一家人诵读传奇故事和史诗，以让贵族及其妻室感到兴奋。教堂礼拜仪式上诵读《圣经》，修女和道士用餐时也聆听《圣经》，大学的课堂完全成了公共阅读场所。西欧中世纪第一个馆藏超过 2000 册的图书馆是阿维尼翁的教皇图书馆，当时欧洲大多数教会和皇室图书馆藏书都不过几百册。

4—5 世纪，传统的罗马教育开始走下坡路，教会学校作为一种新型学校应运而生。400 年后，查理大帝颁布法令，责成法兰克福帝国境内的所有教堂必须设立学校，教授阅读、写作、数学以及音乐（圣歌）等课程。至此，由教区、修道院或教堂设立的教会学校真正繁荣发展。

中世纪鼎盛时期，高级读写教育多采用所谓的"经院方法"，即初具读写能力的学生通过背诵并比对名家名作的权威注解，成为基督教区的教师。阅读教育是对拉丁文本进行语法分析，辨识并解释每个单词的格或词形变化，获得文本的字面意义等，然后学习和通过正统教义得出更高层的意义，并进行批判性阐释。

12 世纪前后，欧洲已形成标准的阅读课程体系。11—12 岁的男孩掌握一定的阅读能力后进入高年级学习两三年，主修文法、修辞和逻辑三科，一般 14 岁时升入大学，专功前述三科中的某一科，也可以进一步学习算术、几何、天文、音乐四科，以及医学和法律。约 1340 年，佛罗伦萨的 6—13 岁孩子中的 45%—50% 就读于各类学校。

二、近现代的阅读组织

欧洲的教会学校以及神学院孕育了现代意义的阅读教育组织，即现代大学。9 世纪末期，法国巴黎圣母院的索邦神学院发展成为巴黎大学，规模日益扩展，其核心教学内容依然是神学，但已经扩大到文学、法律、医学等。1180 年，路易七世正式颁布"大学"称号。在巴黎大学成立后，欧洲其他各地的大学相继成立，如牛津大学、剑桥大学（这两所大学可以说是巴黎大学的复制品）等。

意大利是欧洲大学的另一个发源地。1158 年，费德里克一世颁布法令，规定了博洛尼亚大学不受任何权力的影响，作为研究场所享有独立性，这标志着欧洲诞生了真正的现代大学。1636 年 10 月 28 日，马萨诸塞海湾殖民地议会通过决议，决定筹建一所像英国剑桥大学那样的高等学府，并拨款 400 万英镑建立"哈佛学院"，就是后来的哈佛大学。

1450 年，随着德国人约翰·古腾堡金属活字印刷术的发明和普及，印刷所在欧洲随处可见，出版人、印刷商、书商和学者往往兼于一身。在印刷的过程中，这些人要请教教授、医生、设计师、画家、翻译家、图书馆馆长等有学问的人，因此，印刷商的作坊就成为一些城镇的学术中心和阅读中心，16世纪最高端的学术中心仿佛从讲演厅和教学中心转移到了印刷商的作坊，这些印刷作坊大多开设在靠近销售对象的地方，例如巴黎的拉丁语区由于毗邻巴黎大学而成为全市的印刷中心，圣雅克芸香大街两侧书店林立，印刷商和装订工人散居在周围的大街小巷，整个产业由此崛起。

15—16世纪之间的百年内，数以千计的印刷商、装订工、雇工、销售商、中间商及其庞大的家族聚集在巴黎，生产图书并向周边和海外地区分销。巴黎的一些书商还在靠近客户的地方开设专卖书店，如在巴黎圣母院附近销售祈祷书、在法庭附近销售法律书籍等。1500年，欧洲已有250多个印刷中心，其中威尼斯的印刷所超过150家。

总之，活字机印书籍的广泛生产、传播与扩散，使读物变得廉价并容易获得，使阅读方式由聚众朗读变为个人默读，并使阅读普及到社会的中下层民众，而阅读的下沉和普及又为各类阅读组织的兴起奠定了基础。

1478年，英国印刷先驱T.罗德在牛津大学创立牛津大学出版社，标志着现代出版产业组织的产生。1514年，剑桥大学出版社成立。1763年，德国议会通过世界上第一部《普遍义务教育法》，保障了德国阅读教育的义务普及。1807年，普鲁士所有的小学、中学和大学一概由国家出资，德意志从此走上了一条全民免费教育的道路，从而也将德国当时的"阅读革命"推向高潮。

与此同时，公共阅读设施和藏书事业的发展，是阅读组织兴起的又一保障。16世纪上半叶，马丁·路德等人倡导的德意志城镇图书馆是为一般市民服务的。18世纪在英、美等国出现的会员图书馆是近代公共图书馆的先声。18世纪，欧洲各国的君主、亲王、伯爵、主教开始仿照古代陵墓的样式兴建大型图书馆，用以收藏自己阅读、视若珍宝的作品。法国大革命前夕，仅居住在东部贝桑肯城富裕街区的居民就拥有几十万册藏书。19世纪下半叶，先是在英美两国，后在其他国家兴起了具有近代意义的、向所有居民开放的公共图书馆，建馆经费来源于地方行政机构的税收，设立和经营这类图书馆必须有法律依据。

英国的公共图书馆在1850年通过《公共图书馆法》后获得了较大的发展，同时期还建立了大英博物馆图书馆。到1900年，英国有公共图书馆360所。1848年，美国马萨诸塞州议会通过在波士顿市建立公共图书馆的法案后，各州也纷纷通过《公共图书馆法》，其中纽约公共图书馆逐渐发展成为美国最大的公共图书馆。除英国、美国、加拿大、澳大利亚及新西兰之外，世界上大多数国家都是在20世纪之后建立自己的公共图书馆系统，且大多在20世纪后半叶开始对外开放。

三、目前主要的国际阅读组织

20世纪以来，随着社会的进步，阅读越来越受到人们的重视，在各国有关教育、文化、出版、图书馆、阅读学会、阅读协会、阅读基金会广泛建立的基础上，多个有关阅读的、国际性的行业组织成立了，主要有联合国教科文组织（UNESCO）、国际阅读协会（IRA）、国际图书馆协会联合会（IFLA）、国际出版商协会（IPA）、国际儿童读物联盟（IBBY）等。它们践行自身宗旨，发挥自身优势，采取多种形式加强合作，长期致力于全球阅读推广事业，在唤起民众阅读意识、引领世界阅读风尚方面发挥了重要作用。

从 1946 年成立伊始，联合国教科文组织将阅读推广工作视为促进人类文化传承、传播与创新的重要基础性工作，开发了大量阅读推广项目。1972 年，UNESCO 在对多国尤其是亚非拉地区的阅读和出版情况进行大量调研基础上，明确提出"全民读书"（Books for All）的理念，并把 1972 年定为"国际图书年"，开展了大量阅读促进活动。

1982 年，UNESCO 在英国伦敦举行世界图书大会，提出"走向阅读社会——20 世纪 80 年代的目标"活动项目，帮助各国制定一系列具有倡导性和前瞻性的图书发展战略规划，让人们正确认识图书（出版）产业的重要性，帮助出版界在出版产业链中整合运用新技术，为各类人群创造阅读环境，鼓励国际合作以增强图书出版能力，增加图书进出口的双向流动，等等。UNESCO 将出版和识字教育视为阅读推广的基础，并优先实施，一直将公共图书馆视为全民读书尤其是贫困人口、特殊群体能够平等享受阅读权利的重要平台，并加以推广。

1995 年，国际出版商协会在西班牙巴塞罗那召开全球大会，首次提出以 4 月 23 日作为"世界图书日"的设想，后吸收来自俄罗斯的 IPA 会员提出的"版权"理念，IPA 与西班牙政府一起向 UNESCO 申请倡议，得到 UNESCO 第 28 次大会的通过认可。UNESCO 在当年 10 月宣布，将每年的 4 月 23 日作为"世界图书和版权日"，其宗旨在于让阅读成为人们日常生活中不可或缺的部分，每个人都能享受阅读的乐趣。

1997 年，UNESCO 第一届国际全民阅读专门委员会召开会议，回顾总结埃及自 1991 年以来开展全民阅读活动的成就，正式建议发起国际"全民阅读"（Reading for All）项目并在全世界范围内推广。此后，"全民阅读"理念的传播范围不断扩大，欧洲、非洲、大洋洲分别召开全民阅读推广会议，许多国家越来越意识到国民阅读的文化战略作用，以"全民阅读"为旗帜，制定各种政策，采取各种措施，动员全社会加以促进。

目前，全球已有 100 多个国家和地区参与"全民阅读"活动，许多国家的爱书人将其视为读书的盛大节日，并创造衍生出各种类型的阅读活动，如英国的国家阅读年（1998）、"阅读起跑线"计划，日本的儿童读书年（2000），澳大利亚的"阅读闪电战"（2013），美国的"世界读书夜"，法国的读书节，加拿大的全民阅读峰会，新加坡的"读吧！新加坡"，等等。

1956 年，非赢利阅读研究组织 IRA 和一系列阅读研究机构在美国成立。IRA 的宗旨是提高人们的阅读水平、倡导终生阅读的习惯、加强阅读指导、促进阅读研究，其成员包括教师、阅读专家、顾问、研究员、心理学家、图书馆员、媒体专家、学生及家长等，联合了近 80 个国家的阅读学会、协会和基金会，并有 1250 个分会，在全世界拥有 35 万个会员单位和机构。IRA 主要通过开展阅读研究、组织阅读交流、出版学术刊物、组织评奖等方式促进全民阅读，并每年召开一次年会，每两年举行一届世界大会和各种中小型专题会议，就广泛深入的阅读学专题进行研究和探讨。

1974 年，IRA 在奥地利维也纳举行会议，宣称"一切人享有阅读权利"，提出"迈向阅读的新境界"，整合国际学术资源，推动国际阅读领域的学术交流与进步。IRA 还建有专门的研究所，发行《阅读教师》《阅读杂志》《阅读研究季刊》《今日阅读》等六种专业报刊，每年至少出版 20 种阅读专业的新书及电子读物。

作为图书杂志的生产者，1896 年在法国巴黎（现秘书处设在瑞士日内瓦）成立的国际出版商协会是国际性的图书和杂志行业联盟组织，有来自 60 多个国家和地区的 70 多个集体会员单位。IPA 的宗旨是为全世界出版业服务，维护出版者的出版和发行人类智力产品权利，并大力发展具有创造性的作品，鼓励会员单位更为广泛地发行图书和其他出版物；鼓励各国新作家和新出版者发挥创造性，积极参加消灭文盲的运动，促进出版自由和阅读自由。IPA 在国际间的版权保护和各国智力产品的自由交流方面做了大量工作，出版会刊《国际出版商联合会出版新闻》和有关报告、会议纪录等，曾大力呼吁、建议设立"世界图书和版权日"等。

作为书报刊等读物的收藏利用者，IFLA 于 1927 年在英国成立，是国际图书馆界最大、最高的行业组织，现有来自 130 多个国家和地区的 1400 多个协会、组织会员。IFLA 一直致力于全球范围内民众阅读习惯的培养和阅读能力的提升，通过设立专门机构、发出阅读倡议、组织阅读研究、开展阅读评奖等多种形式，指导和推动全世界阅读推广事业发展。

IBBY 成立于 1953 年，总部设在瑞士巴塞尔，目前在全球已有 69 个分会，各分会的会员包括作家、出版商编辑、翻译家、新闻工作者、评论家、教师、大学生、图书馆员、书商、社会工作者、家长等，是与联合国教科文组织、联合国儿童基金会有咨商关系的国际非赢利组织，每两年召开一次世界大会。IBBY 的宗旨在于通过儿童图书增进国际了解，帮助全球儿童尽可能多地接触高水准的文学艺术读物，鼓励支持高品质儿童读物的出版和发行，并援助培训儿童出版工作者，激励儿童文学领域的学术研究。自成立以来，IBBY 开展了大量的儿童阅读推广活动，实施儿童阅读关爱项目，设立国际儿童阅读奖项等。

国际区域性的阅读组织也很活跃，如欧洲阅读促进组织（EU Read）于 2000 年在比利时的布鲁塞尔成立，目前有 16 个来自德国、英国、比利时、荷兰等国的成员，所有成员轮流当值理事会主席，主要靠募集和捐赠经费运作，每年召开一次年会，开展面向全欧洲的阅读促进活动。EU Read 认为，阅读是今天全面参与媒体主导的多元文化社会的先决条件，因此要交流有关的知识、经验和观点，一起为促进社会阅读制定新战略。EU Read 还经常向政治、产业与商业领域进行一些常规性的沟通，提高大家对倡导和推进社会阅读的共识。

时至今日，人类进入移动互联时代，信息知识和阅读已经成为人们不可或缺的生活方式，网上阅读社群成为阅读组织的常态，各种线上线下阅读组织已经普及，可以说阅读组织和活动方兴未艾，蓬勃发展，如一些国家议会成为阅读的立法组织，各国政府成立阅读的管理组织，各有关行业协会成为阅读的推广组织，各类各级学校成为阅读的教育组织，各类出版发行机构成为读物的生产传播组织，各类图书馆成为公共阅读的保障组织，各类读书会成为深度阅读的细分组织，网上智能化的阅读组织成为发展趋势。

黄晓新，中国新闻出版研究院党委书记、副院长

从本土经验到国际合作

—— 深圳市爱阅公益基金会的资助探索与实践

冯倩

深圳市爱阅公益基金会（简称"爱阅公益基金会"）于 2010 年在深圳市民政局正式注册成立，基金会以"高品质儿童阅读推动美好未来"为愿景，致力于推动儿童阅读的发展和儿童阅读品质的提升。按照基金会的资金使用方式，基金会通常会被划分为"资助型、运作型和混合型"。[①]爱阅公益基金会是一家集运作和资助并行的混合型基金会。爱阅公益基金会自成立以来，在资助领域的投入累计逾千万余元。本文将主要聚焦于爱阅公益基金会多年来的资助探索与实践：一方面，从自身实践出发，不断探索和调整对国内阅读公益项目的资助策略，通过"阅林计划"支持国内公益伙伴的发展与成长，迄今已资助了 43 家阅读公益机构，73 个阅读公益项目的落地与执行，形成了议题多元、形态多样的阅读公益项目资助生态格局；另一方面，爱阅公益基金会重视国际交流与对话，通过设立国际阅读奖项，加强国际合作，促进国际理解，培养人类命运共同体意识，努力向世界发出深圳的声音。

---

① 陶传进，刘忠祥 . 基金会导论 [M]. 北京：中国社会出版社，2011.

一、从本土出发："阅林计划"的资助探索和案例分享

"阅林计划"是爱阅公益基金会于 2016 年发起的资助型项目，聚焦资助为乡村和流动儿童提供优质阅读资源和服务的组织与机构，希望让更多的乡村和流动儿童拥有高质量的阅读陪伴。爱阅公益基金会希望能通过资金的支持和专业的引领，与阅读类公益组织一起，探寻乡村儿童、流动儿童阅读的核心项目模式和解决方法。自资助计划发起以来，已累计资助了43 家公益组织，共 73 个阅读类公益项目，项目直接服务人次超过 30 万。此章节将会介绍阅林计划是如何在资助实践中不断根据国内阅读公益生态的发展变化调整自身的战略定位。在多年的资助中，阅林计划已经识别和培育了较多优秀的阅读公益项目，此章节也将介绍一些富有创造力和影响力的资助案例成果，期待能够为行业提供经验借鉴和价值共享。

（一）爱阅公益基金会的本土资助之"道"

2008 年 12 月，爱阅公益基金会发起人李文女士在湖南株洲县朱亭小学捐赠了第一座爱阅乡村小学图书馆，以此开启了长达 8 年的全国乡村小学图书馆捐赠之旅。捐赠优质图书、开展教师培训、组织校长访学，几年间，在李文女士身体力行的推动下，爱阅乡村小学图书馆在全国 13 个省份拔地而起，共有 308 座图书馆成功开馆，直接受益人超过 10 万人。

时间到了 2016 年，爱阅乡村小学图书馆项目正式转型为爱阅乡村儿童阅读资助项目。从一个实操项目转为资助项目，这是爱阅公益基金会在乡村儿童阅读领域发展经验的自然延伸。将具有多年实践经验的乡村儿童阅读推广领域作为基金会的资助方向，明确将执行力强、有在地优势且具备阅读推广经验的公益组织作为资助对象，通过资助这些在地阅读类公益

组织开展阅读推广类项目，并对其提供资金支持、资源链接和能力建设支持。此转型之举既符合现代公益慈善行业发展的大趋势，又为爱阅公益基金会在该议题上保持持续的专业性和影响力提供了重要依据。

1. 资助对象的考量

2016 年，要求资助对象为公益组织，需聚焦改善农村地区儿童阅读环境，有专职的工作人员且机构注册成立 1 年以上，并提供详细的可行的项目计划。在逐年的资助实践中，爱阅公益基金会不断细化对资助对象的考量标准：被资助机构是否具备儿童阅读推广的实践经验、是否常驻项目地、是否已经具备与当地教育部门建立良好合作关系的潜力，以及项目是否具备可持续性等。

从行业建设的视角，爱阅公益基金会认识到了阅读行业新生力量的发展困境，因此将资助对象细分为"成熟组织"和"新生组织"，对两者设计了差异化考量维度。

针对具体的机构和项目，爱阅公益基金会也完善出一套涉及与机构和项目相关的六个维度的资助评估标准，为资助决策提供重要参考依据。

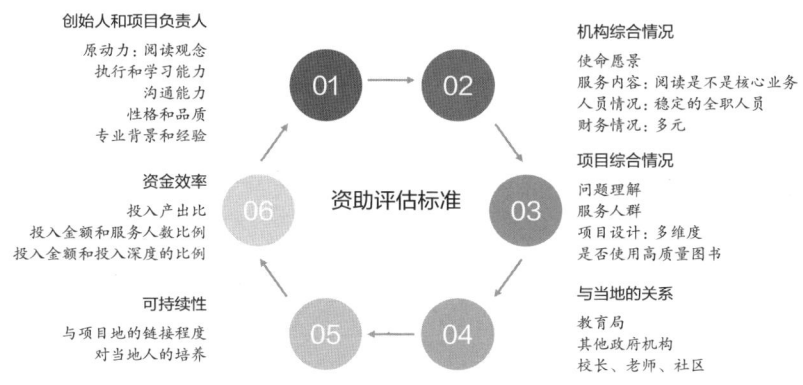

图 7-1 爱阅公益基金会资助评估标准

2. 资助方向的调整

据相关研究介绍，中国儿童阅读领域公益组织的大规模发展是在 2008 年左右，这一时期，公益组织的主要服务为图书捐赠，尤其是面向乡村儿童的图书捐赠。此后，基于图书捐赠，公益组织逐渐探索出建立图书馆和班级图书角等形式。2010 年前后，艾登·钱伯斯的"阅读循环圈"理论进入到阅读公益领域，并得到广泛认可。由此，过往以图书捐赠为主的服务中开始叠加对成人的阅读指导培训[①]。

近几年来，阅读类公益项目的干预路径仍延续前序路径不断丰富和拓展。在城市化发展过程，许多公益组织的视野从乡村转向城市边缘地带，北上广深等大型城市的城中村社区儿童的阅读困境，成为新的服务范围。在技术手段的更新上，有部分公益组织尝试用小程序、电子图书馆等科技手段回应更广泛的需求。与此同时，关于儿童阅读的行业会议和倡导活动也未曾停歇。

基于这个动态的变化过程，爱阅公益基金会的资助方向也保持动态变化，基于行业的动向及时调整资助的方向和具体的策略。从前期对单一型阅读公益项目的资助，逐渐演化为对儿童阅读公益行业细分领域的资助，形成了包括图书递送、专业赋能、技术支持、行业倡导等多样化的项目类型的资助生态圈。

3. 资助策略的完善

如前文所言，随着经济和科技的发展，儿童阅读领域面临的具体问题和挑战也在不断流动和演化。这对于爱阅公益基金会资助策略的制定者来说，同样是一个挑战。宏观层面，需掌握对行业或议题领域的专业技术；

---

① 参见 2021 年《中国儿童阅读领域公益组织发展研究报告》。

中观层面，需要制定专业化的资助流程，包括一套相对稳定的从规划、执行到评估的流程；微观层面，需要躬身入局，贴近资助对象，了解一线伙伴的现状，识别伙伴在组织和项目发展不同阶段的不同需求。

资助官员的能力是有效资助的关键。基于这个共识，爱阅公益基金会对于基金会资助人员的培养，也起着重要作用。"终身学习"是爱阅公益基金会在价值层面和文化层面所积极倡导的方向。基金会强调资助官员的专业技术和职业精神，需具备通晓社会问题、熟谙专业技术的能力，又能够持续保持创新和学习的能力。

也是在从内往外的探索过程中，爱阅公益基金会形成了对项目和人的双向资助策略：阅林计划提供项目执行经费；能力建设项目为行业伙伴提供能力建设学习经费。在这样的双向支持下，作为资助对象的公益机构可以得到以项目资金和人才建设为主的双重支持与发展。

（二）爱阅公益基金会的本土资助案例分享

1. 案例概览

表 7-1　爱阅公益基金会的本土资助案例

编号	机构名称	项目名称	资助时间
（1）	广东省担当者行动教育发展中心	"班班有个图书角"乡村儿童阅读陪伴成长计划	2016.4—2017.4
		湖南醴陵乡村儿童阅读助学第二期	2018.5—2019.5
（2）	上海浦东新区心教育社区青少年发展中心	智慧之舟	2016.4—2017.4
		智慧之舟湖北武穴幼儿园早期阅读活动	2018.9—2019.9
（3）	益博公益专项基金	区域阅读推动	2016.8—2017.8
		区域阅读推动	2017.11—2018.11

续表

编号	机构名称	项目名称	资助时间
（4）	六和青少年阅读服务中心	区域阅读项目	2016.6—2017.6
		四川省茂县阅读项目（二期）	2017—2018
		新安县阅读教育项目（一期）	2019.5—2020.5
		新安县阅读教育项目（二期）	2020.6—2021.8
		新安县阅读教育项目（三期）	2021.8—2022.9
（5）	北京然尔阅读公益发展中心	童书太行——农村儿童"有效阅读"研究与实践	2017.6—2018.6
		"童书太行"乡村儿童有效阅读计划	2021.10—2022.11
（6）	甘肃新星公益慈善中心	平凉寨子街小学阅读推广	2017.6—2018.6
（7）	"阅读·梦飞翔"文化关怀慈善基金	农村学校阅读教育文化建设项目	2017.6—2018.6
（8）	鹤山市传爱社会工作服务中心	阅读与戏剧的美好相遇——鹤城镇五星村阅读成长计划	2017.7
		阅读与戏剧的美好相遇——鹤城镇五星村阅读成长计划	2018.9—2019.9
（9）	攀枝花市爱思青年公益发展中心	爱思青年绘本阅读推广项目	2017.7
（10）	银川市明达青少年发展中心	乡村书屋和乡村社区儿童中心建设	2017.8—2018.8
（11）	灵山慈善基金会图书馆计划基金	灵山图书馆计划基金乾县阅读项目	2018.8—2019.8
		爱阅图书馆计划渭南区域阅读项目	2019.10—2020.10
		图书馆计划阳春阅读项目	2021.9—2022.9
（12）	陇南益家社会工作服务中心	悦读阅快乐	2018.9—2019.9
（13）	青岛李沧区快乐沙爱心帮扶中心	"行走的书箱"阅读推广项目（乡村版）	2018.9—2019.9
		青岛"行走的书箱"乡村阅读推广服务	2020.1—2021.1

续表

编号	机构名称	项目名称	资助时间
（14）	珠海市协作者社会工作教育推广中心	工业区流动儿童社区自助图书室支持计划	2018.7—2019.6
		工业区种子故事人培育计划	2020.10—2021.11
（15）	汉寿县社会工作服务中心	乡村儿童阅读公益馆	2018.12—2019.12
（16）	广河多思文化发展中心	少数民族乡村小学阅读推广课项目	2018.12—2019.12
（17）	田东县晨曦社会工作服务中心	"阅读起步"乡村幼儿园阅读推广项目	2019.5—2020.5
		"阅读起步"乡村幼儿园阅读推广项目	2021.11—2022.11
（18）	上海浦东泉蒙阅读文化交流中心	打造区域阅读推广培训体系	2019.5—2020.5
		阅读学校联盟	2020.5—2021.5
		阅读学校联盟	2021.9—2022.9
（19）	深圳市彩虹花公益小书房	彩虹花梦想书包—助力2019	2019.5—2020.5
		彩虹花梦想书包—助力2020	2020.8—2021.8
		彩虹花梦想书包—助力2021	2021.8—2022.9
（20）	广州市海珠区满天星青少年公益发展中心	满天星公益图书馆	2019.5—2020.5
		满天星公益图书馆	2020.4—2021.4
		阅读马拉松	2022.7—2022.12
（21）	武汉市东西湖区毛毛虫儿童阅读指导中心	"毛毛虫阅读成长书包"城区偏远学校留守流动儿童阅读助力计划	2019.5—2020.5
		"毛毛虫阅读小站"偏远城区学校儿童阅读助力计划	2022.11—2023.11
（22）	广州市微笑公益服务中心	广州城中村微笑故事小屋	2019.5—2020.5
		柯木塱村"微笑图书馆"	2020.9—2021.9
		柯木塱村"微笑图书馆"	2021.9—2022.10
（23）	陕西纯山教育基金会	乡村图书馆儿童阅读推广项目	2019.5—2020.5
（24）	北京三知困难儿童救助服务中心（新公民计划）	微澜图书馆	2019.5—2020.5
		微澜图书馆	2021.10—2022.10

续表

编号	机构名称	项目名称	资助时间
（25）	上海多阅公益文化发展中心	上海流动儿童家校阅读联盟	2019.10—2020.10
		上海民办三级幼儿园阅读陪伴项目	2021.10—2022.11
（26）	陕西仁爱儿童援助中心	童心计划—乡村儿童陪伴阅读项目	2020.6—2021.6
（27）	广西同心源社会工作服务中心	"悦读童年"儿童阅读推广项目	2020.8—2021.8
		"Hui 阅读"早期儿童阅读推广项目	2021.12—2022.12
（28）	西宁心理健康教育研究会	"美丽藏区·悦读童声"藏区小学阅读推广项目	2020.8—2021.8
		"美丽藏区·悦读童声"藏区小学阅读推广项目	2021.10—2022.10
（29）	宁夏吉庆公益基金会	纳家户村阅读空间	2020.8—2021.8
		喜阅计划	2022.11—2023.11
（30）	北京恺尔听障人士关爱中心	小耳朵康复阅读馆	2020.8—2021.8
（31）	宁夏银川见益社工中心	益童读书乡村儿童阅读养成计划	2021.6—2022.6
（32）	临沂绘世图书馆	绘世图书馆项目	2021.7—2022.7
（33）	中华儿慈会－互满爱人与人国际运动联合会（瑞士）云南代表处	未来希望幼儿班爱阅阅读计划	2021.12—2022.12
（34）	深圳市砥砺社会工作服务中心	"阅未来"城中村儿童阅读支持项目	2021.12—2022.3
（35）	北京市西部阳光农村发展基金会－原点计划	原点蜗牛读跑活动	2022.6—2023.6
（36）	福建省霞舒助学公益服务中心	让图书馆照亮乡村孩子的未来——霞舒公益乡村阅读推广计划	2022.6—2023.6
（37）	威海市环翠区小贝壳儿童阅读发展中心	威海农村学校书库	2022.7—2023.7
（38）	济南泉城亲子阅读推广中心	爱心故事妈妈进乡村	2022.8—2023.8
（39）	福建省鸟巢助学公益服务中心	公益图书馆行业发展圆桌会	2022.8—2023.8
（40）	贵州稚瑞公益服务中心	"阅读陪伴"乡村儿童阅读成长计划	2022.12—2023.12

续表

编号	机构名称	项目名称	资助时间
（41）	浙江省启信公益发展中心－哆悉哒阅读对话实验室	在地阅读深耕实践社群发展计划	2022.12—2023.12
（42）	上海浦东新区禾邻社区艺术促进社	点亮乡土童年——禾邻绘本阅读项目	2022.12—2023.12
（43）	深圳市二十一世纪教育研究院	未来乡村教育协同网络	2022.10—2027.10
（44）	海原县石头汤公益服务中心	石头汤公益图书馆	2022.10—2023.10

2. 典型资助案例

（1）服务城市流动儿童阅读的典型资助案例

a. 深圳彩虹花公益小书房 梦想书包项目

改革开放 40 多年来，伴随着经济的快速发展，我国经历了一个快速城市化的过程。深圳作为经济特区，近些年城市化发展迅速，区域经济繁荣，有许多现代化工厂、科技产业园，吸引了大规模的人口迁移。大量来深务工人员居住在城中村里，家庭收入处于城市收入偏低水平。而这些家庭的孩子随父母居住在城中村或工业区，因户籍等原因就读于一些民办学校，相较于城市户籍儿童，这些儿童在阅读资源获取、阅读能力等方面与城市户籍儿童相比有较大差异。

据《深圳市流动儿童家庭亲子阅读状况调研 2017 总报告》数据显示，被调研的流动儿童家庭中，家长学历为高中及以下的占比为 80.3%，而家庭年收入低于 10 万元的占比为 61.2%，这些家庭中没有任何形式的书架、书柜的占比为 44.2%。而年收入低于 10 万元的家庭中，超过八成的家长表示每月花费 50 元为孩子购买书籍，存在经济困难。所有被调研的流动儿童家长，在阅读服务需求上，超过六成表示他们最大的需求是图书。生活在城市的流动儿童家庭，在阅读上最大的需求是图书，这让人很意外。

这既和家庭生活条件、家长理念与能力、学校理念引导等因素有关，也和资源分配、资源信息不对称等因素有关。

为了解决这一问题，深圳彩虹花公益小书房在 2016 年发起了梦想书包项目，该项目旨在为深圳民办学校的流动儿童家庭提供阅读服务。[①] 梦想书包项目服务板块主要分三个部分：硬件、活动与管理。硬件主要包括书籍、书包、书箱等相应的阅读素材与其他材料；活动主要包括面向儿童、家长、教师的直接阅读服务或者相应的培训；管理指的是项目运作、服务，以及一些数据调研、分析等工作。截至目前，梦想书包项目已连续开展九年，服务了 9 所学校、200 多个班级，提供了 2 万多册图书，惠及 1 万多个非深圳户籍家庭。自 2019 年以来，爱阅公益基金会对深圳市彩虹花公益小书房梦想书包项目进行了为期三年的资助，项目直接服务人数累计近 7000 人。

b. 广州市微笑公益服务中心 城中村图书馆项目

广州市微笑公益服务中心（简称"广州微笑"）致力于为广州市流动人口及低收入家庭聚集的社区、学校和幼儿园提供免费借阅的优质童书、常态化阅读活动陪伴及阅读推广志愿者的培养，以推进亲子阅读和儿童阅读的广泛深入开展，发展学习型家庭，发展家庭和社区阅读推广志愿组织，改变社区阅读生态，支持流动家庭的融入与成长。2019 年 6 月，爱阅公益基金会资助了广州微笑在广州市白云区新市片区的"城中村微笑故事小屋"项目，项目周期为一年。一年之后，广州微笑超额完成目标：完成了新的故事小屋的建设，还超额建设了一个故事小屋。每个故事小屋一年开展不少于 35 场活动，直接受益人数超过 500 人。同时，项目还服务

---

① 参见韩岩的访谈《一辈子做一件事，用阅读陪伴儿童成长》。

了城中村社区的幼儿园，培养了一批家长志愿者、教师志愿者，在这个过程中，一批优秀的志愿者涌现出来，成为广州微笑在城中村的社区阅读推动骨干力量。

凤凰街道隶属于广州市天河区，外来人口数量约占街道总人口的60%，外来人口家庭主要从事个体经营、物流运输、工厂制作等方面的工作。2020年，广州微笑在凤凰街道柯木塱村选址建设了微笑童书馆，微笑童书馆项目由此获得了爱阅公益基金会持续两年的资金支持。截至目前，微笑童书馆注册读者人数近700人，历史借阅总数高达3万多本。项目周期内，除了服务本城中村社区的儿童及家长，广州微笑团队还走进社区周边的学校，将教师阅读培训、家长阅读培训递送到12所学校的135个班级。累计服务人数超过1万人。家长服务方面，广州微笑已在广州各区开展家长阅读活动300多场，探索出了家长自组织形式的亲子阅读模式。

（2）打造县域阅读生态的典型案例

a.杭州六和青少年阅读服务中心 县域阅读教育项目

六和公益是一家致力于让中国儿童读好书的公益机构，以区域化深耕的服务模式，为项目区提供深度的阅读教育支持。阅读教育项目主要以为乡村小学捐建和享班级阅读角、和享儿童阅读教室的方式，为项目区学校捐赠适合不同年龄阶段学生阅读的优质童书，让乡村学生可以读"好书"。教师发展项目则是通过实地培训、网络教研、教师读书会、教师外出学习等多种方式，全方位赋能乡村教师在阅读教学领域的专业发展，让乡村学生在老师的引领下，把好书读好。

在爱阅公益基金会的资助下，六和公益与新安县教育局合作，2019年开始在新安县实施阅读教育项目。和其他项目区一样，首先在班级里建立班级阅读角，配置优秀的图书，满足每个学生基本的阅读需求，提升阅读量。项目实施三期，已为新安县的 96 所学校捐建班级阅读角 713 个，阅读教室 2 间，捐赠图书 55080 册，受益学生超过 3 万名，基本实现区域小学的全覆盖。

b. 上海泉蒙阅读文化交流中心　阅读学校联盟项目

泉蒙是一家以湖南为核心项目区域、深耕县域的儿童阅读推广机构。泉蒙以"让每一个孩子成为终身学习、独立思考、具有人文关怀的人"为愿景，致力通过班级图书角、阅读学校联盟、公益阅读培训、社区阅读馆等项目的有机组合，建立一个个聚焦县域的阅读文化中心，从而改善县域教育文化生态。

阅读学校联盟项目为泉蒙于 2020 年发起、由爱阅公益基金会提供资金资助的项目，至今已有两年时间。项目实施地在湖南省娄底市新化县、冷水江市、涟源市。泉蒙通过在项目区域内寻找有过长期稳定合作（合作过包括但不限于班级图书角、儿童晨读等阅读项目），有志于长期进行阅读推广的学校，为学校建设阅读空间，组建阅读教师社群。通过泉蒙两年的持续陪伴和支持，让这部分学校校长、老师成为该区域阅读推广的中坚力量，形成自主管理的阅读学校联盟，持续推动该区域的阅读发展。

2020 年第一期项目已在 4 所学校执行（冷水江铎山镇龙潭小学、新化县田坪镇鹏程完全小学、新化县白溪镇塘冲小学、新化县桑梓镇坪底小学），持续服务学生 1150 余名。泉蒙希望通过阅读学校联盟项目，为这样的学校建立阅读空间、打造书香校园，提升学校阅读氛围，并推动该项目学校间形成联盟，集中培训学校优秀教师成为区域的阅读领头人，使其最终能辐射周边其他与泉蒙有班级图书角项目合作的学校，推动整个区域的阅读发展。

（3）寻求技术创新和路径创新的典型案例

a. 满天星青少年公益发展中心 阅读马拉松项目

满天星青少年公益发展中心（简称"满天星公益"）是一家专注于乡村儿童阅读推广的教育类公益机构。满天星公益乡村儿童阅读推广体系以建立县域儿童阅读推广联盟为模式，聚集一批认可儿童阅读重要性的校长及教师，通过提供阅读资源、合作建设乡村公益图书馆，同时开展教师培训和书香校园阅读活动，来提高乡村儿童的阅读品质。体系主要围绕提供阅读资源、打造阅读环境、组织阅读活动和培养有阅读协作能力的教师开展服务。

在多年的阅读项目执行中，满天星公益精准识别到了如何用科技手段为阅读项目服务规模化助力这一问题。2022年，在广东省青少年发展基金会、深圳市爱阅公益基金会的共同支持下，多方联合发起了阅读马拉松项目，阅读马拉松是一个为3—15岁的儿童和青少年，培养良好的阅读习惯和实现城乡阅读资源平衡的阅读＋公益的小程序平台。该项目的目标是培养儿童及青少年形成定时阅读的习惯，爱上阅读，在阅读的同时培养孩子社会责任心，践行公益；并让参与者通过每天打卡、捐出阅读时长兑换战略合作伙伴的阅读公益基金，共同为乡村儿童阅读推广公益项目贡献力量。

活动不仅符合"全民阅读"的国家战略，用有趣、可被记录的方式培养学生的阅读兴趣和阅读习惯，还符合国家乡村振兴、第三次分配的国家战略，配捐善款可用于支持乡村儿童阅读推广项目，致力于改善乡村学生的阅读现状。自2022年6月22日上线以来，截至2022年12月26日24时，平台总用户数为17.26万，累计用户数42.33万，打卡数138.66万，传播曝光量超300万，活跃日留存均值为83.54%。

b. 宁夏吉庆公益基金会 喜阅计划

宁夏吉庆公益基金会是一家关注乡村儿童阅读领域的公益组织。根据吉庆基金会的调研统计，截至 2020 年，在全民阅读大力推进，乡村学校图书资源配备越来越丰富的前提下，宁夏地区乡村儿童在学龄阶段一年课外读物不足 10 本的比例依旧高达 59%，42.4% 的乡村儿童表示日常没有课外阅读的习惯，90% 以上的乡村儿童家庭没有藏书，街面有书店的乡镇也不足 5%（均以售卖教辅资料为主）[1]。为了能够解决这一社会问题，并且保障项目的可持续运营，吉庆基金会在 2022 年发起了喜阅计划，并获得爱阅公益基金会的资助支持。

喜阅计划通过阅读驿站 + 家庭图书角的搭配和联动，创建基于社会端及家庭端的阅读环境，培养乡村儿童阅读习惯，提升儿童综合素养。通过公益 + 商业的模式，以公益为商业引流、商业反哺公益实现项目的可持续运营。最终提炼适合于乡村地区儿童阅读推广的模式，持续有效地改善宁夏地区乡村儿童的阅读现状。

喜阅计划选择在乡村学校周边社区开设乡镇一级的公共书馆即阅读驿站，为周边学校及社区的孩子提供免费的图书资源。在乡镇阅读驿站覆盖达到一定规模时（如各驿站登记在册图书合计超过 1 万册），为更好地实现图书流转和补充，可在所属县域配置县域书库。为保证乡镇驿站能稳定、可持续地在乡镇一级对外开放，特设计"小卖部 + 书馆"的运营模式，用小卖部的收益来保证书馆有稳定的场地和稳定的运营管理人。截至目前，项目团队已经在宁夏资源较为匮乏的乡村地区建起了 4 座喜阅乡镇驿站。

---

[1] 参见 2022 年的宁夏吉庆公益基金会《喜阅计划项目书》。

（4）积极开展行业倡导的典型案例

a. 福建鸟巢阅读文化推广中心 乡村和社区图书馆发展圆桌会

万家公益图书馆计划于 2019 年 10 月由福建鸟巢阅读文化推广中心发起，该计划致力于推动与助力中国公益图书馆行业更好地发展；支持与帮助更多在地的社会力量，在更多文化教育资源匮乏的城中村或乡村等城乡社区，去激活、创建更多的公益图书馆。

2022 年，万家公益图书馆计划联合北京大学民间图书馆课题组、爱阅公益基金会、心和公益基金会，共同发起了首届乡村和社区发展圆桌会。圆桌会希望去呼吁、影响更多的社会力量，去发起创建或激活更多更好的社区图书馆，并帮助更多已做、想做社区图书馆的社会力量，实现更好、更快的成长，逐步创建一个更加完善的社区图书馆行业交流与成长支持体系，与更多的社会力量一起，共同推动各级政府，出台更多的相关法规与政策，以此建立起更长效的社会保障机制，促使社区图书馆行业的生态环境发生更根本的改变。不断循环推进以促使更多社会各方力量一起来行动、共同来实现"让每一个孩子身边都有一座图书馆"的长期目标。

在爱阅公益基金会的支持下，万家公益图书馆计划将持续开展公益图书馆课题研究和数据库建设，举办公益图书馆年会，提供政策倡导和行业报告等工作。

b. 深圳市二十一世纪教育研究院 未来乡村教育协同网络项目

深圳市二十一世纪教育研究院的前身为苏州市 21 世纪教育发展研究院，创办于 2002 年，是以教育公共政策和教育创新研究为主的民办非营利性组织。二十一世纪教育研究院多年来致力于开展教育研究与政策倡导，聚集教育界内外的民间智慧，推动中国的教育改革与发展，追求好的教育、理想的教育。在乡村教育方面，研究院的研究与行动的方向主要有三个：农村小规模学校发展共同体、农村学校培育、乡村教育蓝皮书。

近些年，研究院认识到，乡村教育对推动乡村振兴、共同富裕这两个国家新战略起到根本作用。国家教育改革进入深水区，教育功能需要被重新定义，教育公益的价值和功能也需要被重新审视和定位。教育公益存在三大需求，急需有效的行动指引。乡村教育公益领域工作的基金会、企业和公益组织为提高公益项目行动效能和产出质量、提升项目针对性和有效性，需要对乡村教育现状、问题及发展趋势有更深入的系统了解和认知，也需要有教育公益行动实证依据和规范化参照。同时，行业期待深度协同交流，高质量教育公益项目需要推广。

基于此，研究院发起了未来乡村教育协同网络项目，通过行业扫描、案例整理、行动研究等形式，发现好的模式和项目，经由协同网络发布和分享，让更多公众和行业参与者看到，并开展政策倡导工作。未来乡村教育协同网络项目获得了爱阅公益基金会持续五年的资助支持。

二、走出去：IBBY-iRead 爱阅人物奖的国际交流与合作

IBBY-iRead 爱阅人物奖由深圳市爱阅公益基金会和 IBBY（国际儿童读物联盟）在 2018 年共同设立。奖项每两年一届，通过公开、公平的评选，授予全球范围内在世的促进儿童阅读领域推广和发展的个人，表彰其通过帮助儿童，特别是资源匮乏地区的儿童激发阅读兴趣，养成阅读习惯，提高儿童阅读素养所表现出的坚定、探索、创新、责任感、富有理想、公益慈善精神的优秀品质，同时表彰其通过儿童阅读项目的实施对全球儿童阅读教育和儿童发展做出持久和杰出的贡献。

（一）发起缘由：基于高度一致的使命和愿景

IBBY 是致力于把全世界图书和儿童联系在一起的国际组织。它是与联合国教科文组织、联合国儿童基金会有正式咨询关系的非营利的国际非政府组织，由叶拉·莱普曼女士和林格伦女士等于 1953 年创立于瑞士苏黎世，如今由全世界近 80 个国家分会组成，有"小联合国"之称。IBBY 于 1956 年设立的国际安徒生奖是世界儿童文学的最高奖项之一，有"小诺贝尔奖"之称。2016 年，中国儿童文学作家曹文轩成为第一个获得该奖项的中国人。IBBY 与日本的《朝日新闻》在 1986 年设立 IBBY—朝日阅读促进奖，奖项由《朝日新闻》资助。IBBY—朝日阅读促进奖每两年一届，颁发给为推广儿童阅读做出长久贡献的组织或机构。获奖组织或机构将获得 1 万美元的奖金。近年来 IBBY 也一直在推动全球了解中国优秀的儿童文学作家和作品，为中国的创作者和阅读推广人架设了一座相互了解、相互合作、共同发展的桥梁。

2017 年，深圳市爱阅公益基金会设立"爱阅童书 100"书目项目，并开始评选工作。为了选出每年优秀的新出版的童书，"爱阅童书 100"书目项目的评委会团队中汇集儿童文学、儿童教育、儿童阅读研究、儿童心理、少儿科普、美术等专业领域的专家。当时的 IBBY 副主席张明舟老师也是评委会中的成员。

在一次评审工作中，张明舟向爱阅公益基金会理事长李文建议，IBBY 和爱阅公益基金会作为使命趋同的组织，可以通过国际合作共同助力全球儿童阅读推广事业。李文听后，认为这是一个非常好的建议。爱阅公益基金会的使命是让每个孩子享受阅读的乐趣并成为终身阅读者，愿景为高品质儿童阅读推动美好未来。IBBY 和爱阅公益基金会的使命和愿景高度一致，通过张明舟的牵线搭桥，双方进一步沟通过后，很快就对设立杰出阅读推广人的奖项达成共识。在奖项设立的准备过程中，当时的 IBBY 基金会主席、国际安徒生奖评委会主席帕奇·亚当娜来访爱阅公益基金会，双方就奖项设立的细节进行了充分的讨论。

（二）资助方向：推动儿童阅读推广与发展的杰出个人

爱阅公益基金会资助 IBBY-iRead 爱阅人物奖的设立，为奖项每两年捐赠 120 万元人民币，期限为二十年。这 120 万元人民币中，有 80 万元人民币将被用于设立、评选及授予 IBBY-iRead 爱阅人物奖。40 万元人民币将被用于 IBBY 的一般行政经费。IBBY 在每个日历年度结束时，提交描述资金使用情况的财务报告。

奖项的获奖者由评审委员会从被提名者中选出。每两年，IBBY 将邀请 IBBY 各国分会为那些致力于促进儿童阅读推广和发展，且提名时仍在世的杰出人士提名。被提名者应该在儿童阅读推广和发展领域做出了典范式的工作。只有 IBBY 国家分会有资格为 IBBY-iRead 爱阅人物奖提名，但是被提名者不必来自该 IBBY 国家分会。IBBY 执行委员会指定的评审委员会将选出两名杰出的被提名者获得该奖项。评审委员会包括爱阅公益基金会指定的一名有投票权的成员和一名无投票权的成员。

获奖的个人应专注于探索和创新，有责任感，拥有培养孩子喜爱阅读及获得相应能力的奉献精神，这些孩子包括但不限于生活在资源匮乏地区或局势不稳定的地区。被提名者的工作可包括杰出阅读推广项目的创立及运营，有利于阅读政策的战略的有效推广以及对孩子阅读权利的倡议。同时，评审委员会将通过可持续性、影响力、启发性、创新性等维度对所有被提名者进行评估。

（三）奖项发布：以阅读为桥，推动国际间的理解和共识

2021 年 9 月 10 日，首届 IBBY-iRead 爱阅人物奖颁奖典礼在莫斯科举行。来自中国的朱永新与来自荷兰的玛丽特·托恩奎斯特（Marit Tornqvist），凭借在各自领域对儿童阅读的推广与发展，获得了首届 IBBY-iRead 爱阅人物奖。国际儿童读物联盟（IBBY）主席张明舟、中国首位安徒生奖得主曹文轩、爱阅公益基金会理事长李文，通过线上线下参加了颁奖典礼。获奖人之一，苏州大学教授朱永新先生致力于推动儿童阅读近 30 年。他发起的民间教育改革行动新教育实验，现有 5200 多所学校加入，大半是乡村学校。作为中国儿童阅读发展的推动者和引领者，朱永新出版的《我的阅读观》《造就中国人》等大量相关著作被翻译为 24 种语言输出。他呼吁把全民阅读作为国家战略，连续 18 年提出建立"国家阅读节"，并提出几十个阅读提案。获奖人之一，杰出的作家和插画家托恩奎斯特曾多次被提名林格伦奖和国际安徒生奖等儿童文学大奖。同时，作为儿童阅读推广者，在注意到欧洲的难民问题后，托恩奎斯特召集各方力量，发起了为难民儿童提供母语书籍的项目。从苏里南到伊朗的贫民窟，她用自己的专业知识帮助和支持街头儿童、弱势街区的儿童、难民儿童和受自然灾害影响的儿童。

2022 年 9 月 5 日，第二届 IBBY-iRead 爱阅人物奖颁奖典礼在马来西亚布城举行。来自伊朗的佐拉·甘妮（Zohreh Ghaeni）和来自美国的简·库尔茨（Jane Kurtz）获得第二届 IBBY-iRead 爱阅人物奖。来自伊朗德黑兰的佐拉·甘妮女士，于 2000 年发起创立非营利组织伊朗儿童文学史研究所，研究所所做的工作为研究者、教育工作者、作者、绘者等工作者提供了宝贵的资料。2010 年她发起的儿童阅读推广公益项目"和我一起读"（Read with Me）经过 12 年的发展，覆盖了伊朗 25 个省和阿富汗的

3个城市，惠及各类弱势及困境儿童，如贫困儿童、难民儿童、移民儿童、自然灾害中的受灾儿童，通过帮助孩子获得读写能力和儿童文学的阅读，让他们拥有打破贫困恶性循环的基本和必要的技能。埃塞俄比亚不同地区使用的语言超过80种，当地孩子缺乏母语原创书籍，为解决这一问题，简·库尔茨女士发起"起步走图书"（Ready Set Go Books）项目。简·库尔茨自己既是图画书的创作者，又组织众多志愿者，如文字作者、绘者、设计师、翻译等，创作了贴近埃塞俄比亚孩子生活的双语图画书（英语和一种当地语言）。"起步走图书"项目已经出版了超过100本图画书，极大地推动了埃塞俄比亚儿童阅读的发展。

近20年来，随着中国综合国力与国家形象的提升，中国少儿出版的蓬勃发展，中国儿童文学原创实力的不断增强，在国际儿童读物联盟中国分会（CBBY）的积极组织和有效推动下，中国的少儿出版、儿童文学不断融入世界主流。IBBY历任主席、秘书长，国际安徒生奖评委会主席均来华访问，开展富有成效的交流，IBBY与中国合作的广度、深度和频度都大幅度加强。爱阅公益基金会作为国内首家发起全球阅读推广奖项的公益组织，从深圳出发，走向世界，把来自深圳的声音，传到了世界高水平阅读推广的殿堂里；把国际上的优秀阅读推广人的故事，传播到国内，展示了来自深圳的阅读推广机构在国际对话上的专业性，同时也是国家综合国力和国家形象不断提升的一个缩影。

三、结语

爱阅公益基金会在资助儿童阅读推广工作的过程中，通过对本土公益组织、高校科研人员的支持，逐步优化资助定位和资助策略，积极投身行业建设，为行业内提供共学、共建、共创的机会和平台，从而支持行业内众多一线机构的成长与发展。在这个过程中，爱阅公益基金会积极扩大自身的行业影响力，成为在国内阅读公益领域少有的集资助、书单提供、课程开发等内容于一体的混合型基金会。同时，爱阅公益基金会积极贯彻落实国家全民阅读战略，积极践行深圳市全民阅读发展规划，不断探索国际合作的经验，以创立 IBBY-iRead 爱阅人物奖这样一个世界级奖项为契机，加强与国际上知名的阅读推广机构、专业的阅读推广人之间的联系，将"引进来"和"走出去"相结合，扩大了基金会在国际社会的号召力和影响力，打造了具备国际视野和国际影响力的资助模式。

冯倩，深圳市爱阅公益基金会乡村儿童阅读资助项目负责人

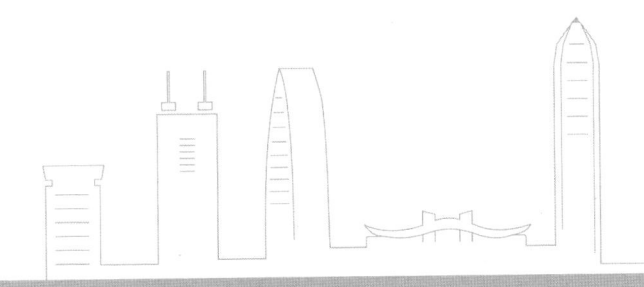

附录

2022 年深圳全民阅读大事记

深圳市全民阅读研究与推广中心

1月

1 月 26 日，由深圳出版集团、深圳地铁集团共同主办，深圳书城新华书业连锁总部有限公司、深圳市地铁商业管理有限公司联手承办的"书香地铁"福田站书吧在深圳地铁福田站正式开业。书吧内陈列了 8 大类、400 个品种、1300 册图书，打造"深圳十大好书""十大童书"等多个特色展台。作为深圳首个地铁站书吧，"书香地铁"福田站发挥"全民阅读＋绿色出行"引领示范作用，为读者提供图书线上线下借阅、租售、阅读、订购等四大功能，并采用"书店＋咖啡＋文创＋活动"全新模式，打造地铁里的惬意书栈。

1 月，由《图书馆报》主办，中国新华书店协会、全国馆配商联盟协办的"2021 年度全国优秀馆配商评选"活动中，深圳出版集团荣获"省级优秀馆配商"称号。

2月

2 月 24 日，2022 年度第一期坪山自然博物系列讲座在哔哩哔哩（B站）坪山图书馆开展，由深圳本土自然与历史研究者、坪山文化智库专家南兆旭老师做"微尘之上的唯一之城"主题分享。讲座以《深圳自然博物百科》为内容线索，从深圳自然生态现状入题，阐述深圳经济飞速发展的自然底蕴，并憧憬深圳美好的未来。该项目全年共开展 6 场活动，邀请了科普工作者、北京生物多样性保护研究中心研究员郭耕老师分享"动物与人那些事儿"；国际著名自然摄影师袁明辉做"自然的呢喃：微距摄影的童话"主题讲座等。

2 月 28 日，由深圳市委宣传部主办，深圳市阅读联合会负责组织实施的 2022 年"全民阅读典范城市推广计划"申报工作正式启动，经过项目申报、专家评审、社会公示，最终有 30 家单位的 33 个项目获得资助。

2 月，阅芽计划发起 12.28 亲子共读日——微博话题大赛，相关话题影响力达 7000 万人次。参与者在微博分享自己与图书馆的故事，点亮陕西西安、广东佛山、湖南邵阳 3 城，为 3 城共 1228 个孩子送上免费阅芽包。在活动的倡导下，多位家长分享在阅芽包的带动下开始亲子阅读的故事，传播亲子共读理念。

2 月，深圳出版社获得首届广东出版政府奖 5 个奖项，其中：《中国汉字美学史》获图书奖；《中国汉字美学史》《地名古今丛书》获装帧设计奖；《打开的窗口是美丽的—庆祝新中国成立 70 周年暨深圳建市 40 周年美术作品集》获印刷复制奖；深圳出版集团党委副书记、董事、总编辑兼深圳出版社社长聂雄前同志获优秀出版人物奖。

3 月

3 月 12 日，"全国新书首发中心"创新栏目"首发 Talk"第一场活动线上首发深圳历史与自然研究者南兆旭新作《深圳自然博物百科》，引领市民读者在按下"慢行键"的生活中，进一步认识和了解城市家园。该项目 2022 年共开展 4 场活动，包括杨本芬的新作《我本芬芳》、考古学者许宏新作《溯源中国》、北京大学临床心理学博士李松蔚创作的新作《5%的改变》等活动。

3 月 15 日，由深圳出版集团主办，深圳市华文国际传媒有限公司承办的"深读有我　圳能抗疫"主题线上免费阅读平台正式上线，平台资源包括电子书 10 万余册，听书 3 万余集，期刊百余种。活动持续一个月，阅读平台总点击量近 200 万次，相关公众号文章点击量近 10 万次。

3 月 20 日，光明区图书馆首场光明大讲堂活动在线上举办，该活动以书籍、音乐、艺术、美育四部分为核心，进行线上和线下的系列专题活动，邀请文学、科技、教育、绘画、艺术、生活美学等领域专家学者，采用讲座、沙龙、展览、工作坊等形式，为广大市民提供高品质的精神文化盛宴。2022 年共开展活动 25 场，8654 人次参与。

4 月

4 月 15 日，广东省科学技术协会、广东省科学技术厅授予深圳书城中心城 2022—2026 年"广东省科普教育基地"称号。

4 月 21 日，由深圳市教育科学院开展的第二批中华诗教试点学校经专家评委评审，遂选出深圳市福田区教育科学研究院附属小学等 51 所试点学校。各试点学校注重以诗教项目为牵引，充分发挥学校和老师的主观能动性，结合自身优势，在教师成长、教研教学、课后服务、学生发展、文化建设等多个方面进行了有益的探索和大胆创新，形成了"一校一特色，一校一亮点"局面，学校、教师和家长也切切实实感受到了诗教项目的实施对培养学生核心素养带来的全新改变，也产生了许多具有推广价值的好模式、好方法、好内容。

4 月 21 日，由深圳读书月组委会办公室、深圳市阅读联合会主办的

2022"世界读书日高端对话"活动在深圳书城中心城"24 小时书吧"举行。活动以"全民阅读：个人、城市、民族——全球全民阅读典范城市，为什么是深圳"为主题，邀请联合国教科文组织"孔子奖章"获得者、深圳读书月组委会总顾问王京生，南方科技大学党委书记、深圳大学文化产业研究院创院院长李凤亮，围绕"全民阅读的推广可以为深圳创建全国文明典范城市做出哪些贡献"及"阅读应如何为创新助力"等热点话题进行讨论。

4 月 22 日，由深圳市总工会主办，深圳出版集团承办，南山区总工会协办的职工书屋文化服务品牌建设项目在白鹭坡书吧启动。深圳市总工会联合深圳出版集团推出职工书屋文化服务品牌建设项目，依托全市各大书城、公共书吧等公共文化服务资源优势，全力打造首批 14 家职工文化服务示范点，辐射带动全市各级职工书屋建设，完善全市职工书屋文化服务供给网络，把职工书屋真正建设成为吸引、联系、服务职工的重要平台。

4 月 22 日，由宝安区委宣传部主办的"芳华万卷·阅见春天"——第 27 个世界读书日暨深圳市第 7 个未成年人读书日宝安区分会场活动在深圳书城宝安城举行。活动现场为宝安区首批全民阅读 10 个示范单位、10 个示范项目、10 名优秀推广人、10 名优秀读者颁发了奖牌。

4 月 22 日，由龙岗区委宣传部主办的"阅读之城"年度活动菜单发布暨鹤湖名家对话活动在甘坑古镇二十四史书院举办，推出"阅满鹤湖""阅见龙岗"全民阅读系列品牌活动。活动现场，华侨城文化集团发布了旗下吉华二十四史书院 2022 年度四大活动榜单，打造"终生阅读"六千计划、读经典·写美文、理论学习名师讲坛和 IP 剧本游等阅读品牌系列活动，推动传统文化与文艺阅读相融合。随后，首场"鹤湖讲坛 2022"

活动开讲，讲坛邀请到联合国教科文组织"孔子奖章"获得者、深圳读书月组委会总顾问王京生，深圳市政协文化文史委主任尹昌龙和鹤湖智库秘书长韩湛宁，与市民做交流分享，活动线上线下观看人数约10万。该项目2022年共举办6场活动，邀请了中央美术学院人文学院教授、斯塾公益课堂创办人、得到APP"董梅讲透红楼梦"课程主理人董梅老师，深圳大学建筑与城市规划学院研究员张宇星，教授级高级规划师、原中国城市规划设计研究院副总规划师、深圳市工程勘察设计大师朱荣远等专家，讲坛主题涵盖城市、建筑、诗歌、文博、教育等多领域多层面，总计140余万人观看。

4月23日，"全民阅读大会·2021年度中国好书"盛典在央视科教频道播出。深圳书城龙岗城以科技书店的典型范例亮相该节目。

4月23日，由深圳市委宣传部、市文化广电旅游体育局主办，深圳图书馆、深圳图书情报学会承办的第27个"世界读书日"暨第7个深圳未成年人读书日活动在深圳图书馆主会场举行。深圳市委常委、宣传部部长张玲寄语市民读者，并与市人民政府副市长张华一起向读者代表赠送图书。随后，发布2022"南书房家庭经典阅读书目"。

4月23日，由深圳市委宣传部主办，深圳读书月组委会办公室、深圳出版集团承办的2022"全民惠读季"启动仪式在深圳书城中心城北区大台阶举办。深圳市委常委、宣传部部长张玲，深圳市副市长张华，深圳读书月组委会总顾问王京生、李小甘出席启动仪式。"全民惠读季"活动得到中国建设银行深圳市分行、中国工商银行等8家银行支持，面向深圳市民一次性发放超5万个数字人民币红包，促进图书消费。

4月23日，2022年粤澳"共读半小时"活动成功举办。活动以"品味书香·享阅读之乐"为主题，采用"4+N"会场共读形式，粤澳地区4

个主会场、207 个单位、1053 个共读点，现场发布深圳"图书馆之城"主题歌《万卷芳华》及其 MV，活动线上线下多平台联动，吸引近 400 万市民读者参与。深圳主会场深圳图书馆共读活动通过深圳发布、第一现场和深圳图书馆新媒体平台同步视频直播。

4 月 23 日，深圳图书馆与深圳图书情报学会联合发布《2022 年深圳"图书馆之城"阅读报告》，多方位、多角度展现深圳市民的阅读喜好与习惯特点。数据显示，2021 年多项指标逆势上扬，统一服务新增注册读者 59.92 万人，同比增长 54.51%，为历年之最；文献外借量 1607.19 万册次，同比增长 79.63%，破历史纪录。

4 月 23 日，由深圳市全民阅读研究与推广中心策划，深圳出版社出版的《深圳全民阅读发展报告 2022》正式首发。全书以"城市文明典范建设"为年度主题，紧扣 2021 年深圳全民阅读领域的最新成果和发展趋势，2022 年创立的"城市阅读典范"专题板块，收录了香港、成都、青岛、南京等城市的阅读实践经验与研究成果。报告显示，2021 年深圳成年居民综合阅读率为 85.4%，高于我国成年国民综合阅读率；深圳人均阅读纸质图书 9.15 本，比全国水平多了近一倍。

4 月 23 日，由罗湖区委宣传部举办的"书香罗湖 悦见成长"世界读书日主题活动暨罗湖区少儿"蓝书封"设计大赛颁奖仪式在深圳书城罗湖城举行。该活动主题为"庆祝中国共产党成立 100 周年"，参赛者年龄分布在 5—13 岁，共征集到来自全市的 654 份作品，创作形式包含手绘、电脑绘画、国画等。大赛以象征着梦想、纯洁、勇敢、和谐的蓝色为色调，通过"阅读＋绘画"的形式，融合文育和美育，倡导启迪心灵的阅读理念，呼吁社会关注并推动未成年人热爱阅读。

4 月 23 日，由盐田区委宣传部主办的"4·23"世界读书日盐田区"我和春天有个'阅'会"活动在春天海图书馆启动，现场公布 2021 年盐田区全民阅读数据、首批"红色家庭书屋"阅读数据、首届盐田"海洋图书奖"征集情况，为首批智慧书房阅读守塔人颁发聘书。

4 月 23 日，由龙华区委宣传部主办的第 27 个世界读书日暨第 7 个未成年人读书日龙华区启动仪式在龙华文化艺术中心举行。活动以老中青三代的快闪阅读拉开帷幕，单霁翔、姜昆等文化名家通过视频分享阅读心得，深圳市委宣传部二级巡视员、深圳市创新创意设计发展办公室主任、著名学者韩望喜博士做中国古代哲学主题分享。

4 月 23 日，由深圳市阅读联合会、深圳市美术家协会美术教育委员会、深圳童艺趣文化科技有限公司联合主办，深圳少年儿童图书馆、童绘（深圳）文化传播有限公司承办的第四届深圳儿童绘本创作大赛正式启动。活动面向海内外 3—15 岁少年儿童征集作品，赛事主题为"未来"，经过 4 个多月征集，共收到 2490 件作品。经过多轮评选，共 270 件作品获得评委会大奖及各组别的金奖、银奖、铜奖。优秀作品在深圳少年儿童图书馆和龙岗区龙岭学校展出。

4 月 23 日晚，深圳书城中心城 24 小时书吧作为央视纪录片《书店，遇见你》第三集的主角在 CCTV-9 频道亮相，以纪实镜头带领市民读者开启一场云逛书店的特色旅程，共同感受书与阅读的动人故事，展现深圳作为"全球全民阅读典范城市"的阅读热情与城市魅力。

4 月 24 日，在首届全民阅读大会上，第六届"大众喜爱的阅读新媒体号"推荐活动结果揭晓。本届推荐活动经过基础数据收集、监测和初步筛选、网络大众投票、终评 4 个阶段，结合大众投票、大数据监测结果及专家意见等，最终确定 90 个"大众喜爱的阅读新媒体号"入选，其中深圳出版社微信公众号入选。

4 月 23 日，由福田区委宣传部、福田区文化广电旅游体育局主办，福田区图书馆、福田区艺文儿童文学院、深圳报业集团晶报社、深圳书城中心城、深圳市学生文联、福田区教科院等多家单位打造的福田区 2022 年"4·23 世界读书日"活动，推出 2022 粤澳"共读半小时"、"共读福田，打造福田'书友圈'""阅读春天——2022 阅读晚会""中国阅读马拉松——深圳福田区青少年红色经典诵读活动""著名儿童文学作家曹文轩校园阅读讲座"等九大系列活动，福田区通过线上线下联动等多种途径，倡导全民阅读，培养阅读新风尚，引导市民群众一起享受阅读的乐趣，累计有 10 万人次参与。

4 月，觅书店深圳宝安壹方城店荣获由中央宣传部印刷发行局指导、中国书刊发行业协会主办的"首届全民阅读大会·年度最美书店"称号。

4 月，深圳书城中心城联动福田区图书馆共同打造了"名家私人书单"线上活动，活动共计推出 13 期，邀请了中国诗人、散文家黑陶，作家、海洋文化研究者盛文强，国家一级作家、茅盾文学奖得主王旭烽，北京外国语大学教授李雪涛，美国得克萨斯大学奥斯汀分校历史系教授、东亚研究中心主任李怀印，宋史研究者、知名历史作家吴钩，作家、中国作家协会会员罗伟章，"馒头说"创办人、作家张玮，哲学博士、现任香港浸会大学教授葛亮，复旦大学文学博士、深圳大学外国语学院英语系教授李小均等 20 余位名家学者，为市民读者分享并推荐重点精选书单。

5 月

5 月 1 日，深圳书城龙华城"春日阅读艺术节 2.0"系列活动正式开启。春日阅读艺术节致力于艺术创作和文化交流，将全新"艺术＋阅读"融合的生活方式推向多元化的群体，通过聚焦具有前沿性的优质青年艺术家和名家资源，开展艺术生活分享、公共展览、艺术论坛等多种活动。本次春日阅读艺术节共计开展8项动态活动、3场静态展览和8大主题书展，推出"春日阅读艺术节2.0"联名文创，与广大读者近距离交流艺术的美好，在为期7天的时间里，累计吸引参与读者10万人次。

5月5日，深圳图书馆发布《2022年深圳图书馆数字阅读报告》，首次以数字阅读报告的形式揭示深圳图书馆数字资源建设和数字阅读服务情况。2021年，深圳图书馆数字资源访问人次超过218.7万，全文下载量达3757万次，比2020年上升15.8%。

5月5日，第二届"深圳干部读书周"启动仪式暨主会场活动在大鹏新区坝光国际生物谷展厅二楼举行，全市干部代表齐聚一堂，品经典、悦分享，诵读之声不绝于耳。活动主题为"诵读红色经典，喜迎党的二十大"，以"主会场＋分会场""线上＋线下"方式举办各类干部读书活动10余场。通过"视频、朗诵、演说和话剧"等多种形式，学习习近平总书记关于读书学习的重要论述，回顾党史上关于读书学习的重大举措，以及深圳革命史上有关重要活动。除了主会场活动外，团市委同步设立分会场，年轻干部以实际行动开展"青年干部悦读书展"活动。

5月14日，由深圳市委宣传部、深圳市社会科学联合会主办的大型公益性文化活动"深圳市民文化大讲堂"新闻发布会暨首场讲座在深圳图书馆举行。发布会后，郑永年教授作"科创与中国的经济未来"主题讲座。市民文化大讲堂2022年累计开展近40场系列精品讲座，每月设置一个主题进行分享，包括经济·科技、卫生·健康、教育·历史、文化·艺术等主题。

5月，由深圳读书月组委会办公室、深圳市阅读联合会、深圳出版集团有限公司主办，深圳书城中心城承办的2022"走读新视界——深读·书空间发现之旅"开启，活动邀请出版界、阅读界、媒体界多位专家评审策划 3 条主题鲜明、内涵丰富的阅读走读路线，由主持人与专业"领读人"以线上形式对文化空间进行深入解读，每期选择一个文化空间作为重点讲述场所，邀请知名文化学者开展直播对谈讲座，共同交流深圳的文化故事与理念，探讨文化、人与城市的关系，全面、深度感受深圳阅读空间之美。

5 月，第三十四届"图书馆服务宣传周"期间，深圳图书馆以"读吧！深圳——约会图书馆"为主题，围绕"图书馆之城"事业发展、创意阅读与新书分享、青年发展型城市支持计划等关键词，策划推出 50 余项服务及活动项目，其中重点项目 19 项，包括发布《深圳"图书馆之城"2021 年度事业发展报告》、"读吧！深圳——影响我最深的书"首期短视频作品分享、"世界和我们——《深圳自然博物百科》启示谈"、"当名著遇上电影"系列活动上线暨首场讲座等。

6 月

6 月 1 日，龙岗区图书馆少儿馆正式开馆，开馆仪式当天同步举办深圳广播电影电视集团"飞扬 971"《全能童星》品牌项目、"一路书香"户外阅读之旅、"遇见·阅读"、"书香童年"智 + 计划、"声音书匣"读剧、"乐读龙岗"等活动共 18 场。

6 月 1 日，爱阅公益基金会推出"阅芽计划·到图书馆领阅芽包"活动，活动持续联合广州、洛阳、重庆等地共 8 家图书馆，鼓励 0–6 岁儿童家长前往当地公共图书馆为孩子领取阅芽包，探索多地联动发放阅芽包的模式，让更多地区的儿童从 0 岁开始阅读。截至 8 月，阅芽计划发放免费阅芽包数量突破 20 万个。

6月15日，由宝安区委宣传部、宝安区教育局联合主办，深圳书城宝安城承办，深圳市宝安中学（集团）初中部协办的"悦读经典·书香满园"——宝安区全民阅读名家校园行活动在宝安中学（集团）初中部报告厅举办。该项活动是2022年宝安区全民全年阅读系列活动的重点活动之一，以名家领读的方式，邀请孩子们喜爱的课文作家走进校园，通过看得见摸得着的真情互动，让优秀的文学作品丰富孩子的精神世界，引导孩子形成"爱读书、读好书、善读书"的良好习惯，进一步提升广大青少年的阅读素养和文明素质。

6月18日，由龙华区委宣传部、龙华区文化广电旅游体育局、深圳市群众文化学会主办的"一米演说家"2022年深圳少儿演讲大赛决赛在龙华区图书馆举行，来自全市各区的93名优秀少年儿童站在一米舞台上"语"梦同行·向未来。大赛过程中邀请数位导师对选手进行指导和培训。决赛采取线上视频直播和线上投票的方式同步进行，视频点击量超过1.9万人次，活动浏览量累计超53万人次。

6月20日，深圳图书馆小漠分馆试开放。小漠分馆位于深汕特别合作区小漠镇党群服务中心，是深汕特别合作区首家深圳"图书馆之城"统一服务网点，也是深圳市级图书馆资源首次辐射到合作区。深圳图书馆在其整体设计、空间布局中融合当地民居建筑特色与渔村文化，构建了一个独具海洋文化风格的特色阅读空间。

7月

7月15日，由宝安区公共文化体育服务中心主办的"我们不一样的朋友"——拥抱星星的孩子艺术联展，在宝安区图书馆正式开幕。艺术联展经过七个月的时间筹备，是号召全社会"关注、理解、接纳"孤独症群体的公益特别行动，以此呼吁大众尊重、关怀孤独症群体，并为此群体提供更为便利的公众服务。展览以"点"带"面"辐射整个深圳市进行巡展，通过在图书馆、街道、社会机构、艺术空间等不同的空间展出，提高观展人群的数量，使更多的人关注孤独症群体。

7 月 30 日，Twinkle Twinkle 星星人深圳首展在深圳书城龙华城二楼艺术展厅正式开展，为喜爱插画艺术的读者朋友开启一段重拾童真的奇幻宇宙之旅，点亮了龙华区全新的艺术光彩。展览开展两天，吸引了众多潮派青年和文艺青年预约打卡，收获了来自众多观展读者的好评。展览持续展出至 2022 年 10 月 9 日，观展人数达 15 万人次。

8 月

8 月 1 日，龙岗区图书馆建成"怡心社区分馆"，并正式开始对外试运营。

8 月 5 日，罗湖区悠·图书馆（大望社区）开馆。

8 月 12 日，龙岗区委宣传部、鹤湖智库联合主办推出"美谈—城市美育讲堂"，第一讲以"诗歌里的中国——古典中国的美学理想与诗性追求"为主题在龙岗区青少年宫举办，邀请深圳市政协文化文史委主任、文化学者尹昌龙作为主讲嘉宾，讲述诗歌里的诗书礼乐与诗教传统，带有东方含蓄抒情的表达意境以及近现代作家的诗词口语化、经典化等内容，解析古典中国的美学理想与诗性追求。该品牌活动全年共举办 4 场，开讲诗词之美、自然之美、文物之美、设计之美主题。讲座内容既有古典诗歌的宏大呈现，也有深圳城市"万物共生"浪漫美学的探索与发现，还有神秘夸张的三星堆文物之美和城市设计背后的美好故事。活动单场线上线下观看人数约 25 万，4 场总计 90 余万人观看，成为龙岗区阅读文化活动"流量"担当。

8月13日，"全国新书首发中心"举办了作家沈石溪新作《海豚之歌》新书首发暨读者见面会活动，是全国新书首发中心首场线上线下联动的儿童文学作品首发会。活动现场，沈石溪老师分享了新书创作经历，并邀请小读者代表朗诵新书故事节选，生动展示了《海豚之歌》的精彩内容。此后，全国新书首发中心陆续举办葛亮《燕食记》、复旦大学人文学者梁永安《梁永安：阅读、游历和爱情》、复旦大学教授葛剑雄新作《葛剑雄说城》、五条人乐队主创之一仁科的首部文学作品《通俗小说》等新书首发暨读者见面会。

8月15日，"星阅光明科学季开幕仪式暨光明区图书馆十周年庆典"在光明区图书馆一楼报告厅举行。"星阅光明科学季"首次亮相，既为庆祝光明区图书馆建馆十周年，更为点亮"人文与科学"的图书馆未来发展主题。活动开场，通过光明区图书馆十周年宣传片《知识我们共分享》展示光明区图书馆的十年光阴。这十年间，光明区图书馆从0到1、从1到N，已形成1个总馆、2个直属分馆、6个街道馆、30个社区服务点和7个企业合作馆的文化服务网，不断打造深圳北部文化高地。

8月18日，由光明区委宣传部主办，深圳书城罗湖城承办的"走读光明"系列活动正式开展。第一期活动围绕"新城旧事：从迁徙文化到北部中心"主题，以"寻找光明记忆：新城旧事"为线索，沿着"麦氏大宗祠—公明古墟—光明时尚生态谷"路线，以通俗易懂的历史故事，讲读路线涉及景点内容，同时提炼出爱国、勤劳等精神，链接到当今建设世界一流科学城和北部中心的目标，激励孩子们热爱光明，奋发前行。

8月18日，龙岗区图书馆建成"深圳小凉帽酒店粤书吧"，首批1000册少儿图书已在酒店上架，并正式对外服务。

8月19日，以"阅读粤精彩，一起向未来"为年度口号的2022南国书香节，在深圳六大书城设立活动分会场，通过线上线下结合的形式，策划开展全国新书首发、乐队跨界快闪、暑期夏令营、亲子类文化讲座等70场缤纷多彩的阅读文化活动，为市民读者打造一场场充满"粤"味、书香漫卷的知识盛会，点亮深圳"爱阅之城"的读书热情。

8月26日，由深圳出版集团主办的深圳文化刊物《书都·走读深圳》座谈会召开。《书都·走读深圳》通过对在地文化、在地人物、在地现象、在地变迁的深度挖掘，带领市民开启一条跟自己城市深度对话的走读之路，并在走与读的路上思考未来发展的深圳模式。

9月

9月14日，国家新闻出版署印发《关于深圳市海天出版社有限责任公司更名及从事音像制品和电子出版物出版业务的批复》，同意深圳市海天出版社有限责任公司更名为深圳出版社有限责任公司并增加音像制品及电子出版物出版业务，出版范围为出版与深圳出版社有限责任公司图书出版业务范围相一致的音像制品、电子出版物。

9月20日，由深圳读书月组委会办公室、深圳出版集团主办，深圳市教育学会、香港教育评议会、香港优质图书馆网络、澳门中华教育会、深圳书城新华书业连锁总部有限公司、深圳市益文图书进出口有限公司承办的2022深港澳中小学生读书随笔征文活动启动，本次活动以"以经典阅读＋新时代青年，让青春绽放"为主题，收到来自三地426所学校的学生投稿1万余篇。2022深港澳中小学生读书随笔征文活动颁奖礼在线上举办，并同步在深圳读书月官微、中国时讯新闻、《香港商报》、腾讯新闻等媒体平台重点发布及宣传，扩大了活动的社会影响力。

9月22日，第九届"深圳十大佳著"评选活动启动。"深圳十大佳著"分为小说与诗歌类、非虚构类两种，单双年交替进行。2022年评选小说与诗歌类著作。经过资深文艺评论家、资深编辑、作家、学者和媒体人共同评审，最终，钟二毛《有喜》、厚圃《拖神》、郭建勋《清平墟》、范明《草地边上》、武捷宇《十五日》、林棹《潮汐图》、陈末《月光如豹》、杨争光《我的岁月静好》、张黎明《细妹：与深圳一起成长》、岳立功《白祭坛》10部小说与诗歌类优秀文学作品获评第九届"深圳十大佳著"。

9月25日，深圳书城龙华城国学双语大讲堂第一期开启。活动邀请中央美术学院访问学者、深圳大学教授邹明老师作为主讲嘉宾，以"水墨画写生漫谈"为主题，与现场观众共同分享水墨画写生的文化特质及审美特点。国学双语大讲堂2022年共举办9期，邀请文化学者围绕中国传统经典著作主题展开分享，用学品的形式来体现中国独特的文化生活，通过多元的形式，如礼仪、曲乐、诗歌、养生等生活形态，演绎体验传统哲学智慧，并进行文化交流。

9月27日，由深圳市总工会、深圳市文明办、深圳读书月组委会办公室联合举办的读书品牌活动——第十六届"深圳十大书香企业"和"深圳十大读书成才职工"评选活动启动。该活动广泛发动基层，共收到各区（新区）总工会、各产业工会推荐报送的企业19家，职工66名。经综合评审，最终确定深圳市朗诚科技股份有限公司等10家企业为第十六届"深圳十大书香企业"，陈达波等10名职工为第十六届"深圳十大读书成才职工"。

9月27日，由深圳新闻网、中国银行深圳市分行主办，华润三九协办的"谁是故事大王·深圳第六届少年儿童讲故事大赛"启动，超过200

多所学校的 6 万多名学生参与。大赛面向深圳市在校小学生，采用线上线下相结合，以进学校、开展特约专场的形式开展，通过视频记录、传播精彩，助力建设良好的青少年阅读环境，激发学生的阅读兴趣，倡导亲子阅读，共建和谐文明的家庭关系和社会关系。

9 月 29 日，深圳市总工会启动"阅读相伴·强国有我——我是领读人"深圳市职工阅读大赛。该赛事作为市总工会 2022 年职工书屋文化服务品牌项目重点活动，通过文化竞赛的形式引导广大职工用阅读陶冶情操、丰富知识、提升自我，同时通过选拔出的优秀领读人的示范带动，在职工群体中形成浓郁的爱读书、读好书、善读书的文化氛围。大赛面向所有爱阅读的深圳在职职工，收到共 300 余份领读作品，经过初赛、复赛、决赛，最终评选出一等奖 2 名、二等奖 3 名、三等奖 5 名。

9 月底，深圳图书馆完成与"i 深圳"信息发布和一键预约平台对接，陆续实现读者入馆数据、活动数据的统一发布和读者活动的"一键预约"，为市民提供精准信息和便捷服务。

10 月

10 月 1 日，龙岗区图书馆"麓园分馆"建成，并正式开始对外试运营。

10 月 8 日，由龙华区委宣传部联合中国人民大学家书博物馆举办的"信仰·奋斗"红色家书展在全区巡回展出。展览分为"信念的源泉""奋斗的风采""担当的气概"三个单元，精选不同时期的革命者、建设者的三十余封红色家书，展现共产党人百年征程中的梦想与追求、情怀与担当、牺牲与奉献。该展还在龙华文体中心、龙华区新时代文明实践中心等地方进行巡展，激励广大党员干部群众通过重温红色家书，追思先辈事迹，感悟初心使命，弘扬光荣传统，赓续红色血脉，进一步推动党史学习教育常态化、长效化，以信仰之光照亮奋斗之路。

10月9日，深圳市委宣传部策划举办的"奋进新征程 建功新时代"迎接宣传贯彻党的二十大主题书展活动启动，581种优秀出版物将在各区和全市超100家书城、书店持续展出至年底。主题书展以迎接宣传贯彻党的二十大为主线，突出领袖著作、党史读物、人文艺术、科技数字、岭南文化、深圳元素。书展共设六大专区，分别为"习近平新时代中国特色社会主义思想系列读物"专区、"党的十九大以来重要文献"专区、"习近平总书记引用著作及推荐书目"专区、"科学人文艺术图书精品"专区、"粤港澳大湾区"专区和"人民社电子书"专区。其中，"人民社电子书"专区重点展示了习近平重要讲话单行本、习近平专著等电子有声读物，收录图书超过1500册，方便读者用音频形式阅读。

10月9日，广东省社会科学界联合会印发了《关于认定广东省社会科学普及基地的通知》（粤社科联通〔2022〕51号）。深圳有41家单位被认定为广东省社会科学普及基地。其中，深圳市龙华区观澜街道公共阅读中心等22家单位被认定为标准基地，深圳市龙华区全民健康科普基地等7家单位被认定为提升型基地，深圳市龙华城市客厅等12家单位被认定为孵化型基地。

10月11日，深圳图书馆举办"继往开来二十大，波澜壮阔百年党——喜迎党的二十大主题图书推荐展"。展览以"图文展＋文献展"的形式，展出展板66幅、图片200余幅，文字约4.9万字，包括习近平新时代中国特色社会主义思想、光辉历程、中国精神、致敬英模四大专题，配套精选党史及红色经典文献1000余种，多维度展现党从一大到二十大的光辉历史。

　　10 月 12 日，第二十三届深圳读书月组委会举行全体委员会议，审议通过本届读书月总体方案、年度主题和部分重点项目方案，并对办好本届读书月进行再动员、再部署。深圳市委常委、宣传部部长、第二十三届深圳读书月组委会主任张玲，深圳市副市长、组委会副主任张华等出席会议。会议强调，本届读书月要突出"迎接宣传贯彻党的二十大精神"主题主线，通过全民阅读第一时间深入学习、宣传、贯彻党的二十大精神；要突出"打造城市文明典范"使命任务，不断涵养城市的科学精神、人文精神、艺术精神，推进高质量文化强市建设，增强城市文化软实力；要提高政治站位，在"全球视野、国家战略、广东大局、深圳担当"四维空间下谋划推出更多精品文化活动，强化深港联动，搭建"人文湾区"共建共享平台，不断提升深圳文化影响力，不断增强市民文化获得感、幸福感，以全民阅读提振市民文化信心；要通过宣传推介进一步提升读书月的影响力，将其打造为国际一流的城市读书品牌活动，展示深圳作为"全球全民阅读典范城市"的标杆形象。

　　10 月 17 日，第四届"青年好读书"阅读嘉年华之阅读马拉松活动启动。该活动依托"青春深圳"微信公众号百万级青年粉丝规模优势和微信读书 APP 丰富的电子图书资源优势，与微信读书团队推出线上读书组队打卡活动，组织青年开展组队阅读、好书打卡、书评分享等趣味性线上活动，为深圳"爱阅人"搭建一个共读对谈、碰撞思想的交流平台。

　　10 月 26 日，2022 年龙岗区"十大书香门第"奖揭晓。活动自 8 月启动以来，在龙岗区内广泛找寻阅读氛围浓郁、学习成效显著、热心公益文化事业的书香家庭，有序开展线上征集、材料遴选、颁奖典礼、家庭分享会各项活动，成功评选出"书香门第"家庭 10 户、"书香门第"入围奖家庭 10 户、"人气奖"1 户。10 户书香门第获奖家庭分 3 组，分别以"共

享书香 阅读点亮童年""阅读沐初心 书香致未来""书香致远，我的读写生涯"为主题，在龙岗区开展巡讲分享，通过主题演讲、才艺展示、好书荐读、绘本讲演等形式，讲述"书香家庭"阅读心得与教育理念。

10月27日，第二十三届深圳读书月新闻发布会在市民中心举行。深圳市委宣传部副部长、市新闻出版局局长、深圳读书月组委会秘书长吴筠，深圳出版集团党委书记、董事长、深圳读书月组委会办公室主任唐汉隆，深圳市南山区委常委、宣传部部长王远辉等领导出席发布会并介绍活动情况。本届读书月以"读时代新篇 创文明典范"为年度主题，紧扣党的二十大主线，坚持"品质、品位、品格"原则，设置"1+4+N"活动框架，即推出一个年度巨献，按照"文明的阶梯""文化的闹钟""城市的雅集""阅读的节日"四大功能定位，开展2300余场阅读文化活动，突出"全域、全景、全民、全媒"特色，以更高追求、更新品质和更强声音，推进文化自信自强，满足新时代人民群众的阅读新期待。

10月31日，第二十三届深圳读书月福田分会场暨第二届书香福田读书月于平安金融中心116云际观光层启动，福田云书房惊艳亮相，"对话福田"城市阅读论坛重磅推出。本届书香福田读书月紧扣第二十三届深圳读书月的原则、定位和特色，以"倡文明阅读 品书香福田"为主题，重点推出"倡阅、领阅、共阅、享阅、阅读+"5大板块、30项主题特色活动，并辅以138项、316场进企业、进社区、进学校、进家庭活动，不断推进福田全民阅读事业，打造"书香福田"品牌。

10月31日，福田区首批特色图书馆启用，包括"赏景读书两相宜"的福田海滨图书馆，全国首个非遗主题的南园街道非遗主题图书馆，以岭南文化综合阅读为特色的南园街道图书馆，集阅读、展览、科普教育、文化活动等服务于一体的益田24小时图书馆，以及将书、咖啡、音乐、文化创意等元素融于一体的全国最高公共书房"福田云书房"。福田区因地制宜，立足于各主题特色，全力打造独具福田特色的阅读生活空间，为市民群众打造了一个个特色与书香相结合的城市特色图书馆，建成有深度、有温度的城市"文化聚合空间"。

10月，由深圳市新闻出版局主办，深圳市阅读联合会总承办的"悦读童年"2022年深圳市未成年人阅读推广计划启动。活动期间，38名公益阅读推广人深入深圳市10个区的街道图书馆、社区党群服务中心、社区书吧、来深建设者子女聚集学校等45个基层推广点面向深圳未成年人及其家庭开展200场公益阅读推广活动，内容包括经典绘本阅读、文明素养提升主题阅读、弘扬中华传统文化主题阅读、生命健康教育主题阅读、红色阅读、英文绘本阅读，以及亲子阅读专题讲座等，吸引9000余人次参与，社会反响良好。

11月

11月3日，由光明区委宣传部、光明区文化广电旅游体育局主办，光明区公共文化艺术和体育中心承办的第二十三届深圳读书月光明区系列活动启动仪式在光明区图书馆一楼报告厅拉开帷幕，启动仪式在文化和旅游部官方APP——"文旅中国"客户端进行同步直播。活动现场揭晓了书香系列评选结果，并为获奖的企业、家庭、校园、学生颁发奖章。

11月4日，由大鹏新区综合办主办、大鹏新区作家协会承办的第二十三届深圳读书月大鹏新区分会场启动仪式暨全国生态文学创作基地交流活动在大鹏新区党群服务中心举行，本次活动通过邀请国内著名作家、编辑等专家学者传经送宝、指导交流，为大鹏新区生态文学创作和生态文明建设建言献策，提高新区文学工作者的理论和创作水平，推动文化大鹏建设迈出新步伐。

11月5日，由深圳市委宣传部主办，深圳出版集团承办的"第二十三届深圳读书月启动仪式"在深圳书城中心城北区大台阶举行。广东省委副书记、深圳市委书记孟凡利，深圳市委常委、秘书长陶永欣，深圳市委常委、宣传部部长张玲，深圳市副市长张华等出席启动仪式。深圳读书月组委会总顾问厉有为、王京生、李小甘参加活动。本届读书月聚焦学习宣传贯彻党的二十大精神，以"读时代新篇 创文明典范"为主题，按照文明的阶梯、文化的闹钟、城市的雅集、阅读的节日四大板块，开展260多项、2300余场阅读文化活动。启动仪式上，张玲表示，在全国上下掀起深入学习贯彻党的二十大精神热潮之际，深圳隆重开启第二十三届深圳读书月。作为党的二十大之后深圳举办的首个重大文化品牌活动，这既是一年一度文化闹钟的如约而至，更是全市上下对党的二十大深化全民阅读重要部署的笃行落实。本届读书月全网总报道量超3万篇次，全网阅读量突破2亿人次。

11月5日，由龙岗区委宣传部主办、龙岗区图书馆承办的"龙岗大讲堂"第一场邀请了央视《百家讲坛》主讲嘉宾曾大兴教授演讲"带你走进岭南文化"。该项目以"线下参与＋线上直播"的方式，邀请了深圳大学原党委副书记、纪委书记、深圳大学中国经济特区研究中心主任陶一桃主讲"你了解'黄金内湾'吗？"，中国教育电视台副总编辑、二级研究员、博士生导师、央视《百家讲坛》主讲嘉宾张志君主讲"谈谈元宇宙的前世今生"，深圳大学文学院教授、一级作家相南翔主讲"手上春秋——中国手艺中的传统文化"，央视《法律讲堂》主讲嘉宾、宜昌名师、三峡大学教授、研究生导师彭红卫主讲"乱世佳人李清照"，深圳大学国学院教授、中国周易学会副会长问永宁主讲"《周易》是怎样一本书？"，等等，2022 年共举办讲座 67 场，参与读者约 12870 人次。

11 月 5 日，由龙华区文化广电旅游体育局、龙华区教育局主办的"大美龙华　诗意人生"龙华区第四届诗词大会总决赛在龙华图书馆举办。大会运用多种参与和宣传方式，创新线上诗词云打卡互动环节，以传统经典诗词、近现代革命诗词为主要内容，新增龙华本土历史文化、中国各省份代表文化、非遗文化等特色内容，让更多群众能参与到诗词文化学习传播当中。决赛开通了线上照片直播和线上视频直播通道，累计线上参与互动打卡人次达 50 万以上，引起强烈的社会反响。

11 月 5 日，由深圳读书月组委会、香港出版总会主办，香港联合出版集团、深圳出版集团承办的"当奇迹之城遇上东方之珠：深圳·香港的文化对视"，首场对谈"从草木山水说起——深港自然地理对谈"在深圳书城中心城举办。本次对谈特别邀请《藏在地名里的香港》作者、深圳经济特区研究会副会长陈林为主持人，与《深圳自然博物百科》作者南兆旭、科普作家严莹一起，连线香港浸会大学当代中国研究所所长暨地理系讲座教授薛凤旋进行对话。该系列互动还设置"创业志——深港青年创业阅读对谈""流金岁月——深港电影音乐、流行文化对谈""深港两地艺术馆、博物馆发展对谈"等 4 场对谈，"从文献看香港——庆祝香港回归祖国二十五周年深圳图书馆馆藏香港文献展""合颜悦设——联合装帧设计分享展"2 个展览，分别在深圳图书馆和深圳书城中心城开展。本次活动以阅读为纽带，以名家对话和文化展览的形式，串联起深港精神文化的双城对视。

11 月 5 日，由深圳读书月组委会办公室、深圳出版集团主办，深圳书城新华书业连锁总部有限公司承办的"深圳本土作家创作沙龙分享会"首场分享会在深圳书城南山城拉开帷幕。活动以"瞻望在地书写，见圳文学力量"为主题，采用"3+1"模式，组织 3 场对话沙龙与 1 场主题展览，设置"科幻写作""在地写作""青春写作"系列专场，邀请吴岩、王诺诺、时潇含、武捷宇、李楚涵等深圳本土作家集中亮相、交流分享，引领现场读者近距离感受深圳青春文学的活力与魅力，向广大市民读者宣传展示根植特区热土的特色鲜明、独树一帜的深圳文学力量，进一步彰显城市文化品位，激发本土创作热情。

11 月 5 日，由深圳读书月组委会办公室联合深圳晚报社主办的第二十三届深圳读书月重点活动"阅听声林"数字阅读艺术展开幕。活动精选了部分中外经典的人文社科类书籍，将其化身为一本本融合了数字化与智能化的"有声立体书"竖立在现场，市民读者只需要扫描装置上的二维码便可以免费聆听一部部有声的经典书籍，以及名家的讲解品析。"阅听声林"数字阅读艺术展呼应了数字阅读时代读者的线上阅读需求，打造了"云上读书月"的影响力，提供可看、可听的沉浸体验。

11 月 6 日，由罗湖区委宣传部主办，深圳书城罗湖城承办的第二十三届深圳读书月罗湖区分会场系列活动启动仪式在深圳书城罗湖城外广场举办，发布城区人文历史主题新书《万象罗湖》。读书月期间，罗湖紧跟时代脉搏，塑造阅读文化品牌，开展"罗湖区十大阅读之星评选""书香家庭评选""对白·流年都市讲坛""经典诗词进校园""少儿伴读活动决赛""小桔灯童书会"等活动，涵盖少儿、青少年、职工等多个群体，共开展了 35 项共 124 场阅读活动，展现出由书香家庭、书香校园、书香社会组成的书香罗湖。

11 月 6 日，由龙岗区委宣传部主办，深圳书城龙岗城承办的第二十三届深圳读书月龙岗分会场启动仪式于深圳书城龙岗城举行，以"文学之光"为主题的鹤湖讲坛、"寻找十大书香门第"颁奖典礼以及原创古诗词"小弹唱"音乐演出同步举行。据统计，在深圳读书月及深圳书展期间，龙岗区共举办超过 280 场活动，特别策划"龙岗大讲堂""一书一世界""领航计划""龙岗区阅读地图"、《品书空间》、鹤湖讲坛、鹤湖智库名家荐书等精品项目，邀请王京生、樊希安、徐扬生等智库名家为市民荐书，与市民共读，引领城区阅读新风尚，被学习强国、中国新闻网、《羊城晚报》、深圳新闻网等 20 余家权威媒体报道。

11 月 6 日，由龙华区图书馆开展的"我们的自然"博物系列活动正式开启。该活动以"行走书海　阅读自然"为主题，结合龙华图书馆和周边生态环境，开展博物科普系列活动。系列活动由四期户外直播、八期"阅读自然"讲座以及两期自然手工工作坊组成。将艺术、人文、自然、生态融入阅读推广活动中，让读者更加直观感受到人与人之间、人与物体之间、人与自然之间的融洽、和谐联系。

11 月 8 日，由宝安区委宣传部主办，深圳书城宝安城承办的第二十三届深圳读书月宝安分会场暨第二届宝安读书月启动仪式在深圳书城宝安城举行。活动现场，湾区青年通过朗诵《读时代新篇　启风鹏万里》、演唱《云在青天书在手》等多形式的演绎，展现出新时代青年正能量的新风采。来自宝安基层图书馆、学校、媒体等单位的 10 位阅读推广人，以视频方式阐释读书的意义，并向广大市民发出一起"爱读书、读好书、善读书"的倡议。本届宝安读书月结合深港文脉延续、中华文明探源、科技创新发展等话题，以名家领读、名人评读、读者品读为主要形式，精心组织开展 66 项、980 余场阅读文化活动。

11 月 8 日，由龙华区委宣传部、龙华区文化广电旅游体育局主办的第二十三届深圳读书月龙华区分会场启动仪式在龙华文体中心影剧院举行。启动仪式现场发布了城市书房宣传片，推出了龙华区悦读地图，为

12 位深圳市全民艺术普及推广人和 6 名龙华区第四届诗词大会优秀导师颁发证书。随后，10 位阅读达人进行好书推荐，隆重介绍近年来龙华区推出的十大特色阅读项目。活动最后，《诗意四季》音诗画文化展演将启动仪式推向高潮，展演从"秋—冬—春—夏"四个维度，通过"寄月秋思""傲梅冬雪""迎新春来""生如夏花"四个篇章，运用朗诵、舞蹈、器乐演奏、非遗文化展示等形式，联合龙华区教育局教师艺术团和各学校优秀学生团队演绎了一场浪漫的诗词文化盛宴。本届读书月龙华区紧扣学习贯彻党的二十大精神主线，围绕"阅读新时代 一起向未来"主题，突出"奋斗文化"精神内核，推出近 150 场主题活动。

11 月 9 日，首届盐田海系阅读季暨第二十三届深圳读书月盐田区分会场启动仪式在大梅沙奥特莱斯栖息图书馆举行，现场发布盐田区海系阅读的概念、倡议和标识，提出"首届盐田海系阅读季"五个维度，通过海洋空间、海洋图书、海洋活动、海洋人物和海洋精神，全面构建"海系阅读季"的框架支撑。启动仪式上为海洋图书馆和"海书房"揭牌，发布首批海系阅读"智库专家""共读城市"名单。启动仪式后，智库专家葛剑雄、尹昌龙、胡洪侠、南兆旭围绕"海系阅读"展开了一场主题演讲和讲话，从"海书房""海系阅读"的途径来开始探索、体验、建设、发展我们所向往的海洋文化概念。

11 月 10 日，由深圳读书月组委会办公室、深圳出版集团、南山区委宣传部主办，深圳书城新华书业连锁总部有限公司承办的第二十三届深圳读书月"年度十大好书"评选活动揭晓暨颁奖典礼，在深圳湾公园白鹭坡书吧户外草坪举办。《好玩儿的大师：赵元任影记之学术篇》《陶庵回想录》《本雅明传》《它们的性》《深圳自然博物百科》《智性与激情：苏珊·桑塔格传》《中国金银器（共五卷）》《北流》《漫长的余生：一个北魏宫女和她的时代》《无国界病人——在美治疗癌症 3000 天》等 10 本图书获选本届"年度十大好书",《中国金银器（共五卷）》荣获"读者推荐大奖"。揭晓礼现场还颁发了"年度致敬单元"系列奖项,上海文艺出版社当选年度致敬出版机构,涂志刚当选年度致敬出版人,洪子诚当选年度致敬作者,金晓宇当选年度致敬译者。

11 月 10 日,由福田区文化广电旅游体育局主办,福田区图书馆承办的"影读湾区 书香福田"2022 年福田全民影像阅读周活动开启。活动联动粤港澳大湾区 9+2 城市群（包括香港特别行政区、澳门特别行政区和广东省广州市、深圳市、珠海市、佛山市、惠州市、东莞市、中山市、江门市、肇庆市）摄影师,以影像阅读为主线,通过连线大湾区影像名家对话的方式,探讨全民传图、全民读图时代影像阅读的方向。活动期间征集展示幸福福田、展示创新深圳、展示国际湾区的影像作品,让广大市民通过影像"阅读"书香福田、文明深圳、大美湾区的魅力,以影像阅读温暖湾区城市群。

11 月 11 日,2022 南国书香节暨第四届深圳书展启动仪式在深圳书城·中心城北区大台阶举行。市委常委、宣传部部长张玲,深圳市副市长张华出席开幕式,并向江西寻乌、广东河源、广西那坡及靖西等对口帮扶地区赠送爱心图书。本届书展以"阅读新时代 奋进新征程"为年度主题,采用"1+8"模式实现主分会场全域联动,组织邀请约 600 家优质出版机构参展,集中展销精品图书品种 22 万种、数量 159 万册,组织开展 130 余场文化活动,特别推出"奋进新征程 建功新时代"党的二十大主题书展、庆祝香港回归祖国 25 周年主题书展,重点设立"中华传统文化主题图书展""深圳书展精品好书 100 种""深圳读书月年度十大好书、年度十大童书"等专题书展。此外,本届书展首次与簕杜鹃花展深度联动,在莲花山公园风筝广场设置"阅见繁花"阅读市集，与全国新书首发中心深度联动，举办一系列新书首发活动，邀请葛剑雄、马伯庸、梁永安等20余位名家助阵，累计接待读者超110万人次，图书销售码洋3434万元，同比增长24%，三度刷新全国时间最长、销量最高的城市书展纪录，全网报道总量近5000篇次，微博阅读量超500万。

11月11日，由深汕特别合作区党政办公室主办，深圳市新华书店集团承办的第二十三届深圳读书月深汕特别合作区分会场启动仪式正式举行。本次分会场启动仪式还设置了赠书环节，由嘉宾向深汕特别合作区南山外国语学校（集团）深汕西中心学校、深圳市第二高级中学深汕实验学校、鹅埠中学、鹅埠中心小学、小漠镇中心小学、小漠中学、赤石中学、赤石镇中心小学、鲘门中学等12所学校赠书。深汕特别合作区分会场围绕本届深圳读书月的主题主线，结合地区特色，举办以"飞阅深汕：阅读践行文明"为主题的经典诗文朗诵大赛和家庭阅读故事会，激发学生热爱中华经典诗文的热情，在读原文中悟原理，传承中华灿烂文化，以思想之光照亮奋进之路。

11月11日，意大利语图书捐赠仪式以双方视频致辞形式在意大利驻广州总领事馆和深圳图书馆同步举行。意大利驻广州总领事馆共向深圳图书馆捐赠200余册意大利语原版精品图书，涵盖意大利经典名著、诗歌小说、建筑设计、文化艺术、美食烹饪等主题，配套深圳图书馆200余册相关馆藏文献，在深圳图书馆世界文化区展出。

11月12日，第二十三届深圳读书月"年度十大童书"颁奖典礼在深圳书城中心城举办，《哈桑的岛屿》《太阳和蜉蝣》等10种童书入选榜单，儿童文学作家薛涛获评年度致敬作者，北京外国语大学欧洲语言文化学院瑞典语教研室主任赵清获评年度致敬译者。颁奖典礼上，获奖机构代表、评委代表纷纷从"书后"走到台前，与读者分享创作心得、出版故事以及评选背后的"花絮"。"年度十大童书"出炉后，承办单位选取了 10 本获奖图书中的元素，在深圳书展、青少年店进行立体化、多元化地呈现，打造沉浸式的奇幻图书世界，并邀请"阅读小天使"走进福田区实体书店、香蜜公园等开展绘本故事及阅读推广活动，让精品童书惠及更多少儿读者。

11 月 13 日，由盐田区委宣传部、深圳市语言文字工作委员会办公室、盐田区教育局、盐田区文化广电旅游体育局主办，盐田区图书馆、盐田区教育科学研究院、深圳市爱诗家文化传播有限公司承办，盐田紫禁书院协办的"湾区少年诗词大会（第二季）"启动仪式在盐田紫禁书院举办。该大会在"9+2"湾区城市进行海选，构建"政府搭台、名家站台、学生参与"的创新文化活动机制，挖掘和培育种子选手，发挥诗意少年辐射效应，旨在以赛育趣、以赛促学，提升青少年的文化底蕴，增强青少年的文化自信。

11 月 13 日，深圳读书月走进河源，在春沐源小镇举行活动，促进深河两地文化交流。活动通过赠书献爱心活动，为河源市三所小学（陂角小学、高围小学、上村小学）捐赠价值 6 万码洋的图书。当天，著名作家阎真暌违七年的新作《如何是好》也作客深圳读书月河源活动，与大家一起分享。

11 月 14 日，深圳市总工会开展"奋进新征程 建功新时代——漂流图书馆"全城寻书挑战。活动联动全市各级工联会、职工书屋，在全市 50 个位置设置"漂流图书馆"并放置任务书籍，职工前往各任务点完成相应任务即可获得奖励。该活动全网阅读关注量超 100 万。

11 月 16 日，深圳市妇儿工委、深圳市妇联在深铁皇冠假日酒店举办以"儿童友好早期阅读发展"为主题的论坛,该论坛通过共同探讨儿童早期阅读发展,倡导广大家庭共品书香之美、共享阅读之乐,进一步丰富精神生活、提升文明素养。论坛在壹深圳 APP 线上直播,吸引了近 17 万人线上观看。

11 月 16 日,深圳图书馆"青少年阅读基地"揭牌仪式在翠园实验学校举行。深圳图书馆于 2018 年启动"青少年阅读基地"项目,已与 4 所高中、1 所职业学校、2 所九年一贯制学校、2 所小学共建"青少年阅读基地",足迹遍布深圳 6 个行政区,累计为师生办理"图书馆之城"读者证 10855 张,配置图书 12540 册,举办各类活动 30 场。

11 月 17 日,由深圳市文联主办,深圳市作家协会承办的第九届深圳文学季系列活动首场研讨会举行,系列活动包括王国华、虞霄、马兴、时潇含、李敏 5 位作家的作品研讨会,5 场研讨会分别呈现了深圳的城市文学、基层写作、青春写作等丰饶面貌,展示了深圳作家深厚的创作潜力与实力。

11 月 18 日,由深圳读书月组委会办公室、深圳出版集团主办,深圳书城新华书业连锁总部有限公司承办的"'以书之名,阅见深圳'城市书店名家主理人"首场活动在坪山城市书房·大万世居举办。第一位受邀主理人是知名文化学者余世存,第二位受邀主理人是复旦大学人文学者梁永安,第三位受邀主理人是作家笛安,该活动通过名家体验书店主理经营、精心设计图书上架展陈、亲手打造名家荐书专区、与读者零距离互动、在地分享快闪沙龙讲座等形式,让读者发现深圳独具魅力的阅读文化空间。

11 月 18 日,由深圳市文学艺术界联合会主办,深圳市作家协会承办的"生命地理与精神守望——马兴诗歌研讨会"在深圳举行,来自北京、辽宁、广州、深圳、珠海等地的近 50 位诗人、评论家,通过线上线下相结合的方式对马兴作品展开探讨。

11 月 18 日，深圳读书月最大的"阅读市集"——书香福田"阅读生活节"暨第八届"深圳读书月"广场换书大会在福田区正式启动，活动持续 3 天，为市民读者带来 20+ 文化品牌活动、2 个主题展览、3 场互动体验、3 场 LIVE 表演。本届换书大会继续秉持"免费、公益"的原则，同时结合其他新鲜活力的形式，如露营风主题风、后尾箱文化、黑胶唱片、咖啡等元素，全面展示了阅读为生活带来的改变。多项精彩活动云集，为"书香福田"建设赋能，让现场市民读者体验了一次全新形式的阅读互动市集。

11 月 18 日，由深圳出版社重磅推出的献礼党的二十大主题图书《春天的前海》在深圳书城中心城首发。长篇报告文学《春天的前海》聚焦粤港澳大湾区，真实记录了"特区中的特区"——深圳前海深港现代服务业合作区十二年来在一片荒滩上精耕细作、精雕细琢、描画最新最美的风景的发展历程，讲述了一个个前海人新颖生动的故事，反映前海在先行先试、制度创新方面取得的突出成就，大力弘扬敢闯敢试、敢为人先、埋头苦干的特区精神，并在《人民日报海外版》刊发文章节选。首发式后举行了新书分享会，深圳大学文学院原副院长、一级作家南翔教授和 UNI 香港青年创业空间 CEO 陈升、天空社科技（深圳）有限公司创始人姚震邦分享了阅读《春天的前海》的感想，并围绕"前海的春天"这一主题进行了深入对谈。

11 月 18 日，"全国生态文学创作基地'强国复兴有我·守护绿水青山'诗歌朗诵大赛决赛"在葵涌公共文化艺术中心落下帷幕。本次活动是大鹏新区新时代文明实践重点活动，旨在贯彻落实党的二十大精神和中央文明办"强国复兴有我"系列活动要求，宣传大鹏生态文明建设成果，丰富群众精神文化生活，推动精神文明建设和文化事业发展。所有参赛诗歌均遴选自第三届全国"大鹏生态文学奖"优秀生态诗歌作品。

11 月 19 日，由深圳读书月组委会办公室、深圳广播电影电视集团主办的"名家荐书马拉松"活动，以 24 小时全媒体直播的方式，邀请 50 位名家学者在线推荐 100 本私藏好书。本次活动以"名家引领，全天候云端荐书"的创新模式，邀请罗振宇、樊登、脱不花、绿茶、郑诗亮、吴岩、张岩、辜晓进、韩湛宁、丁学良等 50 位名人名家及全国知名出版社代表作为荐书人，通过录制荐书视频和在线直播互动，向广大市民读者推荐书目。本次活动通过深圳发布、深圳读书月公众号、"壹深圳"客户端、"深爱听"客户端，深圳新闻频率、音乐频率、交通频率视频号等多平台播出，让读书分享不受时空限制，让全民阅读实现"即开即得、边走边看"，实时在线收看量超 50 万，全网累计点击量超 600 万。

11 月 19 日，第五届"大鹏自然童书奖"颁奖活动在大鹏自然童书馆举行。本届奖项设置呼应《湿地公约》，特设"黑脸琵鹭奖"突出湾区主题。来自全国各地的数十位嘉宾、作者欢聚大鹏自然童书馆，共同揭晓获奖书单。大鹏自然童书奖为孩子们提供了一份温暖有力量的自然书单，帮助他们从书中认识自然，学习自然科普知识，了解保护自然生态的重要性。

11 月 20 日，深圳读书月"大家的声音"2022 深圳读书论坛，首场科学专场在深圳书城中心城开启。活动以"科学·人文·艺术"为主题，共策划举办 2 场科学专场、2 场人文专场、2 场艺术专场和 1 场"在历史的天空下"高端对话，南方科技大学党委书记、讲席教授李凤亮在首场活动中以"未来已来——数字时代的精神建构"为主题，为读者解析"科学精神"在当下的多重"打开方式"。吴国盛、梁永安、耿华军等名家也受邀而来，就"什么是科学精神""在变化的时代与青年对话""自然、生态与城市"等话题陆续展开分享专场，为读者启迪思想火光。

11月20日，深圳卫视推出户外人文探源纪录片《课间·行见江山》。该节目以"行见江山 诗咏千年"作为年度主题，聚焦描绘祖国山川河岳与边塞故事的古典诗文。携手香港TVB艺人陈贝儿，通过旅读的形式，每期遴选岑参、王昌龄、杜甫、陆游等边塞诗人作品，以主持人作为探访者，邀请著名文化学者作为主讲人，与港澳青年一同走访中国古代边关与历史发生地，引领市民感知历史人物的精神高度，激励当代青年厚植家国情怀，电视端首播取得了全国排名第八的良好收视成绩。

11月21日，深圳市总工会推出"书香润初心 悦读砺使命"互动式"剧本杀"主题活动。活动挑选《四世同堂》《平凡的世界》《大江东去》等不同时代的经典文学作品，以"剧本杀"的形式让广大职工"扮演"其中角色，"穿越"进入经典文学作品，感受国家发展和复兴，激发广大职工的爱国情怀。活动依托"深圳工会"微信公众号开展，上线一周，点击参与量达5万人次。

11月22日，深圳市妇联在深圳少儿图书馆开展深圳市妇联第四届家庭亲子共读活动暨"童阅未来"深港家庭亲子共读计划启动仪式，本次活动通过深港家庭阅读交流和对话环节，呈现深港两地儿童早期阅读推广的探索实践和精神风貌，为深港两地架起融合的桥梁，促进双城交流，涵养家国情怀。

11月23日，2022年深圳"睦邻文学奖"颁奖典礼在邓一光文学艺术工作室成功举行。青年作家陈末的作品《天台上的女人》荣获深圳"睦邻文学奖"年度大奖。赵勤、陈湖、马虹玫、鲁子、一棠、任白衣、汤学汉、张夏、袁叙田、谭振南10位作者获得深圳"睦邻文学奖"年度十佳。

11月24日，由深圳市委宣传部主办，深圳读书月组委会办公室、深圳出版集团承办的全民阅读推广（深圳）峰会在福田区香格里拉酒店举办。活动以"读新篇 阅无界"为主题，邀请全国杰出的阅读文化研究者、出版业领袖、文学作家聚焦业界和学界关注的热点话题，探讨阅读领域的理论和实践问题。中国出版协会理事长邬书林发布祝贺视频。联合国教科文组织"孔子奖章"获得者、深圳读书月组委会总顾问王京生和中国新闻出版研究院院长魏玉山分别围绕"全民阅读是中华民族伟大复兴的基础工程""深化全民阅读活动从儿童阅读开始"做了主旨演讲。还有其他嘉宾围绕"书香中国与城市文化软实力跃升""纸质阅读的文化传承与数字阅读的社群传播""深港共读背后的出版合作与文化交流""儿童阅读的未来与少儿出版优质内容供给"4个分议题深入展开探讨，呈现出一场有深度、有态度、有品位的高端学术研讨会。

11月24日，共青团深圳市委联合深圳燃气集团共同举办第四届"青年好读书"阅读演说会，邀请深圳市朗诵艺术家协会艺术家以及优秀青年代表，从"匠心筑梦的坚守者""创新路上的追光者""青春担当的守护者""向难而行的抉择者""帮扶征途的奋斗者"五个篇章展开，为"爱阅人"打造一场视听盛宴。此外，依托深圳读书月小程序，各级团组织配套开展"亲子学院""读书沙龙"等30场线上线下特色读书活动，营造浓厚的读书学习氛围。

11月24日，广东省文化和旅游厅发布《20个空间入选2022年广东省最美新型公共文化空间案例》，经各地推荐、专家遴选，广东省立中山图书馆柏园粤书吧等20个空间入选。深圳市罗湖区悠·图书馆（东晓街道/IBC珠宝图书馆）和深圳市盐田区图书馆海书房–灯塔图书馆获评2022年广东省最美新型公共文化空间案例。

11 月 26 日，由深圳商报策划承办的 2022 年第三届"华联演讲秀"在深圳报业会堂举行，来自科普、航天、自然和文博领域的五位嘉宾围绕"创·时代"这一主题，演讲关于创新、创造、创业的深圳故事。该活动通过知识分享真人秀的形式带领市民"阅读"深圳。嘉宾华大集团 CEO 尹烨描绘了生物科技领域的创新与发展；牛津大学动物学博士王大可从性的角度对动物演化进行生动风趣的讲解；中国第一批航天员潘占春分享了航天科技成果转化；深圳望野博物馆馆长阎焰探寻了文物和考古的秘密；深圳自然与历史研究者南兆旭讲述了"自然深圳"的独特魅力等。5 位嘉宾为深圳读者分享了不一样的深圳故事。

11 月 29 日，由盐田区委宣传部、盐田区文化广电旅游体育局主办，盐田区图书馆、深圳市盐田区海洋文化研究会承办的首届"盐田海洋图书奖"评选，于线上公布 8 大奖项，《伟大的海》获"灯塔奖"，《海上传奇》获华文原创奖，《海洋变局 5000 年》获浪潮奖，《鳗鱼的旅行》获海洋文学奖，《谁在地球的另一边》获湾区之光奖，《灯塔之书》获视觉设计奖，《深蓝 SOS》获海洋之星奖，汪品先院士获得年度致敬奖。

11 月 30 日，由南山区精神文明建设委员会办公室、南山区新时代文明实践中心主办，深圳书城南山城承办的"文明阅读 少年行"——新时代文明实践品牌系列活动"文明阅读小义工"和"小小讲解员"颁奖典礼在深圳书城南山城举行。本次活动主要以青少年志愿服务为基础，围绕青少年"文明阅读 + 文化传承"两方面开展，充分发挥青少年在文明城市创建中的积极作用，传递文明风尚，深入开展爱国主义教育、大力弘扬传统美德。2022 年，深圳书城南山城累计已经开展文明实践活动 120 期，参与活动的青少年达 2500 人次。

11 月，由深圳市教育局、深圳市文联、深圳特区报社、深圳读书月组委会办公室、深圳市阅读联合会主办，深圳青少年报社、特区教育杂志社、南方教育时报社承办的第十三届"深圳校园十佳文学少年"评比活动，遴选出初中、高中组各 50 强作品，在深学 APP 平台进行展示，接受大众评选，活动吸引了近 69 万人次访问，近 95 万人次投票。最终，综合专家评委意见和网络投票情况，评比出初中、高中组"十佳文学少年""优秀文学少年"。

11 月起，深圳市总工会推出"劳模书单"。"劳模书单"邀请 8—10 位全国、广东省、深圳市劳动模范代表作为荐书人为职工推荐书单，并设置有奖互动，号召职工积极分享阅读心得。"劳模书单"通过"深圳工会"微信公众号发布，共发布 4 期，为全市职工送出了购书卡，带动全市职工参与全民阅读活动。

11 月至 12 月，由深圳市荃园艺术发展有限公司主办的 12 场"优秀传统文化儿童读本阅读"系列活动在深圳荃园和大沙河生态长廊环形树屋举行，邀请国内优秀阅读推广人和绘本原创者，阿甲、曾孜荣、孙正凡、保冬妮、袁晓峰等嘉宾，活动立足于中国原创童书，以中华艺术元素融合为目标，发掘童书里的古人的"衣、食、住、行、玩"、二十四节气、传统节日和民俗等各个领域的趣味知识。活动通过线上直播和线下面对面交流的方式，多角度对童书与传统文化进行创作、阅读、探讨。活动吸引约 4.8 万人次参与，线上活动点赞超过 62 万人次。

11 月，第十届深圳大学生文化节由深圳读书月组委会办公室和深圳出版集团主办，深圳书城南山城承办。本届深圳大学生文化节活动历时一个月，共举办"阅读之星"朗诵大赛（初赛、决赛）以及大赛颁奖典礼、舞蹈展演、戏剧展演等 5 场内容丰富、形式多样的活动，旨在响应深圳读书月新时代新阅读的号召，采用线上线下相结合的活动方式，为深圳各大高校学子提供多元化展示平台，参与人数高达 3 万，全方位展现了深圳高校社团风采，提高了大学生参与文体活动的热情，推动了各大高校的文化交流与融合，展现了新时代新青年新气象。

12 月

12 月 9 日晚，由盐田区委宣传部、盐田区文化广电旅游体育局主办的首届盐田海系阅读灯塔夜话活动，在晶报 APP、美好盐田视频号、深圳市盐田区图书馆视频号等平台通过线上直播的方式开展，2021 届亚洲图书奖得主张笑宇向广大网友做题为"中国人的大航海时代"的线上主题分享，让读者朋友深入了解我国在航海上的辉煌历程。

12 月 9 日，由龙华区委宣传部主办的第二届"龙华杯"全国"奋斗之城"散文大赛颁奖典礼在大浪商业中心覔书店举行。本届散文大赛共收到全国各地投稿 1468 篇，内容涉及艰苦创业、城市发展变化、外来工扎根城市、乡村振兴、生态环境向好等方面，通过对不同人物的刻画和不同事件的记述，彰显了"奋斗"的主题，诠释了"幸福生活是奋斗出来的"。大赛共评出获奖作品 16 篇，其中一等奖 1 篇、二等奖 5 篇、三等奖 10 篇，内蒙古作协副主席、散文作家安宁获得一等奖，深圳本土作家青桐等获得二等奖。

12 月 10 日，"读吧！深圳——影响我最深的书"分享会暨颁奖典礼在深圳图书馆二楼大平台举行，邀请专家学者、视频作者、市民读者分享阅读感悟、共同体味人生。分享会在"深圳发布"视频号、深圳图书馆新媒体平台、深圳 Plus 客户端等同步直播，观看人次近 13 万。"读吧！深圳——影响我最深的书"短视频征集活动贯穿全年、全域、全网、全民，线上线下总参与或关注达 550 余万人次。

12月10日，《荆棘中绽放——深圳40个历史时刻》新书发布暨分享会在深圳书城中心城举行。在当天活动中，作者舒黎明，"改革先锋"荣誉称号获得者、深交所创始人之一禹国刚，深圳市委宣传部原副部长段亚兵一起畅谈书中故事，深度还原改革开放进程中那些细节里的深圳、故事里的深圳，给现场读者呈现了一个丰富、立体的深圳。

12月10日，第十六届海洋文化论坛在盐田区图书馆报告厅举办，邀请海内外知名海洋文化、经济研究学者邱震海，中国（深圳）综合开发研究院前海分院副院长、可持续发展与海洋经济研究所所长胡振宇，深圳报业集团社委会委员、晶报总编辑胡洪侠，AREP华南分公司设计副总监爱德华，知名海洋文化学者梁二平等嘉宾进行主题分享和对谈交流，为深圳的海洋文化发展建言献策，贡献盐田力量。当天下午，第七届"一带一路"图书馆联盟座谈会于线上线下开展，本次座谈会吸纳了澳门科技大学图书馆加入，进一步拓展联盟特色文献共享合作平台和馆际联盟，扩大海洋文化和"一带一路"传播范围。

12月12日，大鹏新区"越山海·阅大鹏"闭幕式暨民宿里的书香表彰仪式在大鹏所城北门广场举行。活动对2022年新选的10家新型文化空间进行颁奖，对大鹏半岛花园图书馆民宿、唠叨图书馆民宿、茶花精品民宿、璞园姚木民宿、影香空间等5家"书香民宿"进行授牌。同时还邀请了坪山图书馆原馆长、大鹏新区图书馆筹建顾问何江涛担任阅读沙龙分享嘉宾，从引导民宿主秉持设立阅读空间的初心谈起，再谈到居民和游客希望有怎样的心灵空间，为书香民宿的发展路径、未来愿景提出参考。

12月13日，由福田区主办的寻找湾区"最美公共文化空间"活动颁奖仪式在福田文体中心·时尚美学艺术空间举行。活动组委会共收到来自广东省、香港、澳门地区共16个地市，104家公共文化空间报名。活动邀请多名公共文化领域的专家学者对组委会初步遴选出的报名空间进行投票及点评；活动发起网络投票，有近 45 万人次参与投票，总计投出 97 余万票。最终 20 个独特文化空间获评湾区"最美公共文化空间"。香港艺术馆、钟书阁、荃园等 20 个独特文化空间获评湾区"最美公共文化空间"。

12 月 16 日，由深圳市委宣传部、深圳读书月组委会主办，深圳广电集团广播融媒体中心承办的"铿锵的足音——第二十三届经典诗文朗诵会"在深圳广电集团演播大厅举行。国内朗诵名家姚锡娟、严晓频、刘佳祯、康庄和本地朗诵艺术家吴庆捷、红石、苏洋等到场表演。本届朗诵会以推广阅读、弘扬传统文化为主旨，以诵读尊崇经典、致敬梦想、讴歌时代，展现中华五千多年传统之美，呈现大湾区文化之盛，将当代中国辉煌历程、非凡成就、奋进精神、时代呼唤和全国人民昂扬姿态融为一体。此次朗诵会在学习强国、懒人听书、壹深圳、深爱听等平台开设经典诗文朗诵会专区。深圳发布、"i 深圳"、深圳卫视、第一现场、"壹深圳"等视频号对朗诵会进行了 4K 高清全程直播，市民反响热烈，全网点击量超 60 万。

12 月 17 日，由深圳读书月组委会办公室主办，盐田区委宣传部、坪山区委宣传部、大鹏新区综合办公室、盐田区文化广电旅游体育局、坪山区文化广电旅游体育局、盐田区图书馆、坪山区图书馆、盐田区海洋文化研究会联合承办的"自然生态优秀图书大赏"在深圳书城中心城举办，通过好书共读与赠书、NSK 主题演讲两大环节让市民读者充分认识自然好书。该活动汇聚深圳市三大博物图书奖——首届盐田海洋图书奖、第三届坪山自然博物图书奖、第五届大鹏自然童书奖，带来 3 大奖项、共计 23 种自然生态图书。

12月17日，由深圳巴士集团和深圳出版集团联合打造的主题巴士"爱阅号"移动书巴漫游项目在深圳书城中心城正式启动。"爱阅号"移动书巴是创新"文化+旅游"新模式、打造深圳文旅新载体的一次有益尝试。随后，深圳巴士集团开展"移动书巴"巴士漫游活动，围绕自然生态、传统文化等内容，策划深圳建筑设计、深圳自然探索、深圳科技创新、深圳人文艺术等4场主题活动，根据不同主题漫游线路，特邀文化学者进行沿线导赏与知识分享，将书籍中的深圳融入"爱阅号"旅程。此外，"爱阅号"移动书巴将以彩蛋形式出现，不定期投放至旅游观光巴士红线、黄线运营，供市民乘客上车体验。

12月17日，由深圳读书月组委会办公室、深圳出版集团主办，深圳书城新华书业连锁总部有限公司、深圳出版集团资产运营分公司承办的"温馨阅读不眠夜"在深圳书城中心城开启。本届温馨阅读不眠夜以"读到月落日出，读到天涯海角"为主题，采用全媒体直播的方式，通过深圳读书月、深圳发布等线上平台全网播出，在坪山大草坪书房、深圳湾公园白鹭坡书吧、龙岗甘坑古镇二十四史书院、龙华城市书房明诚书屋、大鹏半岛海洋图书馆等5个城市特色阅读空间进行直播连线，同时打造"阅读+创意+表演+社交+惠民"一站式体验，推出"因书结缘·以书会友""最美面具创新SHOW""奇幻剧本游""暖冬奇妙市集""悦读体验官""书城考古队"考古文博专题讲座及知识竞赛等特色活动，为市民奉上一场阅读不停歇的文化大餐。

12月18日，由深圳读书月组委会办公室、深圳出版集团、深圳市语言文字工作委员会办公室联合主办，深圳书城中心城承办的第二十三届深圳读书月辩论赛总决赛激烈开赛，活动现场热闹非凡，辐射人数达2000人次。本届深圳读书月辩论赛共邀请了深圳大学辩论队、哈尔滨工业大学

（深圳）辩论队、一泓泉辩论队、北京大学深圳研究生院辩论队等 8 支队伍就辩题展开了激烈的辩论。

12 月 18 日，由深圳读书月组委会办公室、深圳报业集团主办，南山区委宣传部、深圳特区报社、读特客户端承办的第十六届"诗歌人间"原创诗歌朗诵会在线上线下同步举行。活动以"新诗之路——创造与展望"为主题。刘晶等 6 位深圳本土朗诵家用声音艺术对精选诗作进行了精彩演绎，18 位诗人则亮相"云端"，隔空畅谈各自的诗观、创作观，阐释中国新诗的实践之路与发展之道。其中 3 首诗歌作品，由深圳知名原创音乐人分别谱曲成歌并现场演唱。活动吸引了不少诗友，以及外国友人到场。活动当日，线上直播观看人数达 21.6 万人次，报道总阅读量累计达 297.3 万次。

12 月 19 日，由深圳地铁集团、深圳书城罗湖城联合推出的"地铁阅读季"书香专列在 5 号线正式发车。今年的书香专列特别开设 2022 深圳读书月"年度十大好书""年度十大童书"主题，同时精选五大主题数字阅读资源，为市民朋友送上优质阅读大餐。从少儿到成人，从现实到科幻，从心理到音乐，从看书到听书、听音乐等，在内容和阅读方式上满足不同年龄层的阅读喜好和多样化需求，带来全方位的阅读体验。五大主题数字阅读资源分为心理疗愈类、科幻世界类、获奖佳作类、声声入耳类、古典音乐类。

12 月 24 日，由深圳市文体旅游局主办，深圳少儿图书馆承办的"深圳亲子共读经典公益大讲堂十周年庆暨 2022 结业典礼"活动在深圳少儿图书馆举办。该活动以深度学习人文生命教育和传统文化为内容，每期学习时间为 1 年，每期有百余个家庭参与，活动十年来不仅让千余个家庭在耳濡目染中吸收优秀传统文化的人生智慧，还培养了近 200 名文化志愿者，将优秀传统文化发扬光大。

12 月 27 日，第十八届中国（深圳）国际文化产业博览交易会在深圳国际会展中心（宝安）举办。深圳出版集团采用"1+4"模式，承办 1 个"媒体融合·新闻出版展区"主会场，深圳书城中心城、南山城、宝安城、龙岗城等 4 个分会场，通过"线上＋线下""展览＋论坛"相结合的形式，展现深圳本土出版、文化设施建设、文化资产运营、全民阅读促进工作等领域的新成果、新亮点，并配套举办"2022 数字出版高端论坛""元宇宙版权保护与未来文化产业发展论坛"两大国家级论坛，进一步擦亮深圳"全球全民阅读典范城市"的文化名片，全方位展现新时代国有文化企业媒体融合发展新篇章，落实国家文化数字化战略，推动文化产业高质量发展。

12 月 29 日，由中国新闻出版研究院、深圳出版集团主办的 2022 数字出版高端论坛在深圳举办。中宣部副部长张建春出席论坛并做主旨讲话。本届论坛是第十八届中国（深圳）国际文化产业博览交易会媒体融合·新闻出版展区的配套论坛，以"融合驱动 创新服务"为主题，出版业界、学界代表通过线上线下相结合的方式，探讨出版深度融合发展，共议建设出版强国之路。中国新闻出版研究院院长魏玉山，中国音像与数字出版协会常务副理事长兼秘书长敖然，中国出版集团有限公司党组成员、中国出版传媒股份有限公司副总经理张纪臣等人结合学习研究心得、融合发展实践，发表了许多真知灼见。中宣部出版局、版权管理局有关负责人，多地党委宣传部门有关负责人，多家出版单位、数字出版企业代表参加论坛。

12 月 29 日，由宝安区委宣传部、深圳市文学艺术界联合会主办的 2022 深圳读书月"十大劳动者文学好书榜·小说榜"颁奖典礼在深圳书城宝安城举行。活动历时一个多月，由专家评选和大众投票产生了"十大劳动者文学好书榜·小说榜"名单。郭建勋、陈再见、钟二毛等十位劳动者作家的小说作品荣登榜单，另有五位劳动者作家的作品入围。获奖作品均出自劳动者作家之手，基调健康明亮，对生活、工作乃至生命的描写真诚而深刻，对内心的思想情感抒发丰富而激越，创新创造力强，人物形象鲜明。有潜质和实力的中青年作家整体表现突出，作品厚重有力，反响强烈。

12 月 31 日，由龙华区委宣传部、龙华区文化广电旅游体育局指导举办的 2023 "时间的朋友"跨年演讲在深圳书城龙华城举行。以"这个思路有启发"为演讲主题，采用"边走边聊"的跨年演讲方式，用 22 个故事启发观众。现场还发布了《钱从哪里来 4》《变量 5》两本新书，并揭晓了继"罗胖 60 秒"十年之约完成后的下一个"十年计划"。活动还在龙华文化广场设置分会场，在 100 家城市书房设置次分会场进行同步直播，营造了"围炉夜话，温酒煮茶"的温馨氛围，线上观看超 8000 万人次。

12 月，由商务印书馆、深圳市社会科学院主办的《城市文明论》新书发布暨学术研讨会在深圳市社会科学院举行。

2022 年，由深圳市文化广电旅游体育局指导，宝安区委宣传部、宝安区文化广电旅游体育局、南方都市报社主办的"深圳晚 8 点"项目全年共开展 370 余场活动，邀请到深圳自然与历史研究者、坪山文化智库委员、深圳市城市规划委员会委员南兆旭，南方科技大学人文科学中心教授吴岩，诗人、翻译家、评论家黄灿然，诗人、作家陈年喜，时尚博主、作家黎贝卡等名家大咖作客"深圳晚 8 点"，并增设"深圳晚 8 点·咖啡谈""落日音乐会""星夜脱口秀"等多个全新栏目，输出优质内容与主张。

后记

近年来，党和国家愈发重视全民阅读的国家战略地位。由中宣部主办的首届全民阅读大会在北京召开；习近平总书记呼吁"全社会都参与到阅读中来，形成爱读书、读好书、善读书的浓厚氛围"；党的二十大报告明确将"深化全民阅读活动"视为"提高全社会文明程度"的重要举措。自2014年至今，"全民阅读"连续10年被写入政府工作报告，近两年更出现"深入推进全民阅读"这一提法，标志着我国全民阅读事业步入新阶段。全民阅读作为国家战略，其重要地位不断提升，充分彰显党和国家建设书香中国、推进文化自信自强的决心。

深圳市委、市政府一直高度重视精神文明建设和全民阅读工作，自2000年创办深圳读书月以来，不断深化开展全民阅读活动。当前，深圳在"全球视野、国家战略、广东大局、深圳担当"四维空间下不断找准工作定位，加快推动全民阅读高质量发展，以全民阅读事业的担当作为，为深圳尽快建成中国特色社会主义文化强国的城市范例提供智力支撑，助力赋能"两个文明"协调发展的"中国式现代化"进程，通过讲好城市阅读故事、讲好中国式现代化故事，传播好中国声音。

《深圳全民阅读发展报告2023》致力打造全民阅读行业对话交流平台，形成立足深圳、放眼全国、展望世界的阅读文化交流圈，通过阅读融通城市内外，反映深圳全民阅读工作的年度发展态势，深挖全民阅读深圳经验，建立"书香深圳"标准体系，讲好深圳阅读故事，打造行业标杆。本书紧扣 2022 年深圳全民阅读领域的最新成果和发展趋势，设有领导序言、总报告、"高质量发展"专题报告、年度观察：阅读融通与湾区共建、数字阅读、未成年人阅读、阅读建言、阅见世界、附录等内容板块，每个板块包含若干篇论文和研究报告。

本书旨在为全国乃至全球阅读推广工作贡献可供借鉴的经验范式。在此衷心感谢各供稿单位及作者对本书编辑出版工作的鼎力支持，同时感谢社会各界一如既往地关注并推动深圳全民阅读事业的可持续与高质量发展！

深圳市全民阅读研究与推广中心

2023 年 4 月